조선 왕비 독살 사건

윤정란 지음

다산초당

이 책은 정치적으로 독살당한 왕비들의 이야기이다. 조선이 건국 이후 500년 동안 지향했던 것은 민본주의에 토대를 둔 유교 국가였다. 조정에서는 수많은 신하들이 이상 사회를 건설하기 위한 정책을 둘러싸고 왕과 격론을 벌였다. 왕이 유교적 윤리에 벗어나 국가의 기강을 무너뜨리고자 할 때는 눈을 부릅뜨고 따지고 들었다.

성종조 고려 충신 정몽주의 증손인 정윤정이 장흥고 주부로 재직하고 있을 때였다. 1479년 성종은 둘째 부인 윤씨를 ‘투기’라는 죄목으로 사저로 내쫓자마자 새로 후궁을 들이려고 하였다. 이에 못마땅했던 정윤정은 상소를 올렸다.

국가의 열성列聖께서 비빈의 제도는 3전殿을 넘지 못하게 한 것은 그 후왕을 위하여 염려함이 지극하다고 이를 수 있습니다. 전하께서는 순릉(첫째 부인)의 뒤부터 처음으로 그 제도를 무너뜨리고 해마다 후궁을 들이어 이제 다섯이 되었습니다. 비록 그 하나의 후궁을 폐하더라도 셋이 남는데 오히려 부족하여 또 처녀의 선발이 있으니 바로 여색에 빠지는 조짐이 있는 게 아닙니까?

성종은 처첩 문제까지 간섭하는 정윤정에게 분노를 느꼈지만 그 자리에서 신하와 감정싸움을 할 수 없었다. 그래서 대비의 뜻이었지 본인의 뜻이 아니었다며 극구 변명했다. 그러나 성종은 이미 분노로 이성을 잃고 있었다. 당장에 정윤정을 국문하라고 명하였다. 정윤정은 이 사건으로 더 이상 관직의 길에 나아가지 못하였다.

조선시대 신하들은 유교 윤리에 벗어난다고 생각하면 정변을 일으켜서라도 왕을 그 자리에서 쫓아냈다. 아니면 독살을 해서라도 정권을 교체했다. 민본주의 유교 국가의 틀을 지키지 못하는 왕은 신하들에게 버림받았다. 조선 사대부들이 가장 수치스럽게 생각한 것은 물욕, 권세에 아첨하는 사람, 인위적인 것이었다. 그래서 '간신'은 조선 사대부들이 가장 혐오하는 용어였다. 이들은 청렴, 절개, 의리, 자연스러움 등을 가장 높은 가치로 숭상하였다.

조선의 사대부들은 여성들에게도 이러한 문화적 가치를 강조하였다. 특히 절개와 의리는 가장 높은 덕목에 속했다. 그러나 여성들에게 강조한 덕목은 개인 남성에게 한정된 것이었다. 여성을 계몽하기 위해서 《삼강행실도》, 《여훈》, 《소학》, 《동국신속삼강행실도》 등이 발간되었다. 이러한 책자들은 한 남성에게 종속해서 삶을 살아가는

3

것이 최고의 윤리라고 주장했다. 여성들도 점차 이러한 윤리에 적응해 갔다. 조선 후기에 이르면 일반 평민 여성들까지도 '열녀'를 최고 덕목으로 받아들였다.

조선 사대부들은 여성들에게 안팎의 경계를 만들어 놓고 넘나들지 못하게 했다. 자신들이 강요하는 윤리가 허구이며 억압 논리라는 것을 자각하게 하는 정보 교환을 방지하기 위해서였다. 사찰을 가는 것도, 무속을 숭상하는 것도 모두 금지시켰다. 공적인 자리에 절대 나타나서는 안 된다고 강요했다. 조선 사대부들이 만들어 놓은 여성에 대한 법과 제도는 갈수록 촘촘해지고 틈이 없어졌다. 여성은 자신의 의사표현도 할 수 없었다. 바깥으로 향하는 통로는 오직 아버지, 남편, 아들이었다.

그러나 왕비들은 이러한 조선 사대부들의 논리를 그대로 수용하지 않았다. 정희왕후는 신하들에게 여성이 아닌 어머니로서 '효'를 강조하여 여성이 합법적으로 국정 운영을 주도할 수 있는 길을 열었다. 후계 왕을 결정할 수 있는 임명권과 수렴청정이 그 방법이었다.

모순이 되는 점에 대해서는 논쟁도 불사하였다. 성종의 어머니 소혜왕후 한씨는 개인적으로 불교를 숭상하였다. 그런데 조정 신하들이 이를 문제 삼으면서 한씨를 걸고 넘어졌다. 그는 신하들에게 불교 배척의 근본적인 이유에 대해 설명하면서 신하들의 주장에 모순이 있음을 지적했다. 왕비들의 이러한 노력에 의해 조선의 문화는 다양성을 잃지 않았다.

그러나 사대부들과의 싸움은 쉽지 않았다. 여성으로서 감히 생각했다는 것만으로 큰 죄가 되는, 가져서는 안 되는 최고의 권력을 추구했던 왕비들에게 사대부들은 가혹했다. 왕과 공모한 이들은 왕비들을 죽음으로 몰아갔다. 어떨 때는 유생들을 끌어들이기도 하고 백성들을 이용하기도 했다. 왕은 신하들과의 경연에서, 독대에서 왕비의 이미지를 깎아내렸다. 왕의 몸이 아픈 것도, 꿈자리가 사나운 것도, 그리고 재해가 발생한 것도 모두 왕비 탓으로 돌렸다.

총명했던 왕비들은 권력의 힘을 정확하게 직시했다. 유교적 여성관에 따라 '열녀'가 되어도 미래를 보장받지 못한다는 것을 너무나 잘 알고 있었다. 이에 맞서 자신들의 권위와 자존감을 확보하기 위해 불교와 무속을 논쟁의 한가운데로 끌어오기도 했다. 그러나 그녀들은 유학의 권위에 감히 도전했다는 이유로 독살당했다. 비록 합법적인 법의 집행에 의해 죽임을 당했지만 죽음으로 몰아가는 과정 면에서 그것은 정치적인 독살이었다.

《조선왕조실록》과 조선 사대부들이 남긴 자료들은 왕과 사대부들의 권력을 뒷받침하고 강화하기 위한 것이었다. 모든 기록은 남성들에 의해 쓰여졌다. 왕비들을 비롯해 많은 여성들은 역사에서 철저하게 소외되었다.

조선 500년 동안 추존되었거나 책봉되었던 왕비는 총 44위에 이른다. 나는 이 중에서 정치적으로 독살당한 7명의 왕비를 역사의 한가운데로 불러냈다. 내가 호명한 이들은 작은 혁명을 꿈꾸었거나 자신도 모르는 사이에 권력의 소용돌이 속에서 희생당했던 여성들이

다. 비록 지금은 호명의 수준이지만 언젠가는 화려하게 역사 속에서 부활할 것이라 믿는다. 이 책은 여성들뿐 아니라 자존감을 지키기 위해 권력에 맞서 희생되었던 많은 사람들을 위한 것이기도 하다.

이 책은 조선시대를 연구하고 새로운 역사적 담론을 제시한 많은 성실한 역사학자들의 도움 없이는 완성되기 어려웠다. 아울러 역사의 대중화로 우리 사회에 새로운 바람을 일으키고 있는 다산초당 관계자 여러분들의 꼼꼼한 편집과 기획이 없었더라면 이 책은 세상과 소통할 수 없었을 것이다. 이 자리를 빌려 이 책을 완성하고 소통할 수 있게 해 준 모든 분들에게 감사의 뜻을 전한다.

2009년 6월

윤 정 란

목차

남성 권력에
무릎 꿇은 철의 여성,
소혜왕후 한씨

(1437 ~ 1504)

소혜왕후 한씨의 가계도

한영정　＝　의성 김씨

```
치인
확 ＝ 남양 홍씨        女 ＝ 이계영
석                    女 ＝ 계양군 이증
女 ＝ 명 성조          女 ＝ 김백완
부                    女 ＝ 최정
女 ＝ 명 선종          女 ＝ 권집
                      女 ＝ 도원군(덕종)
                      치의
                      치례
```

＝ 부부, － 자녀

왕이 소혜왕후昭惠王后의 상 기간을 단축하고 국기(國忌 : 임금이나
왕후의 제사)를 행하지 않으며 두 아우를 죽여 그 첩을 여러 왕손들
에게 나누어 주어 난행하게 한 후에 통행하는 3년상까지 폐지하여
삼강오상三綱伍常이 다 없어졌다.

—《연산군일기》10년 5월 11일

연산군 재위 10년 소혜왕후 한씨가 운명을 달리하였다. 그러자 연
산군은 신하 신항을 불러 중국의 단상短喪 제도에 대해 물어보았다.
신항이 대답했다.

"중국 제도에서는 천자부터 서민에 이르기까지 3년상이 일반적
이며 단상 제도는 오랑캐의 종자인 원나라가 중국을 100여 년 동안
오염시킨 것입니다."

연산군은 내심 소혜왕후의 국상을 단상으로 처리하고 싶었다. 그런데 신하가 학식을 자랑하며 틀렸다고 대답하자 화를 냈다.

"내가 대행대비大行大妃의 상기를 단축하려는 것도 오랑캐의 풍습이냐?"

그러자 신항은 할 말을 잃고 자리를 물러났다.

연산군은 즉시 신하들에게 이후 국상을 당하면 달을 날로 바꾸는 중국의 제도에 따라 27일 만에 상을 끝내라고 명했다. 소혜왕후에 대한 연산군의 분노는 이것으로 끝나지 않았다.

승정원에 어명을 내리기를 "한충인은 소혜왕후의 족속이니 특히 장 100대에 처하여 제주에 종으로 삼으라" 하였다

—《연산군일기》 10년 10월 7일

연산군은 소혜왕후에 대한 분풀이로 일가친척에 이르기까지 모두 죄를 뒤집어씌웠다. 소혜왕후는 연산군의 어머니 윤씨를 폐비로 몰아 죽음에 이르게 한 장본인으로서 이 때문에 연산군의 분노를 산 것으로 알려져 있다. 그러나 이 논리는 너무 단순하다. 소혜왕후 한씨의 죽음은 세조, 성종, 연산군 대에 걸친 왕권과 신권, 훈구파와 사림파, 여성과 남성 등 다양한 대립 구도의 결과물로 보아야 한다.

폭빈이라 불린 여자

소혜왕후 한씨가 세자빈이 되었을 때 받은 시호는 수빈粹嬪이었다. 그러나 세조와 정희왕후貞熹王后 윤씨는 그녀를 폭빈暴嬪이라 불렀다. 자녀 교육에 엄격했기 때문에 붙은 별명이었다. 한씨는 시아버지 세조가 쿠데타를 일으키지 않았다면 왕비는커녕 세자빈에도 오르지 못할 처지였다. 단지 여러 왕손들 중 한 명의 부인에 지나지 않았던 것이다.

한씨가 세조의 며느리가 된 것은 세종 27년(1445)이었다. 남편은 의경세자로 추숭된 도원군 이장이었다. 한씨는 서원부원군 한확과 남양 홍씨 사이에서 3남 6녀 중 막내딸로 태어났다. 한확은 본관이 청주이며 명나라와의 외교 면에서 공헌한 인물이었다. 그의 집안은 특이하게도 명나라 황실과 깊은 관계를 맺고 있었다. 한확의 누이가 명나라 선종의 후궁으로 들어갔기 때문에 한확은 특별한 대접을 받았다. 한확은 중국의 광록시소경光祿寺少卿으로 재직하며 조선과 중국 간의 가교 역할을 담당하면서 조선 왕실과 깊은 인연을 맺었다.

조선은 건국 이후부터 명나라 황제로부터 처녀를 바치라는 요구를 받아 왔는데 이러한 요구는 중종 16년 철폐를 요구, 이를 허락받을 때까지 계속되었다. 태종 18년 중국의 내시 황엄이 조선으로 건너와 처녀를 요구하자 조선 조정에서는 진헌색進獻色을 설치하였고, 황엄이 노비, 천민 등을 제외하고 13~25세에 해당하는 양반, 서인 처녀들을 직접 뽑아 중국으로 데려갔다. 중국으로 간 여성들은 모두 황제의 여자가 되었다. 한확의 누나 한씨가 황엄의 눈에 든 것은 그 이후 중국 황제가 몇 명의 조선 여성을 더 원해 황엄이 다시 조선을 방문했을 때였다. 한씨는 태종 17년 황하신의 딸 황씨와 함께 뽑혔다. 품위 있고 아름다운 외모를 가졌다는 것이 그 이유였다.

한확은 누나 한씨가 중국으로 갈 때 동행했는데 이때 거리에서 이 모습을 지켜보던 모든 사람들이 눈물을 흘렸다고 한다. 누구든 가고 싶어 하지 않던 길이었지만 조선은 명의 요청을 거절할 수 있는 입장이 아니었다. 조선을 둘러싼 주변 나라에서 침략이라도 해 오면 명에게 원군을 요청할 수밖에 없었기 때문이다. 결국 이러한 공녀貢女 선발은 조선의 처녀를 팔아서 자신들의 기득권을 지키려고 했던 특권 계층의 이기심에서 비롯된 측면도 없지 않았다.

이렇게 눈물을 흘리면서 떠난 길이었지만 슬픔은 잠깐이었다. 한씨는 외모도 출중했지만 영리하고 총명해 금방 명 성조의 마음을 사로잡았다. 성조는 자신이 총애하는 후궁의 친정 집안에 항상 뭔가 선물을 주었다. 후궁의 남자 형제들에게 광록시경, 광록소경, 홍려소경 등 3품에서 5품에 이르는 벼슬을 주었다. 한확도 4품에 해당하는 광록소경에 제수되었다.

태종은 세종에게 왕위를 물려준 후 명의 허락을 받기 위해 사신을 보냈는데 이때 황제의 고명誥命을 가져온 사람이 한확이었다. 성조는 한확을 정사로 삼아 보냈던 것이다. 한확은 외모와 성품이 출중하여 명 성조가 자신의 아들 인종의 사위로 삼으려 할 정도였다. 그러나 한확은 노모가 조선에 있다는 이유로 성조의 제안을 사양했다. 조선

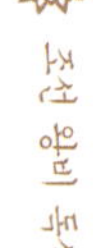

14

으로 돌아온 한확은 판한성부사, 이조·병조 판서, 좌찬성 등을 지냈다.

세종 6년 명 성조가 북정 길에 올라 타타르를 정벌하던 도중 사망하자 여비로 책봉받았던 한씨도 스스로 목숨으로 끊었다. 그 후 인종이 왕위에 올랐는데 즉위한 지 10개월여 만에 세상을 떠나자 선종이 그 뒤를 이었다. 선종은 한확의 누이를 후궁으로 삼고 싶어 세종 9년 5월에 그의 누이동생을 뽑아 갔다. 누이동생 한씨는 공신 부인이 되었고, 한확은 두 누이를 매개로 명나라와 긴밀한 관계를 유지하였다. 이 때문에 조선의 조정에서도 그를 무시할 수가 없었다. 이후 한확은 세조와 친밀한 관계를 유지하며 정변에 함께 참여해 공로를 인정받았다.

소혜왕후 한씨의 어머니 남양 홍씨는 공손하고 근면 검소하며 제사나 시어른을 모시는 일, 남편 내조와 자녀 교육 등 전통적인 질서를 잘 지켰던 여성이었다. 홍씨는 흠잡을 데 없는 성품으로 한확과의 부부 금슬이 매우 좋았다. 그녀는 세종 32년 47세의 나이로 남편보다 일찍 세상을 떠났다.

이러한 부모 밑에서 성장한 한씨는 학문을 부지런히 익혔다. 그녀는 아버지의 과단성 있는 성품을 닮아 매사가 철저하였다. 한편 한씨의 둘째 언니는 세종 17년 계양군과 혼인하였다. 계양군은 세종과 신빈愼嬪 김씨 사이에서 태어난 왕자였다. 한씨의 언니가 이미 왕실 여성이 되었기 때문에 왕실과의 사돈 관계가 맺어져 있는 상태였다. 한씨가 도원군 이장과 결혼하면서부터는 언니와 동생이 각각 세

15

종의 며느리와 손자며느리가 되었다.

한씨는 세조의 큰며느리가 된 이후 정성을 다해 시부모를 모셨다. 세조가 단종을 몰아내고 왕위를 찬탈한 이후 그녀는 수빈이라는 세자빈 시호를 받았다. 세자도 후궁을 둘 수 있었던 관례에 따라 남편 의경세자에게는 소훈昭訓 신씨, 권씨, 윤씨 등이 있었다. 그러나 후궁과의 사이에서는 아들을 두지 못하였으며, 한씨와의 사이에서 2남 1녀를 두었다. 첫째 아들이 월산군, 둘째가 자산군, 외동딸이 명숙공주다.

세조가 왕위에 오른 후 남편 의경세자는 왕세자로 책봉되었다. 그러나 이러한 기쁨도 잠시 아버지 한확이 명나라의 사은사로 갔다가 돌아오는 길에 객사를 하고 말았다. 그리고 이어서 1년 후 남편인 의경세자도 병으로 세상을 떠나고 말았다.

의경세자는 용모가 단아하고 체격이 준수했으며 부지런한 성품이었다. 그는 공부를 할 때 문자만으로 해득하기 어려우면 직접 실험을 통해 원리를 터득했고, 실험을 할 수 없을 때에라도 의문이 생기면 반드시 해답을 찾는 등 학문하는 일을 즐겼다. 매일 닭이 울면 세조와 어머니 정희왕후 윤씨를 찾아 문안하였고, 친인척과 사대부들에게는 공손한 태도로 대했으며, 형제간에는 우애가 있었다. 옷차림새도 검소한 것을 좋아했다. 또한 다른 사람에게 단점을 노출하지 않는 성격이었다. 이 때문에 세조는 의경세자를 자신의 든든한 후계자로 생각했다. 그러나 의경세자는 처음 병이 들자 자신의 운명을 예감하는 시를 남겼다.

비바람에 떨어지는 무정한 모란꽃

그 붉은 꽃잎이 난간에 가득하구나

모란정 연회에서 놀던 양귀비 죽자

후궁의 여성들도 꽃을 돌보지 않네

의경세자는 자신의 운명을 모란꽃에 비유하며 인생무상을 노래하였다. 이 시를 들은 모든 이들이 상서롭지 못하다며 걱정하였다. 결국 시의 예언대로 의경세자는 얼마 후 세상을 떠났다. 일설에 의하면 의경세자가 세상을 떠난 것은 단종의 어머니 현덕왕후顯德王后 권씨의 저주에 따른 것이라고 한다. 단종이 죽은 후 현덕왕후의 원혼이 여기저기 나타난다는 소문이 떠돌았으며, 세조의 꿈에 나타나 의경세자를 죽이겠다는 협박을 하기도 했다고 한다. 그리고 세조가 죽을 때까지 고통을 겪었던 피부병도 현덕왕후가 꿈에서 침을 뱉었기 때문이라는 이야기도 있다.

그러나 이런저런 설이 떠돌았던 것은 왕위를 빼앗은 것으로도 모자라 조카를 무자비하게 살해하여 왕위가 편안하지 못했던 것에서 기인한다고 볼 수 있다.

아버지가 객사하고 얼마 후 남편까지 세상을 떠나자 한씨로서는 슬픔을 감당하기 어려웠다. 그러나 언제까지 슬퍼하고만 있을 수는 없었다. 그녀는 아직 응석받이인 남은 어린 자녀들을 생각해 마음을 독하게 먹기로 했다.

의경세자가 왕위를 이으면 당연히 자신의 아들이 그 뒤를 이을 것
이라 생각했는데 현실은 그렇지 못했다. 한씨는 앞으로 어떻게 살
아야 할지 곰곰이 궁리했다. 한씨는 평상시와 같이 시부모를 모시
는 일에 열과 성을 다했다. 일찍 일어나 몸소 시부모의 수라상을 마
련하고 보살폈다. 세조와 정희왕후 윤씨는 이른 나이에 부모를 잃고
과부가 된 큰며느리가 걱정스러웠는데 효도가 극진하니 흐뭇하고
기특하게 생각했다.

세조는 한씨를 효부라며 칭찬을 아끼지 않았다. 시부모가 이렇게

의경세자의 무덤
세조의 장자로 태어난 의경세자는 왕위를 이을 든든한 후계자였으나 병마로 젊
은 나이에 요절했다. 이것은 예종이 즉위한 이후 소혜왕후가 권력의 중심에서
밀려나 고난을 겪는 시발점이 된다. 경기도 고양시 용두동 서오릉에 있다.

인정해 주자 한씨는 더욱 노력하고 몸가짐을 바르게 하였다. 특히 자녀 교육에 많은 공을 들였다. 아들이 조금이라도 잘못하면 절대 두둔하지 않고 엄히 다루었다.

세조 내외는 한씨가 자녀들에게 지나치게 엄격한 것을 보고 둘째 아들 자산군을 부를 때는 '내 아들'이라 불렀다. 정희왕후 윤씨는 월산군을 부를 때 '우리 아들'이라 부르며 위로를 해 주었다고 한다. 어디에도 기댈 곳이 없었던 한씨는 권력의 축인 세조와 정희왕후 윤씨의 마음을 사로잡는 데 성공했다. 정희왕후 윤씨도 며느리의 학문과 사리분별이 자신보다 뛰어남을 인정했다.

예종 사후 자산군이 후계자로 지명되었을 때 정희왕후 윤씨는 섭정을 한씨에게 미루었다.

"나는 문자를 알지 못하지만 수빈은 문자도 알고 사리에 통달하니 가히 국사를 다스릴 것이다."

윤씨가 이같이 말할 정도로 한씨는 시부모로부터 두터운 신뢰를 받고 있었다. 한씨가 이토록 시부모에게 정성을 다했던 이유는 강단이 있는 아버지, 매사에 철저했던 어머니의 영향 때문이기도 했지만 세조의 며느리가 된 이후 엄청난 피의 숙청을 목격했기 때문이었다.

권력의 자리란 얼마나 살벌한지, 그야말로 한 순간이었다. 한씨는 일찍 부모를 여의고 고아가 된 단종이 어떻게 죽어 갔는지를 생생하게 목격했다. 권력의 중심에서 멀어지면 언제 목숨을 잃을지도 모르거니와 자녀들도 온전히 살아남지 못하리라는 생각에 한씨는 자신과 아들의 생존을 위해 철의 여성이 되어야 했다.

1468년 세조는 재위한 지 14년 만에 세상을 떠났다. 남편이 죽은 지도 11년이 흘렀다. 그동안 한씨는 며느리로서, 어머니로서 자신이 맡은 역할을 충실히 감당해 냈다. 남편이 세상을 떠나던 해에 얻은 막내아들 자산군은 11세, 큰아들 월산군은 15세가 되었다. 월산군이 2년 전에 박중선의 딸 박씨와 혼인을 하였으니 첫째 며느리까지 본 셈이었다.

시동생도 혼인을 하였다. 남편이 죽은 후 두 달이 지나자 시아버지 세조는 혹시라도 권력의 누수가 생길까 두려워하여 둘째 아들 해양대군을 왕세자로 책봉하였다. 그리고 다음 해에 해양대군이 열 살이 되자 한명회의 첫째 딸을 세자빈으로 간택하였다. 한씨는 자신이 점점 권력의 변방으로 밀리는 것이 두려웠다.

한씨는 그동안 자신을 혹독하게 다그치며 시부모의 전폭적인 신뢰를 얻었다. 그런데 자신이 차지해야 할 자리가 동서에게 돌아가게 된 것이다. 한씨는 이미 부모가 모두 세상을 떠나 형제자매 외에는 의지할 데가 없었다. 그러나 새로 들어온 동서 뒤에는 막강한 세력을 가진 아버지 한명회가 버티고 있었다.

한명회는 세조가 한나라의 장양에 비유할 정도로 신뢰하는 측근이었다. 한명회를 신뢰하는 것은 정희왕후도 마찬가지였다. 칠삭둥이로 태어난 한명회는 아버지가 일찍 세상을 떠나는 바람에 몹시 가난하게 살았다. 그는 포부가 컸지만 그 꿈을 이룰 수가 없었다. 과거에도 응시했으나 매번 낙방하여 좌절한 이후로 산천경개가 뛰어난 곳을 찾아다니며 자연을 벗 삼아 떠돌았다. 그러다 맡은 관직이 경덕궁지기였다. 그런데 그와 망형우(忘形友 : 서로의 용모나 지위 등은 문제 삼지 않고 마음으로 사귀어 교제하는 벗)를 맺었던 권람이 세조에게 그를 소개했고, 세조와 한명회는 만나자마자 서로 뜻이 통해 정치적인 동지가 되었다. 세조가 계유정난을 일으켰을 때 핵심적인 역할을 한 사람이 바로 한명회였다. 이후 그는 세조의 두터운 신임을 받았고 이러한 배경으로 왕실과 사돈을 맺게 되었다. 동서의 집안은 이처럼 막강한 배경을 지닌 데 비해 한씨는 자신이 너무도 초라하게 느껴졌다. 오라버니 한치인과 남동생 한치의, 한치례가 관직에 있긴 했으나 그것만으로는 부족했다.

그런데 한명회의 딸인 동서가 3년 만에 세상을 떠났다. 세자빈 자리가 공석이 된 것이다. 다행히 더 이상 세자빈은 간택되지 않았고 한씨는 이 기회를 잘 포착했다.

병이 든 세조는 더 이상 국정을 운영할 수가 없었다. 세조는 정치적 공백을 철저하게 없애려 하였다. 그는 병환이 위중함에도 불구하여 예조판서를 불러 명을 내렸다.

"내가 세자에게 전위하려 하니 모든 일을 준비하라."

예조판서의 말을 전해 들은 많은 신하들이 사태의 심각성을 깨닫고 모여들었다. 정인지는 세조를 만류하였다.

"왕위를 내놓는 것은 있을 수 없는 일입니다."

그러자 세조가 대답했다.

"운이 다하면 영웅도 마음대로 할 수 없는 법이다."

결국 세조는 세자를 불러 면복을 주었고, 세자 해양대군이 수강궁에서 즉위하였다.

예종(해양대군)이 즉위하자 후궁으로 들어왔던 한백륜의 딸 소훈 한씨가 왕비로 책봉되었다. 이는 세조의 뜻에 따른 것이었다. 최측근이었던 한명회와 사돈을 맺은 것은 어쩔 수 없는 일이었으나 더이상 다른 세력을 외척으로 끌어들이고 싶지 않았던 것이다. 세조는 혹 정치적 공백이 생기면 자신이 일으킨 정변을 도왔던 신하들이 왕권을 무시할 수도 있다고 생각해 공신 세력과는 아무런 관계가 없는 한백륜의 딸을 왕비로 책봉했다. 그리고 소훈 한씨는 대를 이을 아들도 출산해 충분한 자격 요건을 갖추고 있었다.

이렇게 되고 보니 천하의 한명회도 별 수 없었다. 예종이 즉위하자 공신들은 즉시 사태의 심각성을 깨달았다. 소혜왕후도 마찬가지였다. 자신이 점점 권력의 중심에서 멀어지고 있다는 것을 느낀 한씨는 무언가 대책이 필요하다고 생각했다.

한씨와 공신들은 예종이 즉위하자마자 세조의 능묘를 석실로 만들어야 한다고 주장했다. 그러나 예종은 완강했다. 세조가 단종을 쫓아내고 즉위한 것도 모자라 살해하기까지 했으므로 민심을 고려하지 않을 수 없었다. 세조는 세상을 떠나기 전 다음과 같은 유언을 남겼다.

"죽으면 속히 썩어야 하니 석실과 석관을 마련하지 말라."

비용이 많이 든다는 것도 이유 중 하나였다. 그러나 한씨와 공신

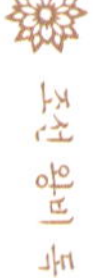

해인사에 있는 세조의 영정
세종의 둘째 아들로 태어난 세조는 계유정변이라는 쿠데타를 일으켜 조카 단종을 몰아내고 왕좌에 올랐다. 그러나 죽을 때까지 권좌를 위해 혈육을 살해했다는 비난에서 자유롭지 못했으며 말년에는 불교에 의지하는 등 이로 인한 심리적 고통을 드러냈다.

세력인 신숙주, 구치관, 한명회, 박원형, 김질 등은 이에 반대했다. 선대왕들의 능묘를 모두 석실로 했으며, 그렇게 하지 않으면 나무뿌리, 벌레, 개미들이 들어와 묘가 망가진다는 것이 이유였다. 예종은 일단 자리를 피했다.

“대비께서 부탁하는 모든 일은 국재를 사용해서라도 해야 한다. 그러나 선왕의 유언이 있으니 일단 왕대비(정희왕후)께 의견을 물은 후 다시 결정을 하겠다.”

이것이 한씨와 공신 세력들이 예종의 정책에 타격을 가하려 한 첫 시도였다. 그러나 예종의 결정은 변함이 없었다. 세조의 유언을 그대로 따르겠다고 선포한 것이다.

한씨는 이 기회를 통해 자신의 입지를 강화하고 예종에게 자신의 존재감을 알리려 했으나 결국 실패하고 말았다. 한씨의 정치력 약화는 이것으로 끝이 아니었다. 예종 1년 김초와 허계지 사건이 불거지면서 한씨의 입장은 더욱 난처해졌다. 김초 사건은 정희왕후 윤씨의 친척인 이철견이 김초가 불경한 죄를 지었다며 폭로한 일이었다.

김초는 경상도 도사로 있을 때 안수의 딸을 첩으로 삼았다. 그 후 김초는 다른 관직으로 옮겨 가게 되었는데 이때 첩을 데려가지 못했다. 그런데 그 사이 한치의가 그의 첩을 가로채 버린 것이다.

“내 비록 김초와는 서로 친한 사이지만 그는 일개 임금의 총애를 받지 못한 시골 촌구석의 신하에 불과하다. 그런데 어떻게 감히 불평을 할 수 있겠느냐?”

그러자 김초는 이철견에게 자신의 억울함을 호소하였다.

"나는 궁벽한 시골에서 가난하고 의지할 데 없는 사람이나 한치의는 서울의 세도가요. 그리고 나는 당당하게 과거를 통해 관직을 얻었지만 한치의는 누이를 팔아 관직을 얻었소. 과연 누가 더 정당한지 생각해 보시오."

김초는 아무리 한치의가 세력 있는 집안 출신이고 세자빈의 아우라 할지라도 자신을 천시하는 것은 있을 수 없는 일이라고 주장했다.

"이렇게 되면 정승, 왕자, 왕손 등이 세도를 믿고 남의 아내나 첩을 빼앗을 수도 있소. 우리 집안에는 누구도 누이를 팔아서 관직을 산 사람이 없소."

한치의의 부당함에 대해 항의했던 김초는 결국 왕실을 모독한 불경죄로 체포되었다.

신하들은 김초의 죄가 반역을 저지른 것이나 다름없으므로 연좌제를 적용해야 한다고 주장했다. 그러자 예종은 단호하게 거절했다.

"김초의 죄가 크지만 반역에 해당하는 것은 아니므로 연좌할 수 없다."

이 판결로 인해 한씨의 자존심은 무너질 대로 무너지고 말았다.

그로부터 한 달 후 한씨는 또다시 수치스러운 사건에 휘말렸다. 천인 허계지가 관에 소송한 사건이 발생하였는데 이 사건에 한씨가 연루된 것이다. 허계지의 본명은 모지리로서 사노비 출신이었다. 그는 문종 때부터 김승재의 아들 김모지리로 자처하며 소송에서 승소한 적이 있다. 그리고 이후에는 허안석 첩의 자손 허계지라 칭하며 소송하여 재산을 획득하였다. 그는 이렇게 얻은 재물을 배경으로 권력층과 결탁하여 대납을 통해 재산을 증식해 나갔다.

이러한 허계지의 재산 증식은 권력층과 결탁하여 저지른 사소한 범죄에 해당했으므로 세조 때까지만 해도 별 문제가 되지 않았다. 하지만 예종이 즉위하면서부터는 사정이 달라졌다. 사건의 발단은 이러했다. 다시 소송 사건에 휘말리게 된 허계지는 아무리 생각해도 이기지 못할 것 같아 당시 판결사로 있던 김순명에게 뇌물을 건네기에 이르렀다. 그런데 이 일이 발각되어 그는 체포되었고, 다시 뇌물을 주고 탈옥하였다. 허계지는 3개월간이나 도피 생활을 하다 결국 자수하였다.

허계지는 한명회, 소혜왕후 한씨, 세조 등의 권력층과 밀착되어 있었는데 한명회는 자신의 둘째 딸을 그의 수양녀로 삼게 하였다. 소혜왕후 한씨가 허계지와 유착하게 된 것은 세조 때부터였다. 한씨는 세조 10년 자신의 둘째 아들인 자산군의 배필로 한명회의 둘째 딸을 받아들였다.

그로부터 몇 개월 후 한씨는 심한 병으로 고생하였는데 그 병을 치료하기 위해 형부인 계양군의 집에서 지냈다. 병이 계속 악화되자 거처를 옮겼는데 이를 추적하여 밝힌 글에서는 이곳이 허계지의 집이 아니었을까 추정하고 있다. 그 이유는 한씨의 며느리가 허계지의 수양딸이고, 또한 허계지의 집이 왕실 여성이 거처할 만큼 화려했기 때문이다. 《예종실록》에서는 "집을 성명방(현재 남대문과 필동 사이)에 지었는데 마룻대와 추녀 끝을 붉은색으로 채색하여 참람하고 사치함이 이루 말할 수 없다"며 명망 있는 자들이 그의 집을 출입하였다고 기록되어 있다.

이러한 인연을 계기로 허계지는 한씨와 계속 밀접한 관계를 유지했다. 형조에서는 자수한 허계지에 대해 다음과 같이 고했다.

"도망 중에 있으면서도 집과 잠자리, 의복이 궁궐과 흡사하므로 재산을 모두 빼앗고 참형시킴과 동시에 처자도 법대로 처리해야 합니다."

그러나 예종은 이에 반대했다.

"아직 허계지의 죄가 분명하지 않으니 처자를 법대로 처리하는 것은 무리가 있다."

그러자 형조에서 다시 고했다.

"허계지는 사면령이 있다는 것을 계산하고 자수한 것이고 성상(예종)의 보모에게 청탁하여 죄를 면하려고 하였습니다."

예종은 이 말을 듣고는 마음을 바꾸었다.

"그렇다면 반드시 주살하라!"

허계지의 청탁에는 한씨가 개입되어 있었다. 허계지가 옥에 갇혀 있을 때 그의 부인이 한씨가 거처하는 수빈궁에 드나들면서 자산군의 보모인 봉보부인을 만났다. 그녀는 봉보부인에게 '허계지가 사면받지 못하면 유배되는 곳이라도 원하는 곳으로 결정해 주기 바란다'고 청탁했다. 이 와중에 한씨도 허계지의 부인으로부터 여러 가지 청탁용 뇌물을 받았을 것이다.

결국 허계지는 주살을 면하고 변방으로 유배되는 것으로 결정되었지만 이 사건은 한씨의 입장을 더욱 난처하게 만들었다. 예종이 즉위한 후 세 번째 곤혹스러운 일이었다. 자신의 의지를 관철하고 시동생을 조아리게 하기 위해 세조의 능묘를 석실로 만들어야 한다고 주장했으나 꺾였고, 동생 한치의 사건으로 김초가 자신을 능욕했는데 반역한 것이 아니라며 감형되었다. 마지막으로 예종은 허계지 사건에 자신이 연루되었다는 것을 알고 주살하라고 명함으로써 한씨를 완전히 궁지로 몰아넣어 버렸다.

이러한 상황에서 예조에서는 의경세자의 월령관月令官을 없애자고 상고하였다. 월령관이라는 것은 관에서 묘를 직접 관리하는 제도였던 것으로 보인다. 묘를 관리하는 일을 관이 아닌 아들인 월산군이 해야 한다는 것이었다. 기가 막힌 한씨는 예종에게 이를 따지기에 이르렀다.

"첩은 의경세자와 인연이 되어 이 지위에 오를 수 있었으며 아직도 환관, 시종이 봉사하고 있는데 의묘는 월령관을 파하여 지키는 사람이 없으니 첩은 슬프고 민망합니다."

예종은 이러한 상황을 알면서도 승정원에게 물었고 승정원에서는 다음과 같이 답하였다.

"월산군으로 하여금 묘를 지킬 자를 구하게 하면 됩니다."

그러나 결국 예종은 자신의 형인 의경세자를 대우하는 것이 마땅하다며 월령관을 폐하지 못하도록 했다. 이처럼 한씨는 부당한 일이 있으면 적극 항의하여 자신의 뜻을 관철시키고자 했다. 그러던 어느 날 자신을 견제하던 예종이 즉위한 지 1년여 만에 세상을 떠나고 만다. 한씨에게 다시 기회가 찾아온 것이다.

현모양처와 정치가의 두 얼굴

한씨는 다시 찾아온 기회를 놓치지 않았다. 예종이 재위하던 1년 2개월 동안, 비록 짧은 기간이었지만 한씨는 견딜 수 없는 모멸감을 느껴야 했다. 세조와 정희왕후의 총애를 한 몸에 받던 자신이 그렇게까지 나락으로 떨어질 줄은 몰랐다. 한씨는 다시는 기회를 놓침으로써 자신의 인생을 방치하지 않겠다고 다짐했다.

예종에게는 아들이 있었지만 즉위하기에는 나이가 너무 어렸다. 첫째 부인에게서는 아들을 하나 두었으나 일찍 죽었고 둘째 부인에게서 2남 2녀를 두었으나 1남 1녀만 살아남았다. 살아남은 아들은 제안대군으로 당시 4세였다. 한씨로서는 절호의 기회였다. 자신에게는 16세, 13세의 건강한 아들 두 명이 있었다. 둘 중 누가 즉위해도 상관없었다.

정희왕후 윤씨는 한씨의 맏아들 월산군이 아닌 둘째 아들 자산군을 선택했다. 월산군은 세조의 총애를 받았음에도 제외되었다. 이유는 건강이 나쁜 데다 세조의 유언이 있었기 때문이라고 했다. 그러나 이러한 결정은 정치적인 결탁에서 비롯된 것이었다. 자산군은 한명회의 사위였다. 한명회가 첫째 딸, 둘째 딸을 모두 왕실 남성과 혼인시킨 것은 자신의 입지를 강화하기 위한 술책이었다. 그로서는 이러한 기회를 놓칠 수 없었다. 그래서 자산군이 예종의 후계자로 지목되었고 결국 정희왕후가 자산군을 후계자로 지명한다는 교지를 내렸다.

내가 생각하건대 대위(大位 : 임금의 자리)는 잠시 동안이라도 비워 둘 수 없는데 사왕(嗣王 : 대를 이은 임금. 여기서는 예종)의 아들은 강보에 싸여 있고 병까지 있으며 …… 의경세자의 아들 월산군 이정은 어릴 때부터 병이 많고, 동생 자산군 이혈은 재질이 준수하고 성숙하다. 세조께서 태조에 견주기까지 하였다. 지금 나이가 점차 장성하니 학문이 날로 발전되어 큰일을 맡을 만하다.

한씨로서는 너무나 기쁜 소식이었다. 얼마 후에는 자신의 위상도 되찾았다. 원상들이 예종의 둘째 부인인 안순왕후安順王后 한씨보다 소혜왕후 한씨의 서열을 더 높여야 한다고 주청한 것이다.

"인수왕비(仁粹王妃 : 성종이 즉위하여 의경세자가 덕종으로 추존되자 한씨도 인수왕비로 진책進册되었다)는 이미 존호를 높이어 명위가 이미 정하여졌으

월산대군의 묘비
월산대군은 의경세자의 장남으로 왕위를 이를 대통이었다. 그러나 결국 왕좌는 동생인 자산군(성종)에게 돌아갔다. 이는 자산군이 한명회의 사위라는 정치적인 배경이 있었기 때문이었다. 이렇듯 조선조의 왕위 계승은 적자와 장자 계승을 원칙으로 하고 있었지만 당대의 정치 구도에 따라 파행을 겪었다. 무덤은 고양시 덕양구 신원동에 있다.

니 마땅히 형제의 서열로 차등을 두어야 합니다."

이렇게 되어 위상이 어느 정도 높아지긴 했지만 만족할 만한 수준은 아니었다. 그러다 성종 6년 정희왕후 윤씨가 당연히 왕대비보다 한씨를 위에 두어야 한다며 예조에 교지를 내려 못을 박았다.

"왕대비(안순왕후)의 서열이 일찍이 인수왕비의 위에 있었으나 세조께서 항시 인수왕비에게 명하여 예종을 보호하게 하였으며 장유長幼의 차례가 있으니 그 자리는 왕대비 위에 두어야 한다."

성종 즉위 후 6년 만에 이루어진 일이었다. 그동안 한씨는 자신의 위치에서 나름대로 정치적인 간섭을 하였으나 대비가 아니라 왕비였기 때문에 안순왕후 한씨보다는 서열이 아래였다. 그런데 정희왕후 윤씨의 공식적인 발언으로 자신의 위치가 안순왕후 한씨보다 위가 된 것이다.

이러한 위치에 선 한씨는 궁궐의 내명부를 비롯한 모든 조선의 여성들을 순종시키기 위한 학습서가 필요하다고 생각했다. 한씨는 당시의 어떤 여성보다 학문을 가까이하였다. 세조와 정희왕후 윤씨가 그녀를 특별히 신뢰했던 것도 바로 이 때문이었다. 성종이 즉위한 후 정희왕후 윤씨는 두 번이나, 자신은 글을 모르며 한씨가 글도 알고 사리판단도 뛰어나므로 정사를 처리하는 것이 좋겠다는 뜻을 신하들에게 전한 바 있다. 그 정도로 한씨는 학문 성취 면에서는 독보적인 존재였다. 그러나 신하들의 반대로 섭정은 이루어지지 못했다.

한씨는 왕비에서 대비로 승격하자 그동안 읽고 본보기로 삼았던, 중국에서 수입한 《열녀列女》, 《여교女敎》, 《소학小學》, 《명감明鑑》 등에서 여성들을 위해 필요한 구절을 발췌하였다. 그리고 이것을 책으로 엮어 이름을 《내훈內訓》이라 지었다.

이 책에는 주나라 문왕의 아내 태사, 유왕의 아내 포사, 초나라 장왕의 아내 번희, 은나라 주왕의 아내 달기, 진나라 헌공의 아내 여희, 한나라 성제의 아내 비연 등의 이야기를 본보기로 실었다. 태사, 번희는 남편을 도운 선녀善女로, 포사, 여희, 달기, 비연 등은 남편을 망친 악녀로 여성들에게 경계하라는 의미로 실었다.

주나라 유왕은 포사의 사랑을 얻기 위해 엉뚱한 일을 잘 벌였다. 봉화는 나라의 큰 정변이 일어났을 때 올리는 것이었다. 이것은 제후와 왕과의 약속이었다. 그런데 아무 일도 일어나지 않았는데 포사를 웃기기 위해 장난으로 봉화를 올린 것이다. 훗날 실제로 정변이 일어나 봉화를 올렸지만 제후들은 아무도 이를 믿지 않았다. 결국 유왕은 적에게 사로잡혀 죽음을 당하고 포사는 포로가 되었다.

진나라 헌공은 처음에는 인자하고 덕망이 높은 임금으로 백성들의 신망이 높았다. 그러나 여희의 꾐에 넘어가 태자 신생을 죽게 하였다. 여희는 헌공이 사냥 나간 틈을 타 독약으로 태자 신생을 죽이려 하였다. 이때 태자의 스승인 이극이 신생에게 아버지 헌공에게 이 사실을 전해야 한다고 했다. 그러나 신생은 여희를 죽이고 자결해 버렸다. 그 후 진나라는 이 일로 분란이 생겨 5대에 걸친 내란이 일어났다.

달기는 은나라 주왕으로 하여금 과중한 세금과 가혹한 형벌을 일삼게 하여 백성의 원성을 샀다. 주나라 무왕은 주왕을 칠 때 백성의

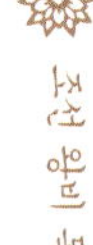

32

분노를 달래기 위하여 달기의 머리를 잘라서 깃대 위에 매달고 원한을 풀게 하였다.

한나라의 성제는 비연과 합덕이라는 자매를 후궁으로 두었는데 이후 언니는 황후가 되고 아우는 소의昭儀가 되었다. 그런데 이 두 여자는 자신들이 아이를 낳지 못하자 다른 후궁들이 낳은 아들들을 모두 죽여 버렸다. 성제는 이 두 여자의 꾐에 넘어가 어명을 내려 왕자들을 죽이게 했다. 심지어 아들을 낳은 후궁도 죽음을 당했다. 그래서 성제는 끝내 후사가 없었다.

한씨는 《내훈》을 통해 나라가 흥하고 망하고는 남자들의 사리분별에도 달려 있지만 이들을 내조하는 여성들의 역할이 중요하다는 것을 가르치려 했다. 이 외에 말과 행동, 어버이에게 효도하는 것, 혼사의 예절, 남편과 아내로서의 분별, 어머니로서의 행실, 친척과의 화목, 청렴과 검소 등으로 항목을 나누어 여성들이 지켜야 할 일을 열거하였

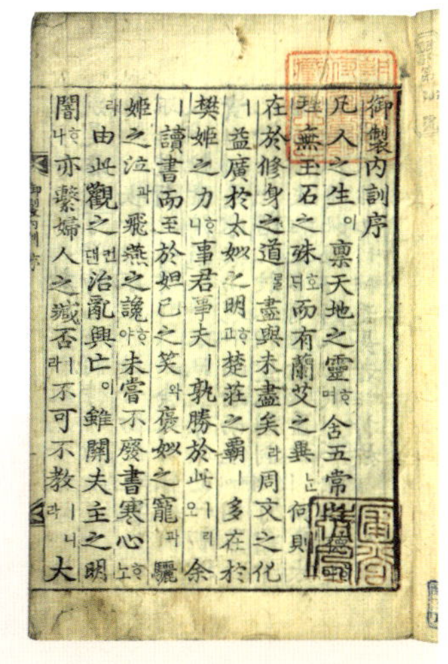

소혜왕후 한씨가 엮은 《내훈》의 서문
한씨는 《내훈》에서 여성들이 유교적인 질서에 따라 남성들에게 순종해야 함을 강조했다. 그러나 그것은 그녀 자신에게는 해당되지 않는 말이었다. 그녀는 권력을 지키기 위해 남성들과 투쟁했으며 결국 《내훈》의 발간 목적은 여성들을 자신의 세력 하에 두기 위함이었다.

33

다. 그러나 이 책에 기술한 덕목들은 한씨 스스로 본을 보이기보다
는 다른 여성들에게 강요하기 위한 것들이었다. 한씨는 정작 자신에
게 불리한 일이 발생하면 불순종하며 따지곤 했다. 앞서 말한 바와
같이 의경세자의 월령관을 폐하려고 할 때 이에 항의하여 회복시킨
적이 있으며, 능묘로 석실을 사용하지 말라는 세조의 유언에도 불
구하고 이에 반대했던 당돌한 인물이었다. 그녀는 여성들이 청렴하
고 검소하기를 바랐지만 자신은 그렇지 않았다. 부호 허계지 사건
만 보아도 그랬다. 허계지의 부인은 수시로 한씨의 집을 왕래하면
서 청탁을 했다. 결국 이 교양서는 내명부 여성들이 자신에게 순종
해야 한다는 것을 강조하기 위한 책이었다.

불교를 둘러싼 치열한 정치 투쟁

신하들은 한씨가 왕비에서 대비로 승격된 것에 대해 반론을 주장
했다. 당시 새로 등용된 신하들은 자신의 생각이 옳다고 판단되면
목숨을 걸고 왕과 한판 승부에 나섰다. 예를 들어 정몽주의 증손 정
윤정은 성종이 둘째 부인 윤씨를 폐비한 후 얼마 지나지 않아 또 후
궁을 들이려 하자 '여색에 빠지는 조짐'이 있는 것 아니냐며 비난했
다. 그 자리에서 성종은 태종은 후궁이 6명, 세종은 7명, 문종은 세
자일 때 무려 5명이나 되었다면서 자신은 많은 것도 아니라는 궁색
한 변명을 했다.

이때 예문관 봉교 안팽명은 한씨를 대비로 승격시킨 것에 대해 《춘추春秋》의 고사를 들어 형제의 의리를 군신의 의리보다 앞세우지 않는 것이라고 지적했다.

"세조께서 인수 왕대비에게 명하여 예종을 보호하게 하셨고 장유의 차례가 있으므로 그 서열을 왕대비의 위에 있게 하였다고 하셨으나 신 등은 이해가 되지 않습니다. 군신의 높고 낮음은 천지가 이루어진 것과 같아서 보호하는 은혜와 장유의 차례 때문에 어지럽힐 수 없습니다."

신하들의 상소에 대해 정희왕후 윤씨는 이미 시행한 일이므로 바꿀 수 없다며 단호하게 거절했다. 하지만 한씨로서는 심한 타격을 받은 셈이었다. 왕실에서는 인정하나 신하들은 받아들이지 않았기 때문이다. 이후 한씨는 계속 신하들과 대결 구도를 형성하며 자신의 기반을 확고히 굳혀 나갔는데 이를 위해 불교를 이용했다.

한씨가 언제부터 불교에 깊은 관심을 보였는지는 알려지지 않았으나 시부모인 세조 내외의 영향이 컸던 것으로 보인다. 세조는 승려의 권익을 보호하고 사찰을 중창하였으며 불경을 한글로 번역하였고 불교 음악을 정립하는 등 불교를 진흥시켰다. 정희왕후도 세조가 승하한 후 사적으로 많은 사찰을 중건하고 창건하였다. 정희왕후 윤씨가 섭정을 그만둔 이후 한씨는 불교 문제를 둘러싸고 신하들과 수차례 언쟁을 벌였다.

불교에 대한 한씨의 관심은 성종 2년 정인사 재건축으로 나타났다. 원래 정인사는 정희왕후 윤씨가 맏아들 의경세자가 죽자 명복을 빌기 위해 지은 절이었다. 그때는 세조가 단종을 죽이고 왕위를 찬탈했기 때문에 민심이 좋지 않았다. 민심을 잡아야 할 시기에 절을 크게 짓는 것은 왕권 안정을 위해 바람직하지 않았기 때문에 최소한의 비용으로 검소하게 절을 지었다. 건축에 사용된 재목도 좋지 않았고 모양도 간소했다. 성종이 즉위하면서 어느 정도 왕권이 안정되자 한씨는 정인사의 재건축을 요구했다. 당시 최고의 실력자로 군림하던 정희왕후 윤씨도 내수사에 명하여 돈과 곡식을 보조하게 하는 등 적극적인 찬성의 의사를 표시했다.

한씨는 정인사가 완공되자 운영 자금으로 사용할 수 있도록 500석 규모의 경작지를 하사했다. 성종 4년 4월 8일 석가탄신일을 맞아 낙성식이 거행되었다. 이날 각지에서 모여든 승려만 해도 1만여 명이 넘었으며 한양에 있는 부녀자들이 몰려와 인산인해를 이루었다고 한다. 성종도 정인사의 경작지에 대해서는 세금을 면제해 주었다. 한씨에 의해 웅장한 모습을 드러낸 정인사는 당시 시인 묵객들이 많이 찾았으며 한양 부녀자들의 유일한 놀이터이기도 했다.

한편 조정 신하들은 성종 즉위년부터 불교의 폐단에 대해 지속적으로 지적하였다. 하지만 왕실 여성들은 여전히 불교를 숭상하였다. 신하들의 공격을 받으면 한씨는 선왕의 뜻이었음을 내세웠다. 서열 문제로 논쟁이 있은 지 2년 후 신하들은 한씨의 불교 옹호에 대해 트집을 잡았다. 성종 8년 이조좌랑 이창신이 임금에게 간했다.

"중국에 금과 은의 공납 면제를 요청한 것은 후세를 위한 것입니다. 대비(인수왕후)의 호불好佛로 봉선사에서 불경 쓰는 일에 금과 은을 사용해서는 안 됩니다. 부디 시정해 주시길 바랍니다."

그러자 성종은 변명을 했다.

"대비께서 선왕을 위해서 하는 일이다."

"자식이란 모름지기 부모가 잘못하면 충고를 해서 바로 잡아야 하는 것입니다. 부디 만류해 주시기 바랍니다."

조정에서 자신을 둘러싼 논란이 계속되자 한씨는 직접 자신의 입장을 표명했다.

"이번 일은 내가 열일곱에 시집온 이래 시부모 봉양과 성상(성종)의 임신 때문에 남편이 임종할 때 옆에서 지켜보지 못한 슬픔이 있어 불교를 통해 위로를 받기 위한 것이오. 또한 사경(寫經 : 후세에 전하거나 축복을 받기 위하여 경문을 베끼는 일)을 하는 것은 선왕과 선후先后를 위해서 하는 일이오."

그리고 조정의 유신儒臣들이 불교를 배척하는 것은 그 정신 때문이 아니라 불교가 악용되었기 때문이라고 주장했다.

"임금이 불교를 숭상하다 보면 국정에 어두워지고 절을 세우는 일로 백성이 괴로워진다는 것인데 나는 이 모든 것을 사재로 하고 있으므로 문제될 것이 없소. 사정이 이러한데도 억지로 만류한다면 강제로 할 마음은 없소이다!"

성종의 입장에서 볼 때 이것은 정당한 논리였기 때문에 반대할 수가 없었다. 조정 신하들도 찬성파와 반대파로 갈라지게 되어 결국 한씨의 입장이 관철되기에 이르렀다.

성종 11년 원각사 목불 유언비어 사건 때도 한씨가 연루되어 또한 번 신하들 간에 논쟁이 붙었다. 이때 원각사 목불이 돌아섰다는 소문이 퍼졌는데 많은 사람들이 이에 현혹되어 시납施納을 한 것이다. 월산대군과 덕원군도 원각사를 찾아가 시납했다. 조정 신하들과 460명의 성균관 유생들은 며칠 동안 이 사건을 철저히 조사하라고 요구했다. 점점 일이 확대되자 한씨는 언문으로 자신의 뜻을 알렸다.

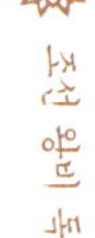

근자에 원각사 부처가 돌아선 것으로 인하여 의논하는 자가 여러 말을 하여 조정이 소요스럽다. 이 절은 세조께서 이루기를 원하신 곳인데 그때에는 소화(素花 : 흰 꽃), 감로(甘露 : 단 이슬) 등의 상서로움이 있었고 지금은 부처가 돌아서는 이상함이 있으므로 내가 월산대군 이정에게 가 보게 하였다. 그런데 지금 대간이 월산대군을 추문하도록 청하니 대군이 자식이 되어 어미가 가라고 명하면 가지 않겠는가? 이것은 나의 죄이다. …… 나의 연고로 인하여 온 나라가 소동하니 참으로 마음이 아프다.

그러나 성균관 유생들은 한씨에 대해 삼종지도三從之道를 따라야 하는 아녀자로서 임금을 따라야 하는 신하에 불과하다고 생각했다. 유생들은 한씨의 생각이 옳지 못하니 시정할 것을 요구하였으나 성종은 들어주지 않았다.

성종 15년에는 안암사 중창을 둘러싸고 한씨와 신하들 간에 논쟁이 붙었다. 의경세자의 후궁 귀인貴人 권씨가 안암사를 민전(民田 : 백성들의 사유지)으로 중창하려 하자 조정 신하들은 이에 적극 반대하였다. 신하들은 백성의 의식을 빼앗아 사찰을 짓는 것은 있을 수 없는 일이라고 했다. 논란이 거세어지자 한씨는 안순왕후와 함께 의견을 밝혔다.

불법은 한나라, 당나라 이후로부터 대대로 금할 수 없었기 때문에 중에게 도첩(度牒 : 관청에서 승려에게 발행해 주던 공인장)을 주고 절을 창건하는 법을 제정하였다. 그런데 안암사만을 허락하지 않는다면 이것은 선왕의 만세법萬世法을 하루아침에 버리는 것이다.

신하들은 계속 이 문제로 논쟁을 벌였으나 성종은 더 이상 거론하지 말라고 명했다. 한씨는 아들 성종을 배경으로 자신의 입지를 계속 강화시켰다. 이후에도 조정에서는 불교를 둘러싼 논쟁이 수그러들지 않았는데 이는 한씨가 그 중심에 있었기 때문이다. 세월은 흘러 정희왕후 윤씨가 세상을 떠나자 한씨는 정치에 직접 관여하기 시작했다. 그만큼 한씨의 정치적 기반은 탄탄해졌고 유학을 숭상하는 신하들과의 논쟁에서도 지지 않았다. 심지어는 조정에서 정한 일을 뒤집어엎기까지 했다. 성종 22년 말부터 23년까지 신하들은 도첩제의 문제점을 지적하며 폐지를 건의했다. 그러자 한씨는 안순왕후와 함께 이를 반대했다.

"너무 가혹하여 민간에서 소요를 일으킬 수 있다."

39

그러자 대신들이 들고 일어났다.

"대비께서 조정의 정사에 관여하는 것은 천부당만부당한 일입니다. 지금 대비의 정치 간섭을 중단시키지 않는다면 후세의 선례가 될 수 있으므로 반드시 금해야 합니다. 모름지기 대비께서는 지아비를 모시는 한낱 아녀자로서 삼종지도를 따라야 할 입장인데 성상과 조정 신하들이 정한 법을 뒤엎으려고 하는 것은 있을 수 없습니다!"

그러나 성종은 도첩제를 완화하는 정책으로 한씨의 편을 들어주었다. 왕실과 조정 간의 소란스럽던 사건은 결국 한씨의 승리로 일단락되었고, 이는 한씨의 힘이 건재함을 과시하는 계기가 되었다. 조선의 통치 이념이 숭유억불 정책이었음에도 불구하고 조정 신하들의 말이 먹혀들지 않았던 것은 그만큼 왕실의 힘이 강했기 때문이다.

한씨는 《내훈》을 지어 여성들에게 유교적 여성관을 지켜야 한다고 강조했지만 정작 자신은 국정을 농단하기까지 했다. 그녀는 모든 남녀가 유교적 이데올로기에 충실해야 한다고 생각했다. 그러나 자신은 그러한 범주를 초월한 존재였다. 한씨가 노렸던 것은 강력한 정치적 기반 위에서 누구도 범접할 수 없는 자신만의 영역을 확보하는 것이었다. 이 같은 권력에 대한 강한 욕망은 이후로도 지속되었으나 손자 연산군이 왕권을 장악하면서 좌절되기 시작했다.

신도비를 세운 최초의 여성이 되다

연산군 즉위 초 한씨의 정치적 기반은 여전히 튼튼했다. 신권에 맞선 왕실의 권력 유지라는 측면에서 둘의 이해관계는 일치하였다. 연산군이 즉위한 후 한씨를 중심으로 한 왕실 세력은 성종 대부터 계속 논란이 되어 온 불교 문제를 둘러싸고 조정 신하들의 공격을 받았다.

연산군이 즉위하자마자 대간들은 외척 문제, 불경 제작, 성종을 위한 수륙재 개최 등을 문제 삼았다. 외척 문제는 외척의 등용과 그 죄를 불공정하게 처리한 것이 문제가 되었다. 조정 신하들은 정현왕후 貞顯王后 윤씨의 동생 윤탕로가 성종 국상 중에 기생집을 드나든 것을 문제 삼았다. 그러나 연산군은 정현왕후의 마음을 상하게 하는 일이라며 받아들이지 않았다.

신하들은 성종을 위해 원각사에서 불경을 제작하고 수륙재를 개최하는 것에 대해서도 중지해 줄 것을 요청했다.

"유학의 나라에서 임금이 즉위하자마자 호불 정책을 펴는 것은 옳지 못한 일입니다."

그러나 연산군은 대신들의 뜻을 거절했다.

"왕실에서 하는 일이므로 내가 관여할 일이 아니다."

연산군은 불경 제작을 그대로 진행했으며 수륙재도 지냈다. 그러자 조유형을 비롯한 157명의 유생들이 상소를 올려 따지고 들었다.

신들이 듣자 하니 선왕(성종)께서 승하하신 날에 중외中外의 신하와 서민들이 애통하여 울부짖지 않는 사람이 없었습니다. 그런데 검은 옷 입고 머리 깎은 무리들이 "선왕이 우리 도를 좋아하지 않더니 이제 돌아가셨고 사왕은 아직 어리고 양전兩殿께서 뜻대로 하실 것이니 우리 도가 희망이 있다" 하였습니다. 또한 전하께서 수륙재를 행하라고 명령하신 것을 듣고 이들이 서로 축하하며 "우리 도가 장차 다시 일어나리라" 하였습니다. 이것은 종묘사직의 한이 되는 바요, 신하와 백성의 아픈 바이옵니다. 전하께서 차마 하지 못할 일을 하시니, 장차 우리 백성을 아비도 없고 임금도 없는 것들로 만드시어 불충과 불효를 저지르게 하시렵니까?

그러나 연산군은 당장 이들을 감금해 버렸고, 이러한 조치는 또 한 번 신하들의 원성을 샀다. 성종이 즉위할 때는 나이가 너무 어려 정희왕후 윤씨의 섭정이 필요했으나 연산군의 경우는 달랐다. 그는 후계자 수업을 충실히 한 후에 왕위에 오른 인물이었다. 그리고 이미 사리를 터득할 나이에 즉위했기 때문에 신하들과 논쟁할 정도의 학식과 교양도 갖추고 있었다.

연산군의 목표는 절대 왕권을 수립하는 것이었다. 신하들은 이러한 정책에 대해 첫째 선왕의 법도를 무너뜨리는 것, 둘째 불충한 사람을 권장하는 것, 셋째 음란한 풍기를 키우는 것, 넷째 외척의 마음을 교만하게 만드는 것, 다섯째 그 악을 양성하여 마침내 죄에 빠지

게 하는 것, 여섯째 충언하는 신하를 잡아 가두고 언로를 막는 것이
라며 조목조목 따졌다.

상황이 이렇게 흘러가던 중 연산군이 성종의 묘지문을 보고 자신
의 어머니가 정현왕후 윤씨(성종의 세 번째 왕비)가 아니라 폐비 윤씨
임을 알게 되었다. 연산군은 외할아버지인 윤기견이 누구인지 승지乘
志에 대해 물었다.

"판봉상시사 윤기견이라는 이는 어떤 사람이냐? 혹시 영돈녕 윤
호를 기견이라 잘못 쓴 것이 아니냐?"

그러자 승지承旨들이 이렇게 대답했다.

"폐비 윤씨의 아버지인데 윤씨가 왕비로 책봉되기 전에 죽었습
니다."

이 말을 들은 연산군은 자신의 어머니가 죄를 지어 폐위된 것을
알고 식음을 전폐했다. 자신의 정통성에 흠집이 생긴 것이었다. 연
산군은 조선 건국 이후 다른 어떤 왕보다도 정통성을 갖추고 있었
다. 왕비의 몸에서 원자로 태어나 후계자 수업을 거친 후 부왕의 죽
음과 함께 즉위했기 때문이다. 조선 역대 왕 중에서 정상적인 방법
으로 왕위에 오른 경우는 연산군이 처음이었다. 강력한 정통성을 갖
추었다는 것은 그만큼 강한 권력을 가질 수 있다는 의미였다. 조선
의 역대 왕들 중에서 정통성을 갖추지 못한 왕들은 항상 정적들에게
공격을 받았다.

이러한 연산군에게 자신의 생모가 죄를 지어 폐비가 되었다는 사
실은 너무나 치명적이었다. 그리고 이 사실을 신하들이 아닌 묘지문

강화도 부군당에 있는 연산군 부부 그림
폭군의 대명사로 알려진 연산군은 원래 조선조 사상 가장 강력한 정통성을 가진 군왕
이었다. 부군당은 마을의 수호신을 모시는 신당이었으나 연산군이 강화도에서 숨을 거
둔 이후 그의 원혼을 달래기 위한 곳으로 바뀌었다.

을 통해 알게 되었다는 것도 충격적이었다. 그리고 한편으로 생각해
보면 자신의 어머니를 폐위시키고 그러한 사실을 비밀에 부쳐 온 신
하들이 자신을 책망한다고 생각하니 가소롭기 짝이 없었다. 이후 연
산군은 신하들의 주청을 절대 들어주지 않았다.

한씨도 성종 대부터 신하들과 반목하는 입장에 있었기 때문에 연
산군과 큰 충돌은 없었다. 한씨는 성종 대에 구축한 권력을 이용해
어머니 남양 홍씨의 신도비를 건립하였다. 신도비는 중국에서 유래
한 것으로 고려시대 때부터 받아들여져 3품 이상의 관직에 오른 사
람의 묘에 세웠는데 조선시대에는 2품 이상의 관직자에 한하여 세
우도록 법제화하였다. 초기에는 왕과 왕비를 합장한 능 앞에 세우기
도 하였는데 문종 대에 왕릉에 신도비 세우는 것을 금지하고 공신
등에 대해서는 왕명으로 신도비를 세우게 하였다.

여성을 위한 신도비 건립은 강력한 권력이 뒷받침되어야만 가능
한 일이었고, 이는 한씨가 처음이었다. 남양 홍씨의 신도비문을 지
은 사람은 한씨의 교지를 받은 임사홍이었다. 신도비에는 홍씨의 가
문, 인품, 가족사 등이 상세히 기록되었다. 이처럼 연산군 즉위 초기,
한씨는 그동안 구축해 온 권력을 내세워 여러 가지 일을 성사시켰
다. 그러나 이러한 상황이 오래가지는 못했다.

연산군이 즉위한 지 4년이 지났지만 불교 배척을 요구하는 신하들의 주청은 끊이지 않았다. 그들은 불교를 억누르고 외척 비리 등을 척결할 것을 주장했다. 연산군의 입장에서는 자신의 생모 폐비 문제에 대해서는 목숨 걸고 반대하지 않던 신하들이 이 같은 요구를 하니 코웃음만 나왔다. 연산군은 마침내 신하들의 입을 막을 수 있는 절호의 기회를 얻게 되었다.

연산군 4년 《성종실록》을 편찬하기 위해 실록청이 설치되었고 당상관으로는 이극돈이 임명되었다. 그런데 이극돈은 김일손이 사초史草에 〈조의제문〉을 실어 놓은 것을 발견하였다. 〈조의제문〉은 세조 3년 김종직이 밀양에서 경산으로 가는 도중 답계역에서 숙박하다 지은 글이었다. 그 내용은 초나라 의제가 항우에게 죽임을 당한 것을 애도한다는 것이었으나 실상은 세조의 왕위 찬탈을 비유적으로 비난한 것이었다. 그런데 사관으로 있던 김일손이 사초에 〈조의제문〉을 실으면서 자신의 스승인 김종직을 칭찬했던 것이다.

이극돈은 김일손에 대한 감정이 좋지 않았다. 이극돈은 정희왕후 윤씨의 상이 났을 때 국장에 쓰일 향도 바치지 않고 기생을 끼고 놀았던 일이 있었는데 김일손은 이 사실을 사초에 낱낱이 기록했었다. 이극돈은 이 내용을 삭제해 줄 것을 요구했으나 김일손은 일언지하에 거절해 버렸다. 그런데 복수의 기회가 찾아온 것이다.

이극돈은 유자광, 노사신 등과 함께 이 사실을 연산군에게 알렸다.

그동안 생모 윤씨의 일로 자신의 정통성에 흠집이 생겨 상처를 입었던 연산군은 이 일로 인해 더 큰 상처를 입게 되었다. 자신의 정통성이 비롯된 뿌리까지 인정하지 않는 세력이 있었던 것이다. 연산군은 그동안 신하들이 사사건건 자신의 정책에 트집을 잡아 왔던 것이 모두 자신의 왕권을 인정하지 않았기 때문이라고 생각하게 되었고, 이를 기회로 자신의 권위를 인정하지 않던 세력들을 전부 제거했다. 이미 죽은 김종직은 부관참시되었고 김일손은 능지처참되었으며 그 밖에 연루자들은 모두 참형에 처해졌다.

이 일로 권위를 되찾으려 했던 연산군에게는 한 가지 걸림돌이 있었다. 바로 생모 윤씨의 문제였다. 자신은 죄를 지어 왕실에서 추방당한 여자의 아들이었다. 이 때문에 여전히 신하들 중 일부는 자신의 권위를 인정하지 않았다. 연산군 9년 예조판서 이세좌가 연산군이 하사한 술잔을 쏟아 옷을 적시는 사건이 발생하였다. 그런데 누구도 이세좌의 처벌을 요구하지 않았다.

연산군은 분노했다. 왕을 능멸한다고 생각한 것이다. 이후에도 신하들이 후궁 간택에 불응하는 사건이 발생했다. 연산군은 신하들의 왕권에 대한 도전을 더 이상 두고 볼 수 없었다. 연산군은 이후 왕권을 능멸하는 행위에 대해서는 반드시 처벌하겠다는 의지를 밝혔다.

"지금 세상을 보면 노성한 대신이 있고 뒤이어 재상된 자가 있는데 이들이 서로 비호하고 덮어 그 허물을 말하지 않으며, 대간이 된 자는 불경한 사람을 보고도 세력이 두려워 말하지 않고, 오히려 말하지 않을 것은 반드시 논한다. 이뿐 아니라 재상으로서 기반이 있

47

는 자에게는 한 마디의 말이 없고 고단한 자에 대해서는 반드시 논박한다. 그런데 삼공(三公 : 영의정, 좌의정, 우의정)과 육경(六卿 : 육조 판서) 역시 그름을 말하지 않고 붕당을 이루어 왕으로 하여금 고립되게 하니 위를 능멸한 풍습을 고치지 않을 수 없다!"

그러던 와중에 드디어 신하들을 몰아붙일 기회가 찾아왔다. 임사홍이 넌지시 폐비 윤씨 사건의 전말을 연산군에게 전한 것이다. 즉위 초 연산군은 폐비 윤씨가 죄를 지어 사약을 받은 줄 알고 있었다. 그때 조정 신하들 중 일부가 폐비 윤씨를 추존하자고 말을 꺼냈다.

"선왕께 죄를 얻기는 하였지만 왕이 이미 존위尊位에 나갔으니 소생의 의리가 지극히 중대하므로 추존하여 제사 드리는 일을 의논하지 않을 수 없습니다. 반드시 고사가 있을 것이니 홍문관을 시켜 널리 고례를 알아보아 아뢰게 한 후에 의정부, 육조 대간, 시종侍從으로 하여금 함께 의논하는 것이 좋겠습니다."

그러나 이에 반대하는 신하들이 있었다. 이유는 이러했다.

"폐비가 선왕께 죄를 얻었으니 정묘에 모셔 제사 드릴 수 없는 것은 당연한 일입니다. 그러나 고금 천하에 임금이라고 어머니가 없을 리가 있겠습니까? 신들의 생각으로는 따로 사당을 세워 제사 드리며, 묘소에도 따로 제사 드리는 의식 절차를 마련하고, 기일에는 형살(刑殺 : 사형) 문서를 아뢰지 말도록 하는 것이 어떻겠습니까?"

연산군은 신하들의 반대로 생모 윤씨의 일을 더 이상 거론할 수 없어 마음속으로만 품고 있었다. 부왕에게 죄를 지었다는 말 한마디에 억장이 무너졌다.

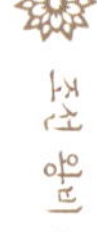

48

연산군에게는 생모 윤씨를 추존할 만한 근거가 없었다. 그런데 임사홍이 생모 윤씨의 죄가 누명이었다는 것을 알려주었다. 생모 윤씨는 세상을 떠나면서 피 묻은 적삼을 어머니 신씨에게 맡겼다.

"원자가 목숨을 보전하거든 이것으로 나의 원통함을 말해 주시오."

이 이야기를 임사홍에게 전해 들은 연산군은 10년 동안이나 슬픔과 분노를 참아 온 것이 분했다. 지금까지 모셔 왔던 할머니 인수왕후에 대해서도 철저히 자신을 속인 것에 분노를 느꼈다. 자신은 그것도 모르고 생모와 관련된 일이라면 명분이 없어 어떤 일도 할 수 없었던 것이다.

연산군이 가장 먼저 분노를 터트린 대상은 성종의 후궁 귀인 엄씨와 정씨였다. 이 두 사람의 참소로 윤씨가 억울한 죽음을 당했다고 생각한 연산군은 밤중에 엄씨와 정씨를 끌어다 대궐 뜰에 결박한 후 마구 짓밟았다. 그리고 정씨의 소생 안양군 이항과 봉안군 이봉을 창경궁으로 데려오라고 명했다.

연산군은 이항과 이봉이 끌려오자 엄씨와 정씨를 죄인이라 말하며 때리라고 했다. 겁에 질린 이항은 어두워서 누군지 모르고 때렸지만 이봉은 어머니라는 것을 알고 명을 따르지 않았다. 연산군은 이봉 대신 다른 사람을 시켜 때리게 하였고, 엄씨와 정씨는 그 자리에서 숨을 거두었다.

한씨도 무사하지 못했다. 성종 대에 조정 신하들이 윤씨를 죽이는 것은 너무 과한 일이라고 말리자 한씨는 그들을 징벌하라고 명을 내리기까지 하였다. 심지어는 성종이 잠자리에 누울 때마다 윤씨가 무슨 짓을 할지 몰라 두려워했다며, 이제 '악한 것'을 제거하여 안심이 된다고 말하기도 했다. 연산군은 할머니 한씨도 어머니를 죽음으로 몰아간 주범이라고 생각하였다. 엄씨와 정씨를 죽인 후 장검을 들고 한씨의 침전으로 간 연산군은 밖에서 소리쳤다.

"빨리 뜰 아래로 나오시오!"

두려움에 떨던 궁녀들은 무서워 모두 자리를 피해 달아났다. 이 사실을 알고 쫓아온 왕비 신씨가 연산군을 붙잡고 만류함으로써 한씨는 겨우 목숨을 부지할 수 있었다. 연산군은 안양군 이항과 봉안군 이봉의 머리카락을 붙잡고 한씨의 방문을 연 뒤 안양군에게 술잔을 건네게 하였다.

"이것은 대비의 사랑하는 손자가 드리는 술잔이니 한 번 맛보십시오!"

놀란 한씨가 술잔을 받아 들자 연산군은 사랑하는 손자에게 답례를 해 달라며 비꼬았다. 한씨가 얼떨결에 베 두 필을 가져다주자 연산군은 악에 받혀 소리를 질렀다.

"대비는 어찌하여 우리 어머니를 죽였습니까!"

한 차례의 소동을 끝내고도 분노가 가라앉지 않은 연산군은 엄씨와 정씨의 시신을 내수사에게 시켜 젓을 담근 후 산과 들에 뿌려 버렸다.

한씨로서는 그야말로 충격적인 일이었다. 성종이 유언으로 100년 동안 사실을 숨기라고 했건만 결국 만천하에 공개되고 만 것이다. 이것은 권력을 차지하려는 신하들간의 반목과 이들을 손아귀에 쥐고 뒤흔들려는 연산군의 욕망이 뒤섞여 빚어진 일이었다.

한씨는 어머니와 며느리로서 충실히 역할을 수행하면서 자신이 원하는 권력을 가졌다고 생각했었다. 하지만 그 권력은 허망한 것이었다. 폭빈이라는 소리까지 들어 가면서 자녀 교육에 열성을 다했던 한씨는 성종을 통제하고, 성종을 통해 정치적 간섭까지 할 수 있었다.

그러나 연산군은 달랐다. 한씨는 연산군의 후계자 수업에 관여할 수 없었다. 즉위하자마자 생모가 폐비되었다는 사실을 알게 된 연산군은 권위와 정통성을 확보하기 위해 생모 윤씨를 숭모하는 사업을 벌이고자 했으나 명분이 없어서 마음대로 할 수 없었다. 그런 연산군에게 칼자루가 쥐어지게 된 것이었다.

누구도 충성하지 않았던 여왕의 죽음

조선시대에 권력은 남성으로부터 나오는 것이었다. 성종 대에 폐비 윤씨를 내칠 때 한씨는 "우리는 모두 주상을 우러러보면서 사는 자들이다"라는 명분을 내세웠다. 한씨도 삼종지도를 지키고 문자에서도 소외되어 있는 여성에 지나지 않았다. 당시 한씨는 남성의 문자인 한자가 아닌 여성의 문자인 언문으로 교지를 내려야 했다. 연산군의 입장에서 한씨는 자신의 절대적인 권위에 흠집을 낸 아녀자에 불과했다. 결국 연산군을 통제할 수 없었던 한씨는 좌절할 수밖에 없었다.

한씨는 중국 황제의 후궁으로 가 있는 고모, 아버지와 남자 형제들, 자신의 노력으로 얻은 세조와 정희왕후의 총애, 그리고 엄격한 교육으로 통제했던 아들을 통해 자신의 의지를 정치에 반영시킬 수 있었다. 이러한 조건들이 모두 합해져서 한씨의 권력 기반이 형성되었다.

그러나 연산군이 즉위하면서부터는 상황이 달라졌다. 이미 손자는 통제권에서 벗어났으며 남자 형제들도 권력의 중심에서 멀어져 있었다. 항상 든든하게 배후에서 지켜 주던 정희왕후 윤씨도 없었다. 게다가 정희왕후 윤씨에게는 생사고락을 같이했던 한명회 같은 공신 세력들이 있었지만 한씨에게는 그러한 버팀목이 없었다. 오히려 권력을 가졌을 때 그들과 반목했을 뿐이었다.

누구도 한씨를 지지해 주지 않았다. 결국 이러한 허망한 지지 기반이 그녀를 죽음으로 몰아갔다. 그녀의 꿈은 절대 왕권 위에 군림하는 것이었지만 그 꿈은 신하들과 정치적으로 결탁했을 때만이 가능한 것이었다.

한편 연산군은 절대 왕권에 도전하는 자는 누구도 용서하지 않았다. 할머니 한씨는 여성들을 통제하기 위해《내훈》을 통해 유교적 이데올로기를 주입했으면서도, 권력을 지키기 위해서는 불교를 이용해 신하들과 대결했다. 항상 유학적인 견지에서 목숨을 걸고 구언하던 신하들은 생모 윤씨의 억울한 죽음 앞에서는 입을 닫아 버렸다. 연산군은 이러한 이중적인 처신들을 위선적이라 느꼈고 자신의 왕권을 위협하는 요소로 생각했다.

　　절대 권력은 한씨도 원한 것이었다. 그러나 그 권력은 남성들에게서 나오는 것이었으며 여성이었던 한씨로서는 한계가 있었다. 여성이었지만 다른 여성들처럼 살고 싶지 않았던 소혜왕후 한씨. 그러나 결국 그녀는 남성들의 절대 권력 앞에서는 좌절을 맛보아야 했다.

　　연산군의 횡포에 충격을 받은 한씨는 그날 이후로 몸져눕고 말았다. 그리고 그대로 자리에서 일어나지 못하고 한 달여 만에 세상을 떠났다. 조정에서는 한씨의 장례 절차를 두고 시비가 벌어졌다. 연

소혜왕후 한씨의 무덤
여성의 몸으로 태어나 절대 권력을 꿈꾸었던 소혜왕후의 야망은 손자인 연산군에 의해 결국 처참하게 좌절되었고, 그녀는 죽어서 남편 의경세자 곁에 묻혔다. 그녀가 구가했던 권력은 남성들의 지지가 있을 때만 성립 가능한 불안정한 것이었다.

산군이 예종과 성종의 뒤를 이어 즉위했으므로 한씨가 대통(大統 : 왕의 계통)이 아니라는 것이었다.

연산군은 한씨를 제대로 된 장례 절차로 모시고 싶지 않았다. 명분이 필요했던 연산군은 신하들에게 이렇게 명을 내렸다.

"안순왕후는 대통이신데 대행대비를 안순왕후의 상사대로 한다면 대통을 중요하게 생각하지 않는 것이다. 위를 업신여기는 풍습이 있으니 대통을 존중히 여김을 보이지 않을 수 없다. …… 무릇 상사는 자연 차등이 있는 것이다. 지금 대행대비께서는 정리로 말하면 자친慈親이지만 의리로 말하면 의가 끊어졌다. 모든 일은 정리와 의리가 서로 합치되어야 하는 것이니 상제를 이루지 못하는 것으로 의논을 정해야 한다!"

신하들은 한씨가 중국 황제의 고명을 받아 모후(母后 : 임금의 어머니)가 되었으므로 그 절차에 따라야 한다고 구언했다. 그러나 연산군은 이를 받아들이지 않았다. 그것도 모자라 중국의 단상 제도를 본떠 한 달을 하루로 계산하는 역월지제易月之制라는 복상 제도를 이용하여 장례를 치렀다. 게다가 한씨의 두 아우를 죽이고 그들의 첩을 여러 왕손들에게 나누어 주었으며, 사촌에게까지 죄를 물어 먼 지방으로 추방해 버렸다. 결국 조선은 남성의 권력에 의해 유지되던 사회였던 것이다.

왕의 권력을 넘보는
왕비는 죽어야 한다,
폐제헌왕후 윤씨

(1445 ~ 1482)

폐제헌왕후 윤씨의 가계도

윤기견 ＝ 양성 이씨 ＝ 고령 신씨 … 신숙주

　　　　　　　　　　　　　　　（사촌 간）

　┌ 우　　　┌ 구

　├ 해　　　└ 女 ＝ 성종

　└ 후　　　　　└ 융(연산군)

＝ 부부, ─ 자녀, … 친척

성종 7년(1476) 8월 9일, 후궁 숙의 윤씨는 창덕궁 인정전에서 왕비로 책봉되었다. 책봉 의식을 거행하던 성종은 기쁨을 감추지 못했다. 숙의 윤씨를 책봉한다는 문서에는 다음과 같은 내용이 기록되어 있었다.

그대 윤씨는 일찍이 덕행으로 간택되어 오랫동안 궁궐에 거처하면서 정숙, 신실, 근면, 검소하며 몸가짐도 겸손하고 공경스러워 삼궁(三宮 : 정희왕후, 소혜왕후, 안순왕후)의 총애를 받았다. 이에 예법을 거행하여 왕비로 책봉한다. 아아! 천지의 자리가 정해지면 만물이 생육하고 왕과 왕비의 덕이 합하면 만물의 터전을 이룰 수 있다. 마땅히 은총의 칙명을 받들어 시종 한결 같은 덕으로 공경할지어다.

숙의 윤씨는 후궁으로 지내면서 국모로서의 자질을 평가받았다.
그런데 왕비로 책봉된 지 1년도 채 안 되어 왕실에서 그녀를 폐
서인하자는 주장이 나오기 시작했다. 그 후 성종 13년 8월 성종
은 윤씨를 사사시킬 것을 명했다. 그녀의 죄목은 이러했다.

폐제헌왕후 윤씨가 왕후로 즉위했던 창덕궁 인정전
태종 5년(1405)에 창덕궁을 세우면서 함께 지은 인정전은 이후 여러 차례 보수
를 거쳤다. 지금 있는 건물은 순조 4년(1804)에 다시 지은 것이다. 인정전은 창
덕궁의 중심 건물로 조정의 각종 의식과 외국 사신 접견 장소로 사용하였으며,
신하들이 임금에게 새해 인사를 드릴 때에도 이곳을 이용하였다.

폐비 윤씨는 성품이 본래 흉악하고 위험하여서 행실에 패역함이 많았다. 지난날 궁중에 있을 적에 포악함이 날로 심해져 이미 삼전三殿께 공손하지 못하였고, 또한 과인에게 흉악한 짓을 함부로 하였다. 과인을 경멸하여 노예와 같이 대우하였고, 심지어는 일찍이 역대의 모후들이 어린 임금을 끼고 정사를 마음대로 하였던 일을 보면 스스로 기뻐하였다. 항상 독약을 스스로 가지고 다니며 가슴 속에 품거나 상자 속에 간수하기도 했으니, 비단 그가 시기하는 사람을 제거하려는 것뿐 아니라 장차 과인에게도 해로운 것이다.

정숙, 신실, 근면, 검소, 겸손, 공경 등으로 추앙을 받던 윤씨는 왕비로 책봉된 지 7개월 만에 흉악, 포악, 패역, 오만한 여성이라는 지탄을 받기 시작하다 결국 폐서인되어 사사되었다. 과연 그녀에게 무슨 일이 일어났던 것일까?

나의 정치적 배경은 신숙주이다

성종 4년 윤씨는 윤호의 딸과 함께 후궁으로 간택되어 숙의에 봉해졌다. 후궁 제도가 제대로 자리 잡기 시작한 것은 세종 10년으로서 이는 조선 건국 초 조준과 정도전이 건의한 제도를 기본으로 한 것이었다. 그 후 태종은 고려시대와 중국의 하나라, 은나라, 주나라에서 시행하던 후궁 제도를 모방하여 시행하였다. 세종 대에 이르자 이조에서 제대로 정비되지 않은 내명부 제도를 수정할 것을 건의하였다.

"궁주宮主는 왕녀王女의 호칭이 아닌데도 왕녀를 일컬어 궁녀宮女라 하고, 옹주翁主는 궁인宮人의 호칭이 아닌데도 옹주라 부르고 있으니 이를 시정하기를 바랍니다."

왕실에서는 중국 역대 왕조 중 가장 상세하게 정비된 당나라 제도를 모방하여 후궁 제도를 수정하였다. 이렇게 태조, 세종 대를 거쳐 정비된 후궁 제도는 성종 대에《경국대전》의 내명부 편에 실린 이후 조선 말기까지 그대로 이어졌다. 윤씨가 받은 작위 숙의淑儀는 종2품으로서 빈과 귀인보다는 낮은 품계였다. 주로 하는 일은 왕비가 예를 갖출 때 이를 인도하는 것이었다.

윤씨가 후궁으로 궁궐에 들어왔을 때 나이는 대략 성종보다 12세나 많은 20대 후반이었다. 윤씨는 1445년 윤기견과 고령 신씨 사이에서 태어났다. 부친 윤기견의 본관은 함안으로 파평 윤씨에서 갈라져 나온 가계였다. 그는 조선시대에 들어와 함안 윤씨 집안에서 처음으로 과거에 급제한 인물이었다. 과거에 급제한 덕분에 윤기견은 쟁쟁한 가문의 딸을 부인으로 맞을 수 있었다. 첫 번째로 혼인한 여성은 양성 이씨 가문 이온의 딸이었다. 이 두 사람 사이에서 윤우, 윤후, 윤해가 태어났다. 양성 이씨가 오래 살지 못하고 세상을 떠나자 두 번째로 맞이한 부인이 고령 신씨 가문 신평의 딸이었다. 신평은 신숙주의 숙부였다. 이 두 사람 사이에서 윤구와 숙의 윤씨가 태어

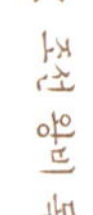

난 것이다.

윤기견은 세조가 조카 단종에게서 정권을 찬탈하기 위해 일으킨 계유정난 때 참여한 공으로 사헌지평司憲持平의 직책을 받았다. 그러나 그는 공신들에 대한 특혜와 환관인 엄자치, 전균을 정난靖難 2등 공신으로 책봉한 처사에 대해 강력하게 반대하였다. 이로 인해 잠시 좌천되는 어려움을 겪기도 했으나 이후 정난공신으로 책봉되었다. 그가 다시 공신으로 책봉될 수 있었던 것은 신숙주의 영향력 때문이었던 것으로 보인다. 윤기견은 신숙주와 사촌 처남 매부 사이였다.

판봉상시사判奉常寺事라는 관직까지 오른 윤기견은 재산을 모으는 재주는 없었다. 그가 세상을 떠난 후 윤씨와 어머니 신씨는 길쌈을 해서 생계를 유지하였다. 친가와 외가 모두 쟁쟁한 가문이었지만 윤씨는 궁핍한 생활에 시달렸고 이 때문에 후궁의 길을 선택했다.

그녀가 후궁이 될 수 있었던 정치적인 배경에는 신숙주가 있었다. 신숙주는 한명회와 더불어 세조가 가장 신임하던 심복이었다. 세조는 그를 중국 당나라 태종 재임기의 명신인 위징에 비유할 정도로 아꼈다.

윤씨가 후궁으로 책봉되자 가난했던 어머니 신씨의 삶은 어느 정도 여유가 생겼다. 내명부를 책임지고 있던 공혜왕후恭惠王后 한씨는 윤씨와 윤호의 딸을 후궁으로 맞이한다는 인사 차원에서 각각 면포 100필, 정포正布 50필, 쌀 50석을 보냈다.

윤씨가 궁궐에 들어왔을 때 내명부는 성종의 첫째 부인인 공혜왕후 한씨가 다스리고 있었다. 공혜왕후 한씨는 한명회의 둘째 딸이었

다. 한명회의 첫째 딸은 예종의 첫째 부인인 장순왕후_{章順王后} 한씨였
다. 장순왕후는 예종과 혼인한 후 첫아들 인성대군을 생산하고 16
세의 어린 나이로 세상을 떠났다. 한명회의 둘째 딸도 성종과 혼인
했지만 후사도 없이 19세의 어린 나이에 세상을 떠났다. 한씨가 세
상을 떠난 지 2년 후인 성종 7년 윤씨는 왕비로 낙점되었다. 같은 해
7월 11일, 성종은 의정부에 다음과 같이 명했다.

"중전은 한 나라 백성의 어머니이다. 오랫동안 적당한 사람을 구
하기 어려웠었는데 숙의 윤씨는 현숙한 덕을 지녔기에 규범에 합당
하다. 그래서 대왕대비의 뜻을 받들어 중전으로 정한 것이므로 이를
널리 전하라."

이때 신숙주는 이미 1년 전에 세상을 떠나고 없었다. 윤씨가 후궁
으로 들어올 수 있었던 배경에는 신숙주의 영향력이 있었지만 왕비
로 책봉될 수 있었던 데는 또 다른 힘이 작용했다. 바로 정희왕후 윤
씨의 후원이었다.

정희왕후 윤씨는 남성 중심적인 사회인 조선에서 최초로 국정을
다스린 여성이었다. 그녀 이후 왕비들은 후계자 임명권과 수렴청정
을 통해 국정에 참여할 수 있었다. 정희왕후는 이 두 가지 권한을 모
두 이용하여 조선 여성 최초로 국정을 다스렸다.

정희왕후는 왕이 갑자기 사망하고 후계자가 정해지지 않았을 때
어떤 불행한 사건이 일어날 수 있는지 누구보다 잘 알고 있었다. 스
스로가 그러한 역사적 현장에 있었기 때문이다. 문종의 사망으로 열
두 살이 된 단종이 즉위했을 무렵 보필을 맡았던 남편 수양대군이

정변을 일으켜 정국을 뒤흔들었다. 이 사건이 위계질서의 붕괴로 일어났다고 판단한 정희왕후는 이 같은 일의 재발을 방지하는 것만이 정국을 안정적으로 이끌 수 있는 방안이라고 생각했다. 정희왕후는 왕실에서 가장 연장자가 후계자 임명권을 가져야 사건 재발을 미연에 방지할 수 있다고 보았다. 결국 혼란한 시기에 국정 운영의 열쇠는 왕비가 가질 수밖에 없었던 것이다.

정희왕후는 예종이 사망하자 신숙주와 도승지 권감 등을 불러 수습 방안을 논의하였다. 신숙주는 삼정승을 비롯한 신하들에게 상주를 정하게 하는 것이 가장 시급한 일이라고 말했다. 임금의 상에서 상주란 차기 임금을 의미하는 것이었다. 정희왕후가 신하들에게 물었다.

정희왕후의 옥보

세조 비 정희왕후(1418~1483)는 성종이 13세로 즉위하자 7년간 수렴청정하여 왕대비 섭정의 전통을 만들었다. 1483년 3월 온양 행궁에서 죽었다. 손잡이는 거북 모양으로 주황색 방망이 술끈을 부착시켰다. 국립고궁박물관 소장

“상주를 할 만한 인물이 누구인가?”

그러자 신숙주가 대답했다.

“대비께서 명하시는 것이 합당하옵니다.”

정희왕후는 신하들에게 다음과 같이 명을 내렸다.

“원자는 포대기 속에 있고 월산군은 원래 질병이 있다. 자산군은 나이 비록 어리지만 세조께서 항상 그의 기량과 도량을 태조에게 견줄 정도였다. 자산군이 상주가 되어야 한다!”

그러자 신숙주를 비롯한 모든 신하들은 당연한 처사라는 듯 이를 받아들였다. 신숙주와 신하들은 사정전 뒷마당에서 여러 가지 일을 의논한 후에 정희왕후에게 진언했다.

“대비께서 국정을 맡아 주었으면 하옵니다.”

“내가 복이 적어서 이같이 자식의 흉사를 당했으므로 나는 별궁에서 조용히 지내고 싶다. 더구나 나는 문자를 알지 못해서 정사를 운영하기가 어려운데, 자산군의 어머니 수빈은 글도 알고 사리 판단도 정확하니 이를 감당할 만하다.”

그러자 신숙주가 거듭 아뢰었다.

“온 나라 신하들과 백성들은 대비께서 가장 적임자라고 생각하고 있습니다. 이를 따르는 것이 올바른 처사이옵니다.”

다시 정희왕후가 사양하자 신숙주는 계속 설득했다. 결국 정희왕후는 이를 받아들이기로 했다. 그녀가 이를 수락함으로써 왕실에서 가장 연장자인 여성이 후계자 지명권과 20세가 되지 못한 어린 왕이 즉위했을 때 수렴청정을 맡는다는 관례가 생겨났다. 이후 조선에

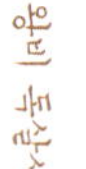

서는 500년간 어린 왕들이 즉위했을 때 왕실의 가장 연장자인 여성이 이러한 권리를 행사하게 되었다.

이처럼 신숙주와 정희왕후 사이에는 매우 견고한 관계가 성립되어 있었다. 따라서 정희왕후는 신숙주의 사촌 조카인 윤씨가 왕비로서 가장 적임자라고 생각했을 것이다.

왕실은 정치적인 주도권을 장악하기 위한 싸움이 극명하게 드러나는 곳이다. 윤씨가 후궁으로 궁궐에 들어올 수 있었던 것도, 나아가 왕비가 될 수 있었던 것도 모두 신숙주라는 정치적 배경 때문이었다.

범옹 신숙주의 영정

신숙주는 세종 대에 집현전 학사로서 입신했으나 세조의 왕위 찬탈을 도우면서 성삼문 등 사육신 세력과 결별하였다. 이후 왕실과 긴밀한 관계를 맺은 공신으로서 오랫동안 권력의 중심에 있었다. 그러나 임종 당시에는 "인생 오십이 여기서 끝이 나고 마는가?"라는 허망한 말을 남기고 죽었다.

고려시대에는 여성들이 자유롭게 거리를 활보하였다. 그러나 조선조에서는 유교적 여성관에 따라 여성들이 담장 밖으로 나오는 것을 규제하려 했다. 여성들의 외출 금지는 바깥 세계와의 소통을 단절시키기 위한 가부장제적인 조치였다. 조선이 건국되면서 여성들의 외출에 대한 논쟁이 시작되었지만 왕과 신하들 간에 이에 대한 논란이 가장 격렬했던 때는 성종 대였다. 이는 이 시대에 여성들에게 유교적 여성관을 뿌리내리게 하려는 의지가 가장 강력했다는 의미이다.

성종의 어머니는 여성들이 조선에서 살아갈 수 있는 최선의 방법으로서 《내훈》을 지을 정도로 여성들의 행실에 대해 엄격하게 따지던 인물이었다. 왕실의 분위기가 이러했기 때문에 윤씨의 입장에서 생존을 위한 최선의 방법은 정숙한 이미지를 구축하는 것이었다. 그리고 사림파들이 대거 정계에 진출하면서 이 문제를 둘러싼 논쟁은 더욱 격렬해졌다.

조선 건국 초에 이와 관련해 가장 먼저 문제를 제기한 사람은 개국 공신 남재였다. 그는 국정 운영 12개조 건의문에서 여성의 외출을 금지해야 한다고 주장했다.

옛날에는 여자가 시집을 간 후에는 부모가 돌아가시더라도 친척들

과 만나지 않는 것이 도리였습니다. 그런데 고려 말기에 풍속이 퇴폐해져서 사대부의 부녀자들이 권세 있는 집안에 찾아가 알현하는 것을 부끄럽게 여기지 않게 되었습니다. 원컨대, 지금부터 문무 양반의 부녀자들은 부모, 친형제, 친백부, 친숙부, 친외숙, 친이모 등을 제외하고 서로 왕래하지 못하게 하여 풍속을 바로잡으소서.

태종 대에 이르면서 양반 관료들은 사대부 집안 여성들이 가마나 말을 타지 않고 걸어 다니는 것은 예법에 어긋나는 행동이며, 부모와 만나는 것 외에는 출입을 금하게 해야 한다고 강력하게 주장하였다. 그러나 이 건의는 받아들여지지 않았다. 또한 여성들이 외출을 할 때는 얼굴을 가리고 다니도록 했는데 이러한 건의는 세종 대까지 계속되었다. 문종 대에는 여성들이 절에 가는 것을 금지해야 한다는 요구도 있었다.

이러한 금지 조치에도 불구하고 여성들은 성종 대까지 거리낌 없이 절을 드나들었으며, 중국 사신이 행차하거나 왕의 거둥 때에도 자유롭게 구경하였다. 이를 보다 못한 사간원 대사간으로 있던 정괄이 제발 여성들이 절에 다니는 것을 금지해 달라며 상소하였다.

《대전大典》에는 부녀자가 절에 올라가는 것을 금하고 있는데 근일에 정업원 여승들이 죽은 중을 위하여 재를 지내고, 양반집 부녀들과 함께 정인사와 성불암에 가서 유숙하기에 이르렀습니다. 법을 어기고

절에 올라가는 것도 불가한 일인데 하물며 절에서 밤을 지새우고 있습니다. 이는 풍속을 어지럽히는 일이옵니다. 원컨대 이에 대해 철저하게 밝혀 주시옵소서.

그러나 성종은 이를 받아들이지 않았다. 그러자 사헌부 대사헌으로 있던 서거정이 이 일에 대해 분명히 따져야 한다며 앞으로 나섰다.

"고려 말에 기강이 크게 무너져 양반 가문의 여성들이 자유롭게 사찰을 출입하면서 승려와 속인, 남녀의 구별이 없어졌습니다. 이러한 잘못된 풍속을 바로잡기 위하여 조선 건국 후 여성들의 사찰 출입을 금지하는 법령을 《대전》에 밝혀 놓았는데 아직도 바뀌지 않고 있으니 이에 대해 죄를 물어야 합니다! 중과 여승들도 함께 처벌해야 합니다!"

그러나 성종은 이러한 주장을 일축했다.

"여승들을 처벌하는 것은 법적인 근거가 없다."

그러자 정괄, 김자정, 정창손, 서거정 등은 여승도 부녀자이므로 처벌 대상이라고 주장했다. 서거정은 다시 강경하게 요구했다.

"아녀자들이 절에 올라가는 것을 금지하는 것은 남녀를 멀리하여 구분하려는 데 있습니다. 그런데 여승들은 부녀자가 아니라는 법의 규정 때문에 풍속을 어지럽히고 있습니다. 최근에 여승들이 많아지면서 궁벽한 민간과 비밀스러운 장소에 사당을 세우고 행실이 나쁜 처녀들과 지아비를 버린 사납고 모진 처들이 모여 명복을 빈다는 명분을 내세워 비구니가 되는 경우가 허다합니다. 이것은 아녀자들이

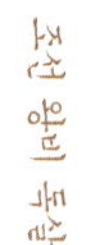

70

음행을 하기 위한 구실에 불과합니다. 일반 사가에서는 노비나 주위에 보는 사람들도 많고 중의 출입이 금지되어 있어 정욕을 마음대로 풀고자 하여도 사람들의 이목 때문에 어렵습니다. 그런데 집을 나가면 이런 일들을 쉽게 할 수 있습니다. 지금 비록 절에 올라가는 것을 엄격히 금지한다 하더라도 날로 그 죄를 범하는 여성들이 많아지고 있어 여승들을 금지하지 않으면 문제가 더욱 심각해집니다. 그러므로 반드시 처벌해야 합니다!"

조정 신하들간에 여성 외출 금지에 대한 논의가 갈수록 확대되자 성종은 정인지, 신숙주, 한명회, 최항, 조석문, 김질, 윤자운 등에게 이 문제에 대해 의논하도록 하였다. 이들도 여승은 부녀자이기 때문에 따로 법령을 세울 필요가 없으며 강경하게 처벌하는 것으로 결론을 내렸다. 홍윤성, 성봉조, 정창손 등도 같은 결론을 내렸다. 특히 정창손은 강경한 논조를 펼쳤다.

"지금 여승들이 절에 올라가는 것을 천도(薦度 : 죽은 사람의 넋이 정토나 천상에 나도록 기원하는 일)하기 위한 것이라 하여 죄를 주지 않으면 사대부가의 부녀들도 금단하기 어렵습니다. 때문에 엄히 처벌하여 후세인들에게 귀감이 되게 해야 합니다!"

"법을 세우지도 않고 죄를 주는 것은 잘못된 것이다. 여승이 절에 올라가는 것을 금지하는 것도《대전》에 기록하는 것이 좋겠다."

이처럼 여승도 부녀자이기 때문에 죄를 묻는 것이 당연하다는 것으로 결론이 났음에도 불구하고 여전히 여성들은 사찰을 왕래하였다. 조정 신하들이 성종에게 이 문제에 대해 건의하자 성종은 법을 세운 다음에 벌을 주어야 한다며 회피하였다. 그러나 조정 신하들은 계속 이 문제를 물고 늘어졌다.

"그렇다면 대비에게 물어서 이를 처리하겠다."

신하들은 미심쩍어하며 계속 이 문제에 대해 건의하였고, 특히 서거정은 재차 이 문제를 해결해 줄 것을 간청하였다.

"남녀가 7세만 되면 함께 자리를 앉지 않는 것이 우리의 옛 풍습입니다. 지금 배우자도 없고 짝도 없는 중과 여승들이 자유롭게 왕래하는 것은 과부가 홀아비의 집에 가서 묵으면서 정절과 신의를 지킨다고 하는 것과 똑같습니다. 《대전》에 금령이 없다고 해서 그대로 둔다면 그 폐해가 클 것입니다. 그러므로 반드시 처벌해야 합니다."

이에 성종은 불가하다는 입장을 밝혔다.

"대왕대비(정희왕후 윤씨)께서 중과 여승은 같은 몸이기 때문에 금지할 수 없다고 하셨다."

조정 신하들은 이에 굴하지 않았다.

"《대명률》에는 여승이 되는 데 금지하는 법이 없기 때문에 사대부가의 부녀가 삭발하여 출가하는 자가 매우 많습니다. 그러나 실상을 캐어 보면 성심으로 부처에 귀의한 자는 한두 명에 지나지 않습니다. 행실이 나빠 여승이 된 자가 많고, 남편이 죽은 후에 명복을 빈다는 핑계로 사찰을 돌아다니면서 음탕한 짓을 하기 위해 여승이 된 자들도 많습니다. 지금도 중들 중에는 서로 왕래하여 추문이 퍼진 자가 있으니 세상의 도의가 너무도 한심합니다. 원컨대 사대부가의 부녀로서 여승이 되는 것을 모두 금지하도록 하소서."

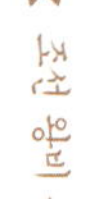

신하들의 요구가 계속되자 성종은 이를 받아들일 수밖에 없었다. 성종은 사대부가의 부녀자가 여승이 되는 것을 금하라고 예조에 명을 내렸다. 성종이 여성들의 사찰 왕래를 금지할 수 없었던 것은 불교 신자였던 왕실 여성들을 무시할 수 없었을 뿐 아니라 불교가 왕실의 재정에 도움을 주고 있었기 때문이었다.

성종은 대왕대비 정희왕후 윤씨, 왕대비 안순왕후 한씨, 대비 소혜왕후 한씨 등을 모시고 있었다. 정희왕후 윤씨는 예종의 아들인 제안군과 의경세자의 장자인 월산군 대신 둘째인 자산군, 즉 성종을 예종의 후계자로 지목하였다. 당시 13세였던 성종은 국정을 운영할 만한 소양을 갖추지 못했다. 그래서 정희왕후 윤씨가 조선 최초로 수렴청정하며 국정을 운영하였다. 처음에 정희왕후 윤씨는 불교의 화장 풍습과 도성 내 염불소를 폐지하고 승려들의 도성 출입을 금지하는 등 숭유억불 정책을 강화하였다. 그러나 첫아들 의경세자가 죽자 정인사를 짓는 등 심적으로 불교에 의지하게 되었다.

섭정이 시작된 후, 조정 신하들이 사은사가 중국에서 불경을 구입해 오는 것을 자제하게 할 것을 요구한 적이 있었다. 그러자 윤씨는 화를 내며 신하들의 뜻을 꺾었다.

"선왕(세조)께서 불경 완질을 전부 구하지 못한 채 세상을 떠났기 때문에 그 뜻을 따르려는 것뿐이오. 불교를 두고 사도邪道라고 하는데 나는 그 이유를 모르겠소!"

안순왕후와 소혜왕후도 모두 불심이 강하였다. 소혜왕후는 직접 불경 목판을 수집해 며느리 정현왕후와 함께 불경을 발간하고 정인사를 재건축하였다. 그녀의 이러한 행동은 유교를 숭상하는 신하들과 갈등을 빚을 수밖에 없었다. 신하들의 간섭을 참지 못한 안순왕후와 소혜왕후는 언문으로 신하들에게 자신들의 뜻을 전했다.

역대 선왕께서 유교를 숭상하면서도 불교를 근절시키지 않았던 것은 첫째, 혹시라도 갑작스럽게 이러한 정책을 편다면 인심에 동요가 있을까 우려했기 때문이오. 둘째, 그대들은 백성들이 승도僧徒가 되어 군사가 부족해지면 오랑캐 방비에 차질이 생길 수 있다고 말하지만 만일 오랑캐들이 이러한 사실을 알게 된다면 오히려 군사가 적다며 우리를 더 얕볼 것이오. 셋째로 중국에도 절과 불당이 있소.

이처럼 왕실의 어른들이 모두 불교를 옹호했기 때문에 성종은 신하들의 요구를 그대로 받아들일 수 없는 처지였다. 조정 신하들의 뜻은 부녀자들이 외출하는 것이 유교적 여성관에 어긋나기 때문에 이를 철저하게 규제해야 한다는 것이었다. 조정 신하들은 이어서 여성들이 무당을 찾아가는 것도 금지해야 한다고 주장했다.

성종 대에 편찬된《경국대전》에는 여성들이 지켜야 할 법이 집대성되어 있었는데 조선 건국 이후부터 양반 관료들에 의해 주장된 것이었다.《경국대전》에서는 먼저《삼강행실도》를 언문으로 번역하여 중앙과 지방의 관리 집안 가장, 노인, 훈도(訓導 : 한양의 사학四學과 지방의 향교에서 교육을 맡아보던 교관) 등을 통해 여성들에게 가르

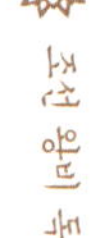

치게 하였다. 그리고 행실이 뛰어난 여성에게는 서울에서는 한성부, 지방에서는 관찰사가 임금에게 보고하여 상을 주는 것으로 규정하였다.

둘째는 법적으로 이익 혹은 불이익을 주는 방법에 관한 규정이 있었다. 여성이 남편을 위해 절개를 지키는 경우에는 부역을 면제해 주었다. 그러나 그렇지 못할 경우에는 가혹한 법적 제재가 뒤따랐다.

예를 들어 절개를 지키지 못했을 때는 과전 상속의 대상이 되지 못했으며 자손은 관직에 진출할 수 없었다. 두 번 시집가거나 행실이 방정치 못한 여인의 아들과 손자, 첩 소생의 자손에게는 문과 시험, 생원, 진사 시험에 응시하는 것을 허락하지 않았다. 그리고 고을원뿐 아니라 무반 관직에 임명하지 못하도록 했다. 이외에도 재가한 여성에게는 외명부 작위를 주지 않거나 박탈하였다.

이처럼 조선 초기부터 여성들을 규제하기 시작했던 법을 체계적으로 정리한 시대가 성종 대였다. 이러한 시기에 후궁으로 들어온 윤씨는 있는 듯 없는 듯 숨죽이며 정숙한 이미지를 구축했다. 이 길만이 자신과 친정 가족들이 살 길이었다. 윤씨가 국모의 자리에 오를 수 있었던 가장 중요한 요인은 신숙주와 정희왕후 윤씨라는 정치적인 배경이었지만 만약 윤씨가 당시 사대부들이 요구하던 유교적 여성상에 미치지 못했다면 이러한 정치적인 배경도 아무 소용이 없었을 것이다.

윤씨는 후궁으로 입궁한 후 매사에 조심하며 정숙한 여성이라는 이미지를 구축하기 위해 많은 노력을 기울였다. 그래야만 숙의보다

한 등급 높은 빈, 귀인 등에 책봉될 수 있기 때문이었다. 왕실은 으레 뒷소문이 무성한 곳으로서 정치적 주도권 쟁탈을 위한 최상급의 고급 정보가 오갔다. 자칫 잘못하면 뒷소문이 비수로 변하여 언제 자신의 등에 꽂힐지 알 수 없었다.

윤씨는 자신의 행동 여부에 따라 여성으로서 최고의 권력을 잡을 수도, 혹은 그 반대가 될 수도 있는 처지였다. 윤씨에게는 공혜왕후 한씨나 소혜왕후 한씨, 정희왕후 윤씨처럼 지지 세력이 없었다. 공혜왕후 한씨는 당대 최고의 권력가인 한명회의 딸이었고, 소혜왕후 한씨와 정희왕후 윤씨는 각각 성종의 어머니와 할머니였다. 그러나 윤씨를 둘러싼 환경은 가난한 집안에 홀로 계신 어머니와 아직 권력의 언저리에도 가보지 못한 형제들뿐이었다.

윤씨의 이러한 노력은 왕실에 들어온 지 3년 만에 드디어 결실을 맺었다. 하늘이 윤씨를 도우려고 작정이나 한 듯이 덜컥 임신을 한 것이다. 정치적 배경, 정숙한 이미지, 임신의 세 박자가 톱니바퀴 맞물리듯 맞아떨어졌다. 결과적으로 성종의 첫 번째 부인인 공혜왕후 한씨의 죽음은 윤씨에게 하늘이 준 절호의 기회가 되었다.

불붙는 1차 폐비 논쟁

왕비로 책봉된 후 4개월 만인 그 해 11월 윤씨는 왕위를 계승할 왕자 융을 낳았다. 융, 즉 연산군은 조선 건국 이후 왕의 후계자로서

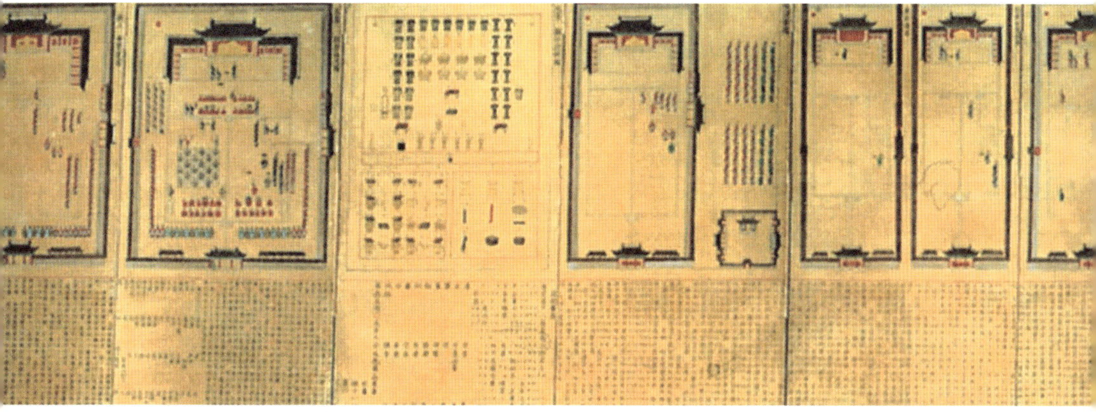

궁궐에서 출생한 최초의 왕자였다. 도승지 현석규와 우승지 임사홍 등은 조선 개국 이래 처음 맞이하는 너무나 큰 경사이므로 시급히 백관의 하례를 시행하자고 진언했다. 다음 날 종친, 대신 등이 모두 입궐하여 축하 인사를 건넸다.

윤씨는 스스로가 너무도 대견했다. 왕비의 역할은 종묘의 제사 모시기, 대왕대비, 왕대비, 대비 등 웃전 모시기, 왕자와 왕손의 양육과 대통을 잇게 하는 일 등이었다. 그중에서도 가장 중요한 것은 왕자와 왕손의 양육과 대통을 잇는 일이었다. 조선시대의 여성이 남의 가문으로 출가하는 것은 오로지 그 집안의 후사를 이어 주기 위함이

종묘친제규제도설병풍宗廟親祭規制圖説屏風
일 년에 다섯 번 지내는 종묘 제사를 비롯하여 종묘에서 이루어지는 의식의 내용을 그린 8폭 병풍이다. 상단에는 그림을 그리고 하단에는 해당 의식 내용 및 절차를 기록했다. 고종 연간(1864~1896)에 제작된 것으로 추정된다. 국립고궁박물관 소장

77

었다. 따라서 아들을 많이 생산하는 것은 여성의 가장 중요한 의무이자 효도였다.

조선시대에는 자손의 번창을 곧 가문의 번영으로 여겼다. 모든 출발점이 가문에 있었던 시대에 왕실도 예외는 아니었다. 어쩌면 가장 모범을 보여주어야 할 곳이 왕실이었다.

왕과 왕비의 베개 중에 '종사침'이라는 것이 있다. '종사'란 한 번에 아흔아홉 개의 알을 낳는 여치과에 속하는 곤충을 가리키는데 자손이 번창하기를 원하는 마음에서 붙인 명칭이었다. 합방을 하는 데도 길일을 택하는 등 온갖 정성을 쏟았다. 그래서 왕비가 임신을 하게 되면 그야말로 나라의 경사였다.

산기가 임박해지면 조정에서는 내의원의 삼제조와 궁내부 인사들로 구성된 산실청을 설치했다. 이와 함께 출산 때 깔았던 짚자리를 산실문 앞에 매다는 역할을 맡는 권초관도 임명하였다. 신하들 중에서 가장 신분이 귀하고 아들을 많이 낳은 인물이 권초관 자격을 얻었다.

윤씨는 왕비가 해야 할 일 중에서 가장 중요한 일을 해낸 만큼 자부심이 대단하였다. 게다가 조선 개국 이래 처음으로 왕비가 궁궐에서 후계자를 생산한 것이었으므로 윤씨의 자신감은 날이 갈수록 더해졌다. 원자를 생산한 탓에 신하들의 대우도 예전과 달랐다. 윤씨는 자신에게 쏠려 있는 궁궐 안의 관심을 즐겼다. 길쌈을 해서 먹고 살아야 했을 때는 후궁이 된 것만 해도 너무 기뻤다. 지긋지긋한 노동을 하지 않아도 먹을거리가 해결되었기 때문이다. 그런데 언제나 자신과는 상관이 없다고 생각한 궁궐에서, 비록 첩의 신분이지만 한 나라를 통치하는 왕의 아내가 되었다.

윤씨는 자신에 대한 왕실 여성들의 좋은 평가와 정희왕후 윤씨의 영향력 등으로 왕비의 자리에까지 오를 수 있었다. 거기다가 4개월 만에 왕의 부인으로서 가장 중요한 일인 원자까지 생산한 터였으니 윤씨는 더 이상 과거의 그녀가 아니었다. 이제는 당당하게 할 말을 할 자격이 있다고 생각했다.

마침내 윤씨는 오만한 생각에 사로잡혀 다른 사람들을 배려할 만한 여유를 가지지 못했다. 나아가 성종조차도 왕이라기보다는 한낱 자신의 남편에 불과하다고 생각했다. 이제부터 해야 할 일은 정치적 기반을 확고하게 다지는 것뿐이었다. 그러나 윤씨는 갑작스럽게 잡은 권력을 향유하기에 급급할 뿐 미래를 대비하지 못했다.

성종 8년 3월 조정에서는 중전을 폐해야 한다는 논란이 일어났다. 폐비 논쟁이 일어난 이유는 다음과 같았다.

사건은 3월 28일부터 시작되었다. 돈녕부 참봉으로 재직하고 있던 윤씨의 이복오라버니 윤우와 선전관으로 있던 친오라버니인 윤구가 의금부에 하옥된 것이다. 다음 날인 3월 29일 중전을 폐하는 문제가 불거지자 조정 신하들은 불가하다는 의견을 내놓았다.

이날 정승을 지냈던 신하들, 의정부, 육조판서, 대사헌, 대사간 등이 조정에 모였다. 내시 문중선이 정희왕후 윤씨가 쓴 언문 교지를 신하들에게 보여 주었다. 이 교지의 내용은 왕비 윤씨의 잘못된 행동을 어떻게 처리했으면 좋겠느냐는 것이었다.

윤씨는 모든 것을 손에 넣었지만 정작 남편인 성종은 자신의 침소보다는 후궁의 침소를 찾는 일이 잦았다. 뭔가 결단을 내려야 한다고 생각한 윤씨는 음모를 꾸미기 시작했다. 윤씨는 소용 엄씨와 정씨가 내통하여 자신과 아들 연산군을 죽이려 한다는 투서를 숙의 권씨에게 보냈다. 궁궐 안이 발칵 뒤집어졌다. 소용 엄씨와 정씨를 국문하라는 주청이 잇달았다. 소용 정씨가 배후로 밝혀졌지만 임신을 한 상태였으므로 해산 후에 국문한다는 결정이 내려졌다.

그런데 며칠 후 봉보부인이 윤씨의 침소를 찾았다가 쥐구멍을 막은 종이를 발견했다. 이상한 생각이 든 그녀는 이것을 소혜왕후 한씨에게 전해 주었다. 그 종이는 일전에 발견된 투서의 종이와 같았다.

예전에 윤씨가 작은 상자를 너무 애지중지하자 의심스러운 생각이 든 성종이 세수하는 틈을 타서 안을 들여다보니 비상 가루와 비상을 바른 곶감 두 개가 있었다. 성종이 이 일을 다그치자 윤씨는 친잠할 때 여종 삼월이가 가져온 것이라고 핑계를 댔다.

이러한 사실을 알게 된 정희왕후는 분노하여 조정 신하들에게 윤씨에 대한 처리 여부를 물었다.

"자고로 부인의 투기는 있을 수 없는 일이며, 제후는 아홉 명의 여자를 거느릴 수 있는데 지금 성상(성종)은 아직도 그 숫자가 모두 채워지지 않았소. 그런데 한나라의 국모로서 모범을 보여야 할 중전이 이러한 해괴망측한 일을 저질렀으니 어떻게 처리했으면 좋겠소?"

영의정 정창손이 대답했다.

"자고로 이런 일은 옛 관례를 참조하여 처리하는 것이 옳습니다.

예문관에 명하여 《사기史記》의 후비전后妃傳을 가져오게 하소서."

그러나 너무나 갑작스럽게 일어난 일이라 예문관에서 서책을 찾지 못하였다. 그때 예조판서 허종이 좌우에 이렇게 고했다.

"질투하는 것은 부인의 상정입니다. 전하의 금지옥엽이 장차 번성하려 합니다. 원자가 지금 비록 어리다 하더라도 이미 장성한다면 어떻게 처리하겠습니까? 신은 청컨대 이런 일을 조정이나 민간에 반포하지 마시고 별도로 하나의 방에 거처하게 하여 2, 3년 동안 개과천선함을 기다린 연후에 다시 복위시키는 것이 옳을 것 같습니다."

그러자 성종이 물었다.

"그렇다면 빈으로 강등시켜 사저私邸에 거처하게 하는 것은 어떤가?"

정창손이 대답했다.

"별궁에 거처하게 하는 것이 옳습니다."

그러나 성종의 뜻은 확고했다. 윤씨를 출궁시킬 작정이었던 것이다. 다음 날 성종은 승정원에 윤씨의 출궁 준비를 갖출 것과 빈으로 강등시켰으니 호를 지어서 올릴 것을 명했다.

당황한 조정 신하들이 성종을 만나기 위해 선정전으로 달려갔다. 조정 신하들 중 이극기가 강력하게 주장했다.

"빈으로 강등시킨다면 종묘에 고해야 하는데 중전의 죄목을 알 수 없습니다. 그리고 죄목을 만들어 종묘에 고한다면 빈으로 책봉해야 할 이유도 없으며, 중국에는 어떤 이유를 들어 폐했다고 설명해야 할지, 온 나라에 고해야 한다면 무슨 죄목을 들어야 하는지 알 수가 없습니다. 이러한 처사는 도저히 따를 수가 없습니다!"

이어서 임사홍도 이극기의 말을 거들었다.

"지금 중전이 작은 실수가 있기는 하지만 이미 원자를 두어 나라의 근본이 정해졌는데 갑자기 폐위한다는 것은 한심스러운 일입니다. 게다가 중국에 고명을 청하기 위해 구실을 만들어야 하는데 그것도 어려운 일입니다. 그리고 왕비를 삼을 때는 그 아름다운 행동을 칭찬하다가 불과 몇 개월 만에 허물을 반포한다면 온 백성이 놀라워할 것입니다. 그러니 세 번은 다시 생각한 후에 행동에 옮기는 것이 좋겠습니다."

동부승지 홍귀달도 이극기의 주장을 지지했다. 특히 임사홍은 빈으로 강등한다는 것은 있을 수 없는 일이라며 명을 거두어 줄 것을 거듭 요청했다. 성종은 신하들과 논쟁을 벌였다.

"경들은 그렇게 말하지만 중전의 마음 씀씀이를 보았을 때 아랫사람을 제어하기에는 부족하다. 그러므로 죄를 묻는 것은 당연하다!"

임사홍은 성종을 이해시키려 했다.

"단지 투기를 가지고 이렇게 처리를 하는 것은 너무 가혹합니다."

그러자 성종이 따져 물었다.

"그렇다면 경들은 과인의 처신이 잘못되었다고 생각하는가?"

임사홍이 반박했다.

"단지 신하들의 의논이 그렇다는 뜻이옵니다."

조정 신하들은 '중전이 덕을 잃기는 했으나 종묘나 사직에 관계된 것이 아니라 다만 투기에서 나온 것이며, 투기는 부인들의 선천적인 특성인데 이러한 일로서 폐하면 반드시 후회가 있을 것'이라는 이유

로 명을 거두어 줄 것을 요청했다. 강희맹이 말을 이었다.

"모후를 폐하는 것은 원자를 흔드는 것과 마찬가지이옵니다. 원자가 흔들리면 국가가 동요하므로 지금의 명은 온당치 못하옵니다. 다시 생각해 주시기를 바랍니다."

노사신 등을 비롯한 모든 재상들은 눈물을 흘리며 명을 거두어 줄 것을 요청했다. 사건이 확대되면서 비상을 구해 바친 삼월이에 대한 국문이 이루어졌다.

"방량서는 전 곡성 현감 이길분의 첩 집에서 얻어 사비를 시켜서 베끼게 하였고, 언문으로 쓴 큰 것은 제가 생각해 낸 것으로 윤구의 아내가 썼으며 작은 것은 사비가 썼습니다. 비상은 대부인(윤씨의 어머니)께서 내주셔서 작은 버드나무 상자에 담아 권숙의 집에 던지게 하였는데 모두 제가 꾸민 짓입니다."

사비에게서도 똑같은 자백을 받아 냈다. 윤구의 아내는 자신은 한글을 알지 못하므로 죄가 없다고 주장했다. 삼월이의 자백을 근거로 삼월이는 극형인 교형(絞刑 : 목을 졸라 죽이는 형벌)에, 사비는 장 100대에 처한 후 변방 고을의 종으로 보냈다. 윤씨의 어머니 신씨는 작첩을 회수하는 것으로 사건을 일단락지었다. 한편 옥에 갇혀 있던 윤씨의 오라버니인 윤우와 윤구는 무혐의 처리되어 석방되었다. 다행히 윤씨는 궁궐에 그대로 머물 수 있었다.

1차 폐비 논쟁은 성종 8년 3월 말부터 시작되어 4월 초까지 계속되었다. 성종과 신하들 간에 한 치의 양보도 없는 논쟁이었지만 결국 신하들의 뜻에 따라 폐비만은 막을 수 있었다. 성종은 자신을 제

외한 누구든 신하이므로 자신의 뜻에 복종해야 한다는 것을 만천하
에 선포하고 싶었다. 부인이라도 자신의 뜻을 거역하면 바로 폐비될
수 있다는 것이었다.

윤씨의 죄목은 투기였지만 그 이면에는 태종이 그랬듯이 많은 후
궁을 거느려 권력을 분산시키려는 성종의 의도가 숨어 있었다. 윤씨
의 친정 오라버니와 어머니에게 모두 족쇄를 채워 권력이 커지는 것
을 막고자 했던 것이다. 하지만 신하들의 입장은 달랐다. 왕은 세상
을 떠나면 그만이지만 자신들은 자손 대대로 임금을 모셔야 될 입
장이었다. 만일 이러한 사건을 다음 왕이 알기라도 한다면 자신들의
목숨뿐 아니라 자손의 목숨까지 위태로워진다는 사실을 너무나 잘
알고 있었다. 따라서 조정 신하들의 의견은 폐비만은 막아야 한다
는 데 집중되었다. 신하들은 한 치도 양보할 수 없었다. 결국 조정 신
하들의 완강한 반대에 부딪쳐, 아무런 개인적인 이익도 없이 주인을
위해 사건에 연루되었던 삼월이와 사비를 처벌하는 것으로 1차 폐
비 논쟁은 마무리되었다.

질투를 이유로 무너진 왕비의 권력

폐비 논쟁은 끝나지 않았다. 단지 수면 아래에 잠복해 있을 뿐 언
제든 계기만 있으면 떠오를 준비를 하고 있었다. 다시 폐비 논쟁이
불거진 것은 2년이 채 지나지 않은 성종 10년 6월이었다. 1차 폐비

논쟁이 벌어졌던 해에 성종은 윤씨를 근신시키기 위해 신하들에게 생일 축하 인사를 중지할 것을 명했다. 다음 해 생일 때에는 이러한 명을 내리지 않았지만 성종 10년에는 다시 신하들의 하례를 금지시켰다. 이때 윤씨는 둘째 아들을 낳은 터였다. 이를 계기로 윤씨와 성종의 관계는 잠시 회복되는 듯했지만 앙금은 그대로 남아 있었다. 윤씨는 웃전들에게도 신뢰를 잃어버린 상태였다. 아무리 둘째 아들을 낳았다 하더라도 한 번 잃어버린 믿음을 회복하기는 어려웠다.

과거 자신을 믿고 왕비로 책봉해 주는 데 정치적으로 힘을 실어 주었던 정희왕후 윤씨는 이제 조정 신하들과는 먼 관계였다. 직접 국정을 다스릴 때는 국가 안팎의 대소사를 모두 알 수 있었지만 지금은 누군가가 전해 주지 않으면 정사에 대해서는 전혀 알 수가 없었다. 다만 윤씨를 모략하는 이야기만 전해질 뿐이어서 최대 아군이었던 정희왕후 윤씨마저도 윤씨를 도울 입장이 아니었다. 그렇다고 해서 오라버니들이 정치적으로 힘이 강한 것도 아니었다.

성종 9년 윤씨의 오라버니인 윤구는 전토田土 송사 문제로 성종에게 창피를 당하였다. 전토 문제는 해당 관서에 일을 맡겨야 하는데 윤구는 어머니 신씨를 통해 윤씨에게 부탁을 한 것이다. 이 사실을 안 성종은 윤구를 불러 호되게 나무랐다.

“왕비에게 사사로운 일을 간청해서는 안 된다. 이후에 이러한 일이 발생하면 분명 죄를 물을 것이다!”

처지가 이렇다 보니 윤씨가 폐비 논쟁에 휘말려도 도움을 줄 수 없었다.

85

6월 1일 생일 축하례가 중단되고 10여 일 만에 윤씨는 폐비가 되고 말았다. 6월 2일 성종은 급히 정승들을 선정전으로 불러 모았다. 정창손, 한명회, 심회, 김국광, 윤필상 등이 모였다. 성종은 신하들을 급히 불러 모은 내막을 이야기하였다.

"지금 중전의 행동은 심히 당황스러울 지경이다. 일전에 내가 후궁의 침소에 들렀을 때 중전이 막무가내로 들어왔으니 어찌 이와 같이 하는 것이 마땅하겠는가? 예전에 중전의 실덕이 너무 커서 폐서인하고자 하였으나 경들이 모두 다 불가하다고 말하였고 나도 뉘우쳐 깨닫기를 바랐는데, 지금까지도 오히려 고치지 아니하고 나를 능멸하는 데까지 이르렀다. 이것은 비록 내가 집안을 다스리지 못한 소치이긴 하나 국가의 대계를 위해서 어찌 종묘를 받드는 중임을 맡길 수 있겠는가? 예법에 칠거지악이 있는데 중전의 경우는 자식이 없어 버리는 것이 아니라 말이 많아서, 순종하지 않아서, 질투를 해서 버릴 수밖에 없다! 경들의 생각은 어떠한가?"

그러자 한명회가 대답했다.

"성상의 뜻은 이해할 수 있으나 사직의 근본인 원자가 있기 때문에 어떻게 해야 할지 모르겠습니다."

윤필상은 다르게 말했다.

"상황이 이같이 악화되었으니 방법이 없습니다."

그러자 심회가 태종의 사례를 들었다.

"태종께서 원경왕후와 화합하지 못하자 별궁에 둔 일이 있었습니다. 부디 이를 참작하시기 바랍니다."

도승지 홍귀달은 성종의 처사가 부당하다고 주장했다.

"중전께서 덕을 잃은 것은 이해하지만 국본과 관계 있는 원자와 대군을 생산한 중전을 폐서인한다는 것은 옳지 못합니다. 위호를 강등시켜 별궁에 거처하게 하는 것을 생각해 보시기 바랍니다. 훗날에 원자를 세자로 봉하게 되는데 어머니가 서인이 되면 이는 어머니가 없는 것과 마찬가지입니다. 세상에 어머니 없는 사람이 어디 있겠습니까?"

좌부승지 김계창도 마찬가지였다.

"중국으로부터 고명을 받고 원자를 생산한 중전을 폐하는 것은 옳지 못합니다. 별궁에 두고서 죄를 뉘우치게 하시옵소서."

그러나 성종은 이들의 간청을 단호히 거절했다.

"지금 중전의 행동은 도저히 용서할 수 없다. 당장 출궁 준비를 하라!"

그러자 홍귀달, 김승경, 김계창이 사저로 돌려보내는 것은 옳지 못하다며 극구 반대하고 나섰다. 정창손도 별궁에 두는 것이 올바른 처사라며 명을 거두어 주기를 청했다. 정승들과 승지들이 계속하여 다시 생각하기를 청하자 성종은 분노를 참지 못하고 소리쳤다.

"모두들 물러가라!"

생일 다음 날 윤씨는 눈물로 범벅이 된 채 가마를 타고 사저로 돌아갈 수밖에 없었다.

조정 신하들은 후세에 이 사건을 법으로 삼을 것이므로 경솔하게 행동해서는 안 된다며 목숨을 걸고 막으려 하였다. 그러자 성종은

87

자신의 뜻에 반대하는 신하들을 모조리 옥에 가두라며 사건을 마무리 지으려 하였다.

대사헌 박숙진, 대사간 성현, 홍문관 직제학 최경지 등이 편전으로 달려와 성종을 닦달했다.

"왕비의 죄목이 무엇인지 구체적으로 말씀하소서!"

전한 이우보도 이에 가세했다.

"왕후는 실덕하는 일이 있어도 종사에 관계되는 것이 아니면 폐할 수 없습니다. 그런데 지금 중전의 과실은 투기라는 사소한 것에 지나지 않음에도 하루아침에 폐하는 것은 이해할 수 없는 일입니다."

이우보는 종묘에 고하는 글을 지으라는 명마저 거부했다.

"신은 폐비를 반대했기 때문에 의리상 차마 그리할 수 없습니다!"

성종은 분기탱천하여 그를 하옥시켜 버렸다. 그리고 폐비된 것을 종묘에 고하고 사건을 일단락지었다.

다음 날 박숙진과 성현 등이 왕비를 폐서인하여 사저에 두는 것은 있을 수 없는 일이라며 성종에게 다시 생각할 것을 요구했다. 그래도 성종이 뜻을 꺾지 않자 다음 날 다시 상소를 올렸다. 그 다음 날에는 의정부, 육조, 대간, 그리고 전임 정승 등이 와서 성종에게 잘못된 행동이라며 다시 생각해 줄 것을 요청했다. 그러자 성종은 윤씨가 얼마나 덕을 잃었는지에 대해 상세하게 말했다.

"지난 정유년에 윤씨가 몰래 독약을 품고 사람을 해치고자 하여 주머니에 곶감과 비상을 넣어 두었으니 이것이 나에게 먹이고자 한 것인지도 알 수 없지 않는가? 그리고 무자(無子 : 자식이 없음)하게 하

는 일이나 반신불수가 되게 하는 일, 그리고 사람을 해하는 방법을 적은 책을 상자 속에 감추어 두었다가 일이 발각된 후 대비께서 이를 지금도 간직하고 있다. 또 엄씨의 집과 정씨의 집이 서로 통하여 윤씨를 해치려고 모의한 내용을 거짓으로 만들어 고의로 권씨의 집에 넣었는데 이는 일이 발각되면 엄씨와 정씨에게 해를 미치게 하고자 한 것이다. 일찍이 나를 볼 때 낯빛을 온화하게 하지 않았으며 나의 발자취까지 버리고자 한다고 말하였다. 비록 초부樵夫의 아내라 하더라도 감히 그 지아비에게 저항하지 못하는데 하물며 왕비가 임금에게 있어서이겠는가? 또 위서僞書를 만들어서 본가에 이르기를 '주상이 나의 뺨을 때리니 장차 두 아들을 데리고 집을 나가서 내 여생을 편안하게 살겠다'고 하였다. 내가 우연히 그 글을 얻어 보고 일러 말하기를 '허물 고치기를 기다려 서로 보도록 하겠다'고 하였더니 윤씨가 허물을 뉘우치고 말하기를 '나를 거제나 요동이나 강계에 처하게 하더라도 달게 받겠으며 《남방기南方記》에서 부처께 빈 것처럼 제 허물을 무량수불 앞에서 연비(燃臂 : 초의 심지에 불을 붙여 팔뚝의 살갗을 태우는 일)하여 뉘우치겠습니다'고 하므로 내가 이를 믿었다. 그러나 이제 일이 이러하니 그때의 말은 속이는 말이었다.

또 상참(常參 : 신하들이 편전에서 임금에게 정사를 아뢰던 일)으로 조회를 받는 날에는 왕비가 나보다 먼저 일어나야 마땅할 것인데도 조회를 받고 안으로 돌아온 뒤에 일어나니 그것이 아녀자의 도리에 있어서 있을 수 있는 일인가? 항상 궁중에 있을 때에 윤씨가 대신들의 집안일에 대해 말하기를 좋아하였으나 내가 어찌 믿고 듣겠는가?

내가 살아 있을 때에야 어찌 변을 만들겠는가만 내가 죽으면 반드시 난을 만들어 낼 것이니 경들은 오래 살아서 목격할 자가 반드시 있을 것이다!”

그럼에도 불구하고 신하들은 원자와 대군을 위해서라도 윤씨를 별궁에 거처하게 하는 것이 올바르다며 성종의 처사에 반대했다. 그러자 성종은 내관으로 하여금 정희왕후 윤씨의 언문 교서를 보여 주게 했다.

중전은 나중에 어린 왕이 즉위했을 때 임금을 끼고 국정을 운영하려는 뜻이 보였으며, 몸 상태가 나쁠 때는 나중에 해야 될 일이 있으므로 지금 죽으면 안 된다는 기도를 올렸다. 그래서 나는 혹시 중전이 성상을 독살하지 않을까 매일 매일이 좌불안석이었다. 나를 비롯한 왕후들도 모두 평민에 지나지 않으며 한 나라의 가장 높은 사람은 임금 한 명뿐이다. 그런데 평민이 높은 임금을 항상 경멸하고 음식 들기도 두렵게 하였으므로 이는 심히 큰 죄를 지은 것이다. 이는 절대로 용서할 수 없다.

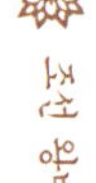

사건은 갈수록 확대되었다. 성균관 생원 65명은 폐비 불가론을 주장하는 상소를 올렸다.

하늘이 정하고 종묘에서 받았으며 명나라 황제가 허락하여 곤위(坤位 : 왕후의 자리)에 오르시어 한 나라의 어머니가 된 것이므로 이미 임금과 상대되는 몸이니, 진실로 쉽게 폐비할 수가 없는 것입니다. 만약 커다란 이유가 있다고 하면 조정 신하와 나라 사람들에게 의논하여 많은 사람들이 납득한 후에 명나라 황제에게 고하고 폐하는 것이 옳을 것입니다. 지금은 경사대부卿士大夫와 나라 사람들이 모두 다 옳지 못하다고 하는데 전하께서 어찌 홀로 이런 일을 하시는 것입니까? 하물며 중전께서는 이미 원자를 낳아 임금의 후사로서 군부(君副 : 임금에 버금가는 사람)가 되었습니다. 그런데 깎아내리어 서인을 만들면 어머니가 자식으로 인해 귀하게 되는 의리가 전혀 없는 것이며 그 명분에 있어서도 순리가 아닌 듯합니다. 만일 허물이 있으면 용서하는 것이 가할 것이요, 이것이 불가하다고 하면 궁궐 안에서 폐하는 것이 가할 것입니다. 만약 궁 안에 두는 것이 불가하다고 하면 따로 한 궁을 짓는 것이 옳을 것입니다.

생원들의 상소에 분노한 성종은 그들을 모두 하옥시켜 버렸다. 그러자 홍문관 직제학 최경지가 이 문제를 다시 거론하면서 상소를 올렸다. 다음 날 성종은 오히려 더욱 단호하게 명을 내렸다. 승정원에 윤씨가 형제들과 만나지 못하게 하는 절목을 마련하라고 했다. 승정원에서는 다음과 같이 절목을 만들었다.

91

첫째, 어머니를 따라 사는 것은 허락하되 형제 및 가깝고 먼 친척들과는 만나지 못하게 한다.

둘째, 혹 어떤 사람이 출입하게 되면 가장 가까운 이웃 사람으로 하여금 이를 고하게 하고, 만약 알면서 고하지 아니하면 임금의 명령을 위반하는 율에 근거하여 죄를 준다.

셋째, 관원으로 하여금 항상 감시하게 하되 그렇게 하지 아니하는 자는 아울러 죄를 준다.

이 때문에 윤씨의 어머니 신씨는 아들도 만날 수 없게 되었으며 남편 윤기견과 함께 관작도 박탈되었다. 이러한 상황이 거의 일단락될 즈음에 윤씨의 둘째 아들이 세상을 떠났다. 윤씨는 이러한 사실도 알지 못한 채 어머니와 함께 하루하루 괴로운 나날을 보내고 있었다. 윤씨가 출궁당한 지 한 달도 채 안 되었을 때 궁궐에서는 후궁을 간택하기 위한 금혼령이 내려졌다.

사람을 죽이는 데 어떤 약이 좋은가?

윤씨는 근신하면서 어머니와 함께 하루하루를 지냈지만 궁궐에서는 다시 중전을 책봉할 궁리를 하고 있었다. 신하들과 논쟁을 해서 이긴 성종은 후궁을 간택하라는 명을 내렸다가 다시 신하들로부터 공격을 받았다. 대표적으로 반발한 인물이 정몽주의 후손인 장흥고 주부 정윤정이었다.

"공혜왕후께서 세상을 떠난 후부터 후궁을 다섯 명이나 두었는데 또 처녀를 선발한다는 것은 여색에 빠지는 조짐으로 보입니다!"

정윤정의 목숨을 건 반대에 대해 《성종실록》에서는 다음과 같이 평가하였다.

정윤정은 고려의 충신 정몽주의 증손이다. 이제 그 상소를 보건대 비록 근거가 없다 하더라도 그 마음을 본다면 충성스러움에서 나온 것이니 그 증조부의 풍모가 있다고 하겠다. 만약 그 말이 취할 만하면 받아들이고 취할 수가 없으면 너그럽게 용납함이 마땅한데 승정원에서 도리어 국문하기를 청하여 고신(栲訊 : 죄를 물음)하기에 이르렀다. 이에 정윤정에게 죄를 주어 종신토록 등용하지 않았으니 아깝도다!

성종은 다음 해 11월 다시 왕비를 책봉하였다. 왕비로 책봉된 여성은 폐비 윤씨와 함께 후궁으로 간택되어 들어온 윤호의 딸 숙의 윤씨였다. 윤호는 폐비 윤씨의 아버지 윤기견과는 달리 그다지 강직하지 못한 인물이었다. 성종 6년 윤호는 경상도 관찰사로 재직하면서 자신이 담당하고 있는 지역의 감옥에는 죄수가 없다는 거짓 보고를 하였다. 성종이 이에 대해 포상해야 한다고 하자 많은 신하들이 이를 반대하였다. 윤호가 재직한 지 8개월에서 9개월 정도밖에 안 되었는데 어떻게 고을 사람들을 교화시킬 수 있었겠는가 하는 의문에서였다. 만일 윤호를 포상하면 거짓으로 이러한 행위를 할 사람들이 많아질 것이기 때문에 신중을 기해야 한다고 간언했다.《성종실록》을 편찬한 사관은 윤호에 대해 다음과 같이 기록했다.

사람됨이 속임수가 많아서 경상도 감사가 되었을 적에 법에 따라 행동하지 않은 경우가 많았는데 마침내 감옥이 비었다고 보고하여 포상을 받으니 사람들이 모두 비웃었다.

윤호가 이러한 평가를 받고 있던 터라 그가 경기 감찰사로 임명되었을 때도 많은 신하들이 반대하고 나섰다. 마음가짐이 원만치 못하고 자기주장이 강해서 동료들과 어울리지 못하여 항상 물의를 빚는 인물이라는 것이 이유였다. 그가 경기 감찰사로 재직할 때 임금을 호위하기 위한 횃불을 제대로 준비하지 못하는 일이 벌어졌는데 이때도 윤호는 변명으로 일관하여 죄를 모면하였다. 우의정에 제수되었을 때도 논박을 받아 해임된 적이 있었다. 신하들에게 비친 윤호의 이미지처럼 그는 얼마든지 권모술수를 부릴 수 있는 성품이었다. 그에 비해 성종은 폐비 윤씨의 형제들에 대해 공사를 구별하지 못한다며 공박했다. 폐비 윤씨 형제들은 윤호에 비해 정치력이 현저하게 떨어져 자신들의 누이를 지켜 주지 못했던 것이다. 반면 윤호는 권

94

모술수를 사용해서라도 딸을 지켜 냈고, 윤호의 딸이 왕비로 책봉된 이후에는 그에 대한 여러 가지 구설수도 사라졌다.

폐비 윤씨가 출궁당한 지 3년의 세월이 흘렀다. 그녀는 이제 궁궐로 돌아갈 수 없는 입장이 되었다. 그동안 많은 일들이 있었다. 너무나 사랑스러웠던 둘째 아들이 옆에 어머니가 없는 상황에서 세상을 떠났고, 자기 자리라고만 생각했던 중전의 자리도 후궁으로 함께 들어왔던 숙의 윤씨가 차지하고 있었다. 이제 그녀는 오로지 궁궐에서 자라고 있는 첫째 아들이 무탈하기만을 빌고 있었다. 아들이 장성해야만 자신의 한도 풀어 줄 수 있을 것이라 믿었다. 윤씨는 생계를 유지하는 일조차 어려운 상황이었고, 설상가상으로 도둑까지 들어 더욱 곤경에 처해졌다. 신하들과 온 나라의 백성들이 이 같은 상황을 알고 있던 터라 조정의 신하들은 안타까운 마음에 성종에게 윤씨에 대한 대책을 세워 줄 것을 요청하였다.

폐서인된 지 4년 만이었다. 많은 세월이 흐른 만큼 신하들은 성종도 어느 정도 마음이 누그러졌을 것이라 판단하고 시독관 권경우가 윤씨의 문제를 꺼냈다.

"폐비 윤씨는 중죄를 지었지만 한때 국모였던 사람을 여염에 둔다는 것은 있을 수 없는 일입니다. 이 때문에 온 나라의 신하와 백성들이 안타깝게 여기고 있습니다. 그러니 따로 처소를 마련해 주고 생계를 관에서 책임지게 하는 것이 올바른 처사입니다."

채수, 한명회 등도 모두 이를 지지한다는 뜻을 전했다. 그러나 성종은 오히려 화를 내며 다그쳤다.

“폐비에 관한 처분은 정당한 것이었다! 경들은 오히려 훗날의 일을 걱정해서 이런 말을 하는 것이 아닌가? 그대들은 윤씨의 신하인가, 이씨의 신하인가? 나는 알지 못하겠노라. 이는 반드시 윤씨의 오라비 등 불초한 이들이 무리를 선동하여 서로 퍼뜨려서 말하기 때문일 것이다. 누구도 폐비와 접촉하지 말라고 했는데 누가 접촉했는지 소상하게 말하라!”

채수와 권경우는 절대 그런 일은 있을 수 없으며, 다만 사람들이 그리 말할 뿐이라고 대답했다. 이 말을 들은 성종은 분기탱천했다.

“폐비의 오라비들을 모두 의금부에 하옥하라!”

한편 소혜왕후 한씨도 조정에서 신하들이 이러한 논의를 한다는 말을 듣고 분노했다. 한씨는 언문으로 글을 써서 자신의 뜻을 내비쳤다.

부녀자의 불순함은 칠거지악에 든다고 한다. 그러니 평범한 사람의 여자인들 어찌 이처럼 하겠는가? 만일 우리가 바른말로 책망을 하면 저는 손으로 턱을 고이고 성난 눈으로 노려보니, 우리의 명색이 어버이인데도 이러하였다. 그런데 하물며 주상에게는 패역한 말까지 많이 하였으니, 심지어는 주상을 가리키며 말하기를 “발자취까지도 없애 버리겠다” 하고 또 스스로 “상복을 입는다” 하면서 여름철에도 항상 흰 옷을 입었다. 그리고 늘 말하기를 “내가 오래 살게 되면 후일에 볼 만한 일이 있을 것이다” 하였다. 이는 어린 원자가 있으므로 후일을 계획한다는 것이니 우연한 말이 아니다. 우리는 시운時運이 불행하여 이렇게 좋지 못한 일을 만났으니 늘 탄식하고 상심하여 세월이 가는 것조차 알지 못하는 형편이다. 그런데 저는 스스로 다행하다고 여기면서 음흉하고 위험한 일을 하지 못하는 것이 없으니 낱낱이 다 들어 말할 수 없다. 우리는 오직 주상의 몸을 소중하게 여길 뿐이지 어찌 불순한 것을 생각해서이겠는가?

다음 날 성종은 다시 이 문제를 거론하였다.

"이제부터 폐비의 일을 말하는 사람은 진실로 엄하게 징계하려 한다. 윤씨가 처음 폐비되었을 때부터 다른 사람은 그의 집에 출입하지 못하도록 이미 명령한 바 있어, 비록 지친이라도 서로 만날 수가 없고 다만 형제 만나는 것만 허락하였다. 그런데 윤구 등이 다른 사람을 마음대로 출입하도록 하여 그 빈궁함을 알게 하였음이 명백하다. 이는 형을 가하여 추궁하여 물으면 알 수 있을 것이다."

그리고 채수와 권경우 등을 심문할 절목을 써서 내렸다.

첫째, 폐비 윤씨는 그 죄악이 크고 지극하여서 주벌(誅罰 : 죄를 꾸짖어 벌을 줌)로도 용서하지 못할 것인데 몰래 훗날의 계획을 품고서 특별한 처소에 두자고 청한 사유.

둘째, 위로는 천자에게 고하였고 그 다음으로는 종묘와 삼전에 고하였으며 아래로는 대신들과 의논하여서 일이 이미 정하여졌는데도,

97

가난과 궁핍함을 들어 굶어죽을 것을 염려한다 하면서 여러 방면으로 구제하여 살리려 하니, 무슨 일을 하려고 함인지의 사유.

셋째, 죄악이 매우 큰데도 그를 몰래 도우려고 계달하여 사람들의 마음을 요동하게 하는 사유.

넷째, 전일의 죄를 뉘우치지 아니하고 마음대로 출입하였으며, 또한 족친들이 출입하는 것도 금지시키지 아니하였다니 법관의 우두머리로서 전지를 받들어 그들을 규찰하지 아니한 사유.

다섯째, 임금이 위에 있음은 생각지 않고 먼저 죄인이 누추한 데 있는 것만 불쌍히 여겨 은덕을 저버리고 의리를 잊으면서까지 악을 구제하려 하여 재화를 빚어 내는 사유.

성종은 폐비 윤씨를 도저히 용서할 수 없다는 뜻을 밝혔다.

"당장 윤구를 심문하겠으니 폐비가 누구와 내통하고 있었는지 주변의 세 이웃을 통해 알아내라. 폐비가 후일에 권력을 얻게 되면 측천무후가 권세를 부린 것처럼 행동할 것이다!"

성종은 갑자기 권경우가 폐비 문제를 거론한 것이 어머니 신씨와 윤씨의 형제들, 그리고 조정 신하들이 관련되어 있다고 믿었다. 그래서 이 관계를 철저히 밝혀내라고 명한 것이다.

성종은 과거 역대 왕들이 권력을 잡기 위해 조카를 죽이고 형제를 죽였던 역사를 잘 알고 있었다. 태종이 권력을 넘보려는 기색만 보이면 처가라도 도륙하고 세종의 처가도 제거했다는 사실을 잘 알고 있었다. 성종도 그러한 의구심을 떨쳐 버릴 수가 없었다. 윤씨가 반

성을 하기는커녕 오히려 자기를 해할지도 모른다고 생각했던 것이다. 성종은 장래를 위해 모든 싹은 제거해야겠다고 생각했다.

권경우가 폐비의 문제를 거론한 지 6일 만인 8월 16일, 드디어 성종은 폐비를 사사하라는 명을 내렸다. 그러자 이세좌가 내의 송흠에게 물었다.

"사람을 죽이는 데 어떤 약이 좋은가?"

"비상이 최고이옵니다."

사태는 급박하게 전개되었다. 그날로 주서 권주가 전의감으로 가서 비상을 가지고 왔고, 저녁이 되자 성종은 이세좌에게 폐비 윤씨를 사사시키고 다음 날 돌아오라고 명했다. 결국 폐비 윤씨는 자신의 사무친 한을 풀어 줄 수 있는 희망이었던 연산군이 장성하기만을 기다리다가 비참한 죽음을 맞고 말았다.

다음 날 성종은 재상들을 모아 하교했다.

"모든 일을 마무리했으니 마음이 편해졌다."

그리고 윤씨의 형제들인 윤구, 윤후, 윤우 등에게 장 100대를 때린 후 먼 지방으로 유배시킬 뜻을 밝혔다. 윤씨의 어머니 신씨를 장례가 끝난 후 아들 윤구와 함께 장흥에 유배시키고, 윤우를 거제에, 윤후를 진도에 유배시키는 것으로 일을 마무리했다. 이날 이후 조정에서는 더 이상 윤씨 집안의 일을 입 밖에 낼 수 없었다.

윤씨는 성종 4년 왕실에 들어온 지 10년 만인 성종 13년에 죽음을 맞았다. 부귀영화를 누린 것은 후궁으로서 3년, 왕비로서 7개월에 지나지 않았다. 폐비론에 휩싸이게 된 죄목은 단지 '투기'였다. 그러나 윤씨가 죽음을 맞은 진짜 이유는 권력 투쟁에 있었다. 성종과 더불어 정희왕후, 소혜왕후 등 왕실 측은 세력가의 딸을 중전으로 맞기를 원치 않았다. 그들은 그동안 한명회가 왕실과 외척 관계를 맺으면서 얼마나 큰 권력을 가지게 되었는지를 알고 있었다. 또한 과거 역대 왕들이 외척의 권력이 커질까 항상 노심초사했던 것도 잘 알고 있었다.

그래서 공혜왕후 한씨가 세상을 떠난 이후 성종은 대비의 뜻을 받들어 계속 후궁을 간택하였다. 조정 신하들은 이러한 성종의 행태를 못마땅해 했고, 정윤정이 총대를 메고 그릇된 행동을 삼갈 것을 임금에게 충고하기도 했다.

윤씨가 연산군을 낳은 후 성종은 그녀를 멀리했다. 대신 후궁들과 긴밀한 관계를 유지했는데 후궁들이 오만하게 거드름을 피우는 윤씨에 대해 좋게 말할 리가 없었다. 성종의 어머니인 소혜왕후 한씨도 윤씨를 탐탁지 않게 생각했다. 이러한 상황에서 성종은 윤씨에 대해 의심하기 시작했고, 한번 시작된 의심은 자꾸 부풀려졌다.

급기야 성종은 자신이 직접 듣지도 않은 이야기를 신하들에게 전했다. 윤씨가 항상 하곤 했다는 "내가 오래 살면 후일에 볼 만한 일

이 있을 것이다”, “발자취까지도 없애 버리겠다” 하는 말들이나, 곶감에 비상을 섞어서 상자 속에 넣어 두었다거나, 상복을 입는다면서 여름철에도 소복을 입었다는 식의 이야기들이다. 이러한 이야기들은 누군가가 성종에게 전해 준 것일 가능성이 높다. 윤씨가 아무리 성품이 포악하다 해도 임금 앞에서 이러한 이야기를 꺼내지는 못했을 것이다. 그러므로 이러한 이야기는 윤씨의 자백을 통해 얻어 낸 이야기가 아니라 누군가의 과장된 표현에 의해 정설이 되어 버린 것이라 볼 수 있다.

윤씨가 폐서인된 후 누구도 이 문제에 대해 거론한 적이 없었다. 그러나 연산군이 어느덧 일곱 살이 되어 세자에 책봉될 나이에 이르자 조정 신하들은 마음이 다급해지기 시작했다. 만약 성종이 지금이라도 세상을 떠난다면 어린 연산군이 곧바로 왕이 될 수도 있는 것이다. 그런데 종묘사직에 큰 죄를 짓지도 않은 폐비 윤씨의 문제를 그대로 둔다면 장차 자신들에게 어떤 화가 미칠지 알 수 없는 노릇이었다. 그래서 조정 신하들은 성종 앞에서 윤씨의 문제를 거론하기 시작했던 것이다. 《성종실록》에서 사관은 한명회가 폐비 윤씨의 거처를 다른 신하들과 함께 고민한 것에 대해 다음과 같이 평가했다.

일찍이 한명회는 항상 정창손과 함께 앉으면 이 일을 말하지 않은 적이 없다. 이는 단지 후일을 염려해서였다. 그런데 임금이 이 문제에 대해 물으면 “왕이 사용하던 것이면 아무리 미천하더라도 외처에 둘 수 없는데 어찌 국모를 그렇게 할 수 있겠습니까?”라고 대답했다. 국가를 위하는 대신이 속마음과 하는 말이 달랐던 것이다.

이러한 기록에 비추어 추론해 보면 윤씨에 대해 의로운 뜻을 가지고 문제 해결을 성종에게 충고한 신하는 소수였던 반면, 대다수 그 문제를 거론한 신하들의 경우는 세자에 책봉될 연산군을 무시할 수 없었기 때문이었던 것으로 보인다.

이에 대해 성종은 더 큰 분노를 느꼈고, 조정 신하들이 감히 자신의 권력에 도전하지 못하도록 만들기 위해서라도 죄 없는 윤씨를 사사시켜 버렸던 것이다. 성종은 연산군을 정치적 배경으로 삼은 윤씨의 형제들과 신하들이 한패가 되어 혹시라도 자신의 권력을 넘보지 않을까 노심초사했을 것이다. 그래서 갑자기 윤씨의 오라버니들을 모조리 하옥시켜 버리고, 신하들과 어떤 연계를 맺었는지를 철저하게 밝혀내라며 옥사를 직접 진두지휘했던 것이다.

조정 신하들은 자신들의 보신을 위해 윤씨의 문제를 거론함으로써 항상 누군가 권력을 넘보지 않을까 노심초사하던 성종을 자극했다. 이는 결국 윤씨를 죽음으로 몰아갔고, 정치적 기반이 전혀 없었던 윤씨는 고스란히 당할 수밖에 없었다.

윤씨의 죄목은 ‘투기’였지만 실제 죄목은 왕의 권력을 넘볼 수도 있다는 것이었다. 성종은 죽은 윤씨를 묘비도 없이 안장하도록 하였으나 앞으로 즉위할 연산군을 생각하여 성종 20년에 ‘윤씨지묘’라는 비석을 세우고 묘지기를 두어 관리하게 하였다. 또한 장단도호부

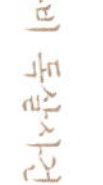

사長湍都護府使에게 절기마다 윤씨의 제사를 지내게 하는 등 얼마간 배려하는 모습을 보이기도 했다.

연산군은 여덟 살이 되자 세자로 책봉되었으며 성종은 앞으로 100년 동안 윤씨에 대해 절대 거론하지 말라는 유명을 남기고 세상을 떠났다.

연산군이 재위한 지 몇 년이 흘렀다. 당시 조정은 외척 중심의 궁중파와, 의정부와 육조 중심의 부중파府中派로 갈려 있었다. 임사홍은 부중파와 무오사화로 인해 제거된 사림파의 잔존 세력을 몰아내고 정권을 장악하기 위해 폐비 윤씨 사건을 들추어 냈다. 그러자 연산군은 너무나 엄청난 이야기를 듣고 분노에 치를 떨었다.

연산군은 어머니 윤씨를 죽음으로 몰고 갔던 소용 정씨의 두 왕자인 안양군, 봉안군을 죽이고, 윤필상, 이극균, 성준, 이

폐비 윤씨의 무덤 앞에 있는 무인석
윤씨가 사사된 죄목은 '투기'였지만 실제 이유는 왕의 권력을 넘볼 수도 있다는 것이었다. 이처럼 권력은 반려자의 목숨도 앗아갈 수 있는 싸늘한 것이다. 윤씨의 무덤은 연산군 대에 왕후의 무덤으로 추숭되었으나 중종반정 이후 다시 '회묘'라는 이름으로 격하되었다.

세좌, 권주, 김굉필, 이주 등 10여 명을 처형시켰으며, 한치형, 한명회, 정창손, 이세겸, 심회, 이파, 정여창, 남효온 등은 관을 깨고 시신의 목을 베는 부관참시에 처했다. 이 피바람이 바로 갑자사화다.

윤씨는 사후 22년 만에 아들 연산군에 의해 제헌왕후로 복위되고 묘호는 회릉으로 승격되었다. 윤씨는 갑자사화로 원한을 풀었다. 그러나 이 피바람은 비수가 되어 연산군에게 돌아왔고, 결국 연산군은

강화도 교동에 있는 연산군의 유배지
어머니로 인한 콤플렉스에 시달렸던 연산군은 복수의 칼날을 휘두르며 사화를 일으켜 피바람을 불러왔다. 그러나 그 칼날은 결국 자신에게 되돌아왔고 사대부 세력에 의해 폐위되어 비참하게 생을 마감했다.

왕위에서 쫓겨나 유배지에서 죽었다. 그리고 윤씨는 다시 서인으로
강등되고 말았다.

삶을 살해당한 왕비,
인목왕후

(1584 ~ 1632)

인목왕후 김씨의 가계도

김제남 ＝ 광주 노씨
├ 래
├ 女
├ 女 ＝ 선조
│　　└ 정명공주
│　　└ 영창대군
├ 규
└ 선

＝ 부부, － 자녀

왕이 명나라로부터 받은 공성왕후恭聖王后의 관복을 태묘에 고하였다. 제사를 마치고 어가를 타고 나갔다. 채붕(彩棚 : 임금이 행차할 때 여러 색의 실, 종이, 헝겊 따위를 문, 지붕, 다리, 길에 장식하던 것)과 향산(香山 : 침향산沈香山이라고 함. 궁 밖의 거리, 연회에 사용하는 일종의 가설무대)을 설치해 놓고 배우와 기생들이 큰 길에서 놀이를 하니 곳곳에서 어가를 멈추고서 하루 종일 관람하였다.

—《광해군일기》 9년 9월 17일

점심으로 찹쌀밥을 먹고 갑자기 세상을 떠난 선조를 이어 왕위에 오른 광해군은 그동안의 설움을 풀기 시작했다. 명나라로부터 자신과 친모 공빈 김씨를 왕과 왕후로 인정받기 위해 뇌물로 은과 인삼을 바쳤다. 조선 건국 후 중국에 뇌물을 바치기는 처음이었다. 이에

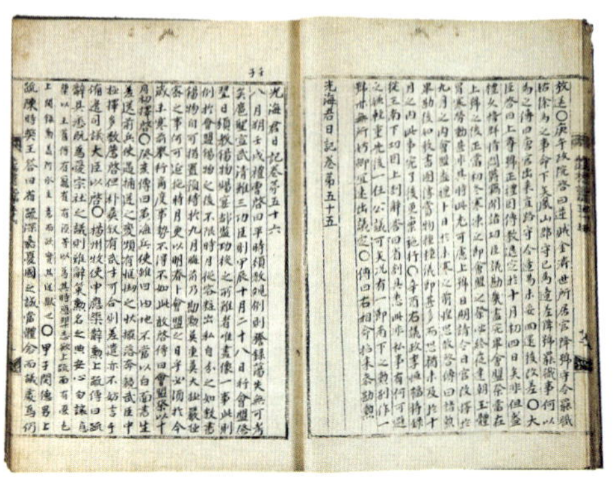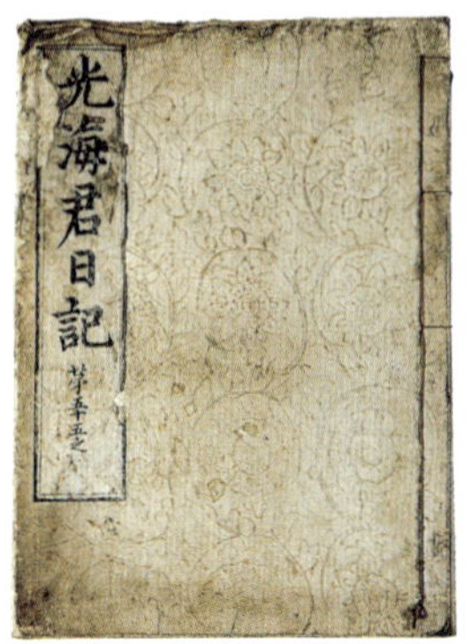

명은 관복을 보냈다. 이는 광해군의 뜻을 완벽하게 인정한다는 의사
표현이었다.

광해군의 오랜 설움은 장자가 아닌 차자, 적자가 아닌 서자라는
것이었다. 이 때문에 명나라의 책봉을 받지 못해 조정과 궁궐에서
조소의 대상이 되었던 것이다. 즉위 2년이 되면서 광해군은 어머니
공빈 김씨를 추숭하는 작업을 진행하였다. 그리고 드디어 7년 만에
그 소원을 풀었다. 동시에 인목대비 김씨를 존호 없는 서궁西宮으로
강등시키는 작업도 함께 진행했다. 인목대비 김씨를 강등시키기 위
해 광해군이 기울인 노력은 그야말로 대단했다. 조선의 건국이념은

《광해군일기》

1608년 2월부터 1623년 3월까지의 시정을 연월일의 순서에 따라 기록한 것으로
서 광해군이 폐위되었기 때문에 실록이라 하지 않고 일기로 명명하였다. 1624년
(인조 2) 6월 편찬에 착수, 정묘호란으로 한때 중단하였다가 1632년 2월에 다시
시작하여 이듬해 12월에 완성하였다. 《광해군일기》는 군왕을 몰아낸 신하들의
기록이라는 측면에서 역사의 비정함을 보여준다.

유교였고 그 핵심은 '충'과 '효'였다. 그런데 이 건국이념을 뒤흔드는 작업을 시작한 것이다.

어두운 앞날을 예고한 혼례식

선조의 첫째 왕비 의인왕후懿仁王后 박씨는 임진왜란, 정유재란 두 번의 전쟁을 치른 후 후유증으로 46세를 일기로 세상을 떠났다. 이때 선조에게는 두 명의 후궁이 있었다. 그러나 그는 후궁을 왕비로 승격시킬 마음이 없었다. 다시 장가를 가고 싶었던 것이다.

선조는 두 번이나 일본의 침략을 받아 궁궐을 버리고 도망가 백성들을 고달프게 했던 왕이었다. 그런데 어느 정도 안정을 되찾자 선조는 자신의 욕심을 채울 생각만 했다. 의인왕후 박씨가 세상을 떠난 이듬해에 금혼령을 내렸다. 아직 3년상 기간도 지나지 않았던 때였다. 예조에서 처녀 단자를 빨리 받을 수 있도록 명을 내려 달라고 하자 선조는 적극적인 태도를 보였다.

"14세 이상부터 선발하라."

그의 나이는 49세였다.

당장에 전국적으로 금혼령을 내린다는 방이 붙었다. 종실의 딸, 성이 이씨인 사람의 딸, 과부의 딸은 금혼 대상에 포함되지 않았다. 선조 34년 11월부터 간택에 들어가 이듬해 2월에야 신부가 결정되었다. 왕비가 될 주인공은 19세의 처녀였다. 50세가 된 선조는 "이조

좌랑 김제남의 집에 대혼(大婚 : 임금이나 세자의 결혼)의 예를 정하고
자 하는데 어떠한지 모르겠다"며 신하들에게 하문했다. 조정 신하
들의 입장에서는 반대할 이유가 없었다. 신랑이 직접 골랐기 때문이
다. 일반적으로 대혼은 왕의 어머니 혹은 할머니가 관장하는데 선조
의 경우는 아무도 생존해 있지 않았기 때문에 모든 절차를 본인이
신하들과 상의해서 결정했다. 가례도감嘉禮都監 설치에서부터 친영례
(親迎禮 : 왕이 왕비의 집에 가서 직접 맞이하는 행사)에 이르기까지 모
두 직접 관장하였다.

최종 후보인 19세 처녀 김씨의 아버지는 김제남이었고 어머니
는 광산부부인光山府夫人 노씨였다. 친영은 5개월 후인 7월에 행하였
다. 조선 건국 후 조정에서는 전통적인 혼인 관습인 남성이 여성에
게 '장가간다'는 남귀여가혼南歸女家婚을 여성이 남성에게 '시집간다'
는 친영제로 바꾸려 하였다. 그러나 초기에는 친영제를 따르는 계층
이 거의 없었다. 그러다 사림들이 대거 정계에 진출한 중종 대에 이
르러 임금이 직접 모범을 보이기 위해 친영례를 거행하였다. 중종은
친영제의 중요성을 이렇게 전교했다.

"혼인은 만세의 시작인데 남자가 여자의 집으로 장가들러 가는 것
은 천도가 역행하는 것이니 어찌 옳겠는가?"

처음 친영제에 따라 혼인한 왕비는 문정왕후文定王后 윤씨였다. 사
림들이 기묘사화로 정계에서 축출되자 이 제도는 폐지되었다가 명
종 대에 이르러 겨우 반친영제로 절충되었다. 선조와 김씨가 혼인하
기 직전 앞날을 예언하는 듯한 일들이 일어났다. 친영을 하기 위해

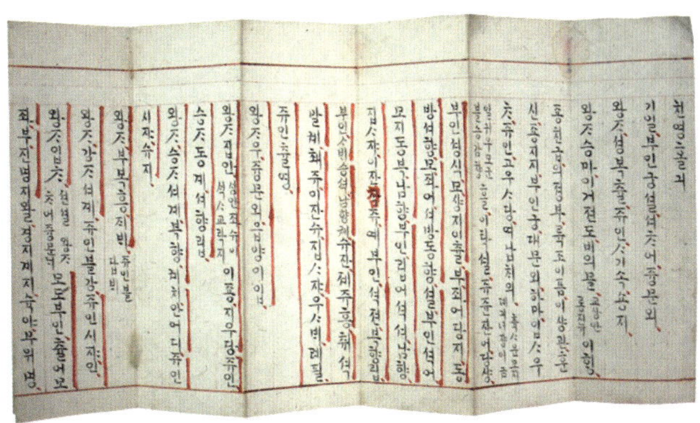

도성의 백성들을 불러 모아 길을 만드는데 갑자기 흙이 무너져 버렸다. 이 일로 10여 명이 흙에 깔려 죽거나 부상당했는데 당시 사람들은 모두 이 일을 기이히 여겼다. 이뿐만이 아니었다. 친영을 하기로 한 날에는 비가 억수같이 쏟아졌다. 선조가 명했다.

"비가 내리니 친영례는 물러서 거행하라."

그러나 조정 신하들은 반대했다.

"여름에서 가을로 바뀔 때는 흐리고 맑은 날씨가 변덕스러운데 비가 온다고 하여 사신에게 봉영(奉迎 : 귀인을 맞이함)의 명을 내리고서 정한 날짜를 물리는 것은 미안한 듯합니다."

친영 홀기

왕자의 친영에 관한 절차 일체를 한글로 기록한 첩이다. 내용 중에 주묵으로 표점을 찍고 중요한 부분은 줄을 그어 내용이 정확히 전달되도록 했다. 홀기는 중요한 의식의 절차를 미리 문자로 정리하여 그대로 시행함으로써 절차의 오류를 막고, 사후 시비의 근원을 방지하기 위하여 작성되었던 문서이다. 국립고궁박물관 소장

그래서 선조는 조정 신하들의 의견에 따라 태평관에 가서 김씨를 친영하였다. 다행히 친영할 때에는 날씨가 맑아졌지만 변덕스러운 날씨는 마치 김씨에게 닥칠 앞날을 예고하는 듯했다. 다음 날 김씨는 정전에서 내외명부와 백관의 하례를 받았다. 정전이라는 곳은 임금이 조회를 받는 장소이므로 그 외에는 누구도 하례를 받을 수 없는 장소이다. 여성이자 신하인 김씨가 이곳에서 하례를 받았다는 것은 조선에서 아직 유교적 질서가 완벽하게 자리 잡지 못했다는 증거였다. 이러한 우여곡절 끝에 김씨는 무사히 혼인을 마쳤다. 조정에서는 국가의 경사를 축하하기 위해 친영하기 전 새벽까지 죄를 지은 자들을 사면했다. 모반 대역 죄인, 살인자, 강도, 절도 등의 죄를 지은 죄수들은 제외되었다.

한편 조정 신하들은 새로 왕비를 맞아들였으나 왕비 책봉보다는 세자 책봉에만 관심을 기울였다. 이미 광해군을 세자로 세웠지만 명나라에서는 책봉을 번번이 거절하였다. 장자인 임해군이 있는데 차자인 광해군을 세자로 세우는 것은 이해할 수 없다는 명분을 내세웠으나 사실 명 조정의 속마음은 다른 데 있었다. 당시 명나라 신종 황제는 둘째 아들 복왕 주상순을 더 총애하여 첫째 아들 태창제에게 왕위를 물려줄 뜻이 없었다. 명나라 예부에서는 태창제를 위하여 차자인 광해군이 왕이 되는 것을 반대했던 것이다.

그 외중에 의인왕후 박씨가 사망하자 더 이상 세자 책봉 문제를 거론할 수 없었다. 선조 35년, 김씨가 왕비 후보로 낙점되자 조정 대신들은 다시 세자 책봉을 서둘렀다. 그런데 명문가에서 국모의 자격을 갖춘 김씨가 간택되자 선조의 마음이 달라졌다. 혹시 적자를 낳을 수도 있다고 생각한 것이다.

선조는 광해군을 멀리하였지만 광해군은 하루도 빠지지 않고 선조에게 문안 인사를 올렸다. 광해군이 이러한 정성을 보였음에도 불구하고 명나라에서는 선조가 세상을 떠나기 전까지 광해군을 세자로 책봉하는 것을 허락하지 않았다. 선조는 지극정성인 광해군보다는 아직 친영도 하지 않은 중전을 명나라로부터 책봉받는 일을 서두르라며 조정 대신들을 닦달하였다.

"중전의 책봉은 즉시 주청했어야 하는데 이 점에 대해서는 신하들이 청하지 않으니 일이 자못 전도된 듯하다. 먼저 국모를 바르게 한 뒤에야 인륜의 기강이 서게 되는 것이니 어찌 국모가 없는 나라가 있겠는가?"

친영례를 하자마자 김씨는 명나라의 승인을 받아 책봉되었고, 광해군은 아직 책봉되지 않은 상태였다. 왕비로 책봉된 김씨는 자신이 진 짐이 너무 무겁다는 것을 깨달았다. 이제는 돌아갈 수 없는 강을 건너 버린 것이다.

왕실은 유교적인 여성관으로만 버틸 수 있는 자리가 아니었다. 정쟁이 벌어지는 중심지로서 자신이 어떻게 처신하느냐에 따라 집안이 멸문당할 수도 있었다. 궁궐의 안주인으로서 살아가려면 먼저 행동거지부터 조심해야 했다. 아직 19세밖에 안 되었지만 이 사실을 너무나 잘 알았고 있었던 그녀는 항상 당나라 장공예의 고사를 기억하려 했다.

장공예는 9대가 한 가족으로 살고 있었다. 어느 날 당나라 고종 황제가 장공예의 집을 찾아와 물었다.

"한 집안에서 열 명의 가족이라도 불만 없이 살기 어려운데 무슨 방법으로 9대 자손들이 함께 지낼 수 있는가?"

그러자 장공예는 참을 '인忍'자 백자를 써서 바쳤다고 한다.

한나라의 국모로서 김씨가 해야 할 일은 많았다. 당장에는 후궁, 공주, 왕자들을 비롯해 내명부를 다스려야 할 위치였다. 19세 처녀가 감당하기에는 힘겨운 일이지만 반드시 완수해야 할 일들이었다. 그래서 이 많은 가족들을 거느리려면 장공예의 고사를 따라야 한다고 생각했던 것이다. 김씨는 창문 벽에 '백인百忍'을 써서 걸어 놓고 항상 자신을 돌아보았다. 그리고 겨울 날씨에 추위로 떠는 위졸들에게는 겨울 옷, 가죽 모자 등을 만들어 주곤 하였다.

이듬해에 김씨는 첫딸 정명공주貞明公主를 낳았다. 광해군이 세자로 책봉을 받지 못한 것 이외에는 특별한 일은 없었다. 조정에서는 계속 이 문제로 논쟁을 벌이고 있었다.

인목왕후의 편지
이 편지는 1603년 11월 19일에 쓴 것으로 병문안 내용을 담고 있다. 이 해 인목왕후는 첫딸 정명공주를 낳았다.

선조 39년, 김씨는 아들 영창대군을 낳았다. 그러자 조정 내 분위기가 미묘하게 돌아갔다. 영의정 유영경은 잽싸게 백관을 거느리고 하례하였다. 그리고 여러 신하들과 함께 축하 의식을 거행하려 하였다. 처음에는 선조도 이를 막았다. 그러나 선조의 복심腹心을 알고 있던 조정 대신들이 다시 주청하였다.

"대군이 탄생한 후에 경하드리는 것은 전례가 있습니다. 지난 세종대왕 대 광평대군, 평원대군, 영웅대군 등이 탄생하였을 때 모두 진하進賀를 거행한 예가 있습니다. 그런데도 아직 윤허를 받지 못하고 있습니다. 조종조에서 이미 시행한 규례를 폐하고 시행하지 않는다는 것이 너무나 미안스럽습니다. 대신의 뜻이 이와 같기에 황공하게 감히 여쭙니다."

여기서 대신은 영의정 유영경이었다. 그는 예조를 통해 자신의 뜻을 선조에게 전했다. 유영경이 축하 의식을 벌이려고 한 것은 선조가 광해군을 폐하고 영창대군을 세자로 세우려는 뜻을 사전에 감지하고 있었기 때문이다. 선조는 자신이 서자 출신이었기 때문에 심한 열등감을 가지고 있었다. 그래서 김씨가 낳은 적자인 영창대군을 마음에 두고 있었다.

모든 사람들이 김씨가 아들을 낳은 것을 기뻐하였다. 그러나 단 한 사람 이를 근심하는 사람이 있었는데 김씨의 올케 정씨였다. 그녀는 이렇게 말했다.

"우리 시가의 화가 여기서 시작되는구나!"

이 말은 적중하여 후에 김제남의 집안은 물론 영창대군까지 비참한 죽음에 이르게 된다. 김씨는 이 일이 자신의 불행을 자초하리라고는 꿈에도 생각지 못했다.

선조는 늦은 나이에 본 영창대군에게 모든 관심과 사랑을 쏟았다. 그에게는 13명의 아들이 있었지만 모두 후궁의 소생들이었기에 적자인 영창대군에게 마음이 끌린 것이다. 선조는 세자인 광해군을 폐위시킬 생각까지 하고 있었다. 그가 속마음을 드러낸 것은 정인홍이 주청을 올렸을 때였다. 더 이상 국정 운영이 어려워진 선조는 광해군에게 전위한다는 교서를 내렸는데 유영경이 이를 감추자 이를 발견한 정인홍이 처벌을 주장하였다. 그런데 선조는 오히려 정인홍을 나무랐다. 정인홍이 세자에게 충성을 다하려고 한 것이므로 매우 불충한 태도라는 것이다.

"세자는 반드시 천자의 명을 받은 후에야 비로소 세자라 할 수 있다. 지금 세자는 책명을 받지 못했으니 이는 천자도 허락하지 않은 것이고 천하도 알지 못한다!"

선조는 명나라가 분명 이를 힐문할 것이라고 핑계대면서 광해군을 세자로 인정하려 하지 않았다. 이러한 선조의 뜻을 안 유영경은 은연중에 영창대군을 지지하였다. 이를 계기로 임진왜란 이후 실권을 잡고 있던 북인은 영창대군을 지지하는 소북파와 광해군을 지지하는 대북파로 갈렸다.

광해군은 선조의 박대에 마음에 쓰라린 상처를 입었다. 광해군은

전란이 일어났을 때 분조를 이끌며 국난을 극복하는 데 큰 공을 세운 바 있었다. 그런데 이제 와서 자신을 세자 자리에서 몰아내려는 부왕에게 분노와 서운함을 감추지 못했다.

조정의 형세는 점점 광해군에게 불리하게 돌아갔다. 명나라에서는 세자 책봉을 허락해 주지 않았고, 영의정으로 있는 유영경마저 영창대군을 지지하고 나섰던 것이다. 이처럼 조정의 분위기가 영창대군을 중심으로 돌아가고 있을 때, 그만 선조가 병석에 눕고 말았다. 이때 영창대군의 나이 겨우 2세였다. 1년이 지나도 병이 호전되지를 않자 선조는 결단을 내려야 했다. 그는 강보에 싸인 두 살배기 영창대군에게 왕위를 물려줄 수 없는 현실을 깨달았다. 그래서 광해군을 후계자로 정한다는 고명을 전하기 위해 영의정 유영경, 좌의정 허욱, 우의정 한응인 등을 불렀다. 그리고 비망기로 전위하겠다는 뜻을 전했다.

"세자의 나이가 장성하였으니 고사에 의해 전위해야 할 것이다. 만일 전위가 어렵다면 섭정하는 것도 가하다. 군국의 중대사는 이처럼 하지 아니할 수 없으니 속히 거행하는 것이 좋겠다."

그러자 이들은 절대 안 된다며 명을 거두어 줄 것을 요청했다. 그러나 이미 선조는 더 이상 기력이 없었다. 이를 보다 못한 김씨가 정승들에게 언문으로 교지를 내렸다.

성상께서 병중에 계신 지 거의 1년이 다 되어 가니 심기 불편함이 전

119

일보다 배나 더하다. 지금 이 전교를 따르지 않는다면 심기가 더욱 손상되어 환후가 더욱 위중하실까 우려된다. 대신들은 성상의 명을 순순히 따르라.

세 정승이 계속 전교를 거두어 달라고 주청했지만 김씨는 자신은 이미 뜻을 모두 밝혔다며 선조의 뜻을 따르라고 명했다. 상황이 이 렇게 흘러가고 있는데도 유영경은 전교 사실을 감추었고, 거의 한 달이 지나서야 이 사실이 삼사에 알려지게 되었다. 삼사에서는 전교 사실을 감춘 일에 대해 추고를 해야 한다며 들고일어났다. 유영경의 처사는 같은 소북파들조차도 납득할 수 없었다. 결국 소북파 안에서 도 유영경을 지지하는 유당과 반대하는 남당으로 분당되었다. 당연 히 대북파에서도 가만있지 않았다. 정인홍이 이 사실에 대해 조목조 목 따지면서 유영경의 처벌을 주청하였다.

신이 삼가 듣건대 지난 10월 13일 상께서 전위와 섭정에 대한 전교 를 내리자 영의정 유영경이 마음속으로 원임(原任 : 전직) 대신을 꺼 려 다 내쫓아 원임 대신들로 하여금 참여하지 못하게 하였습니다. 그 리고 여러 번 방계(防啓 : 남의 의견을 막고 자신의 의견만 임금에게 아룀)를 올리고 유독 시임(時任 : 현직) 대신과 공모하였습니다. 중전 께서 언문의 전교를 내리자 "금일 전교는 실로 여러 사람의 뜻밖에 나온 것이니 명령을 받지 못하겠다"고 즉시 회답하여 대간으로 하여

120

금 알지 못하게 하고, 승정원과 사관으로 하여금 임금의 뜻을 극비로 하여 전하지 못하게 하였습니다. 유영경은 무슨 음모와 흉계가 있어서 이토록 남들이 알지 못하게 한 것입니까?

원래 국가의 중요한 일은 사적인 일이 아니므로 시임 대신뿐 아니라 원임 대신도 마땅히 참여해야 한다. 그런데 유영경이 이를 비밀로 하기 위해 원임 대신을 모두 쫓아낸 것은 있을 수 없는 일이었다. 정인홍은 강력히 주장하였다.

"의인왕후께서 광해군을 자신의 소생처럼 양육하였으며 세자로 정한 것은 바로 성상(선조)이십니다. 왜란이 있을 때에도 분조를 하여 백관들이 신하처럼 따랐습니다."

이를 반대하는 유영경은 반대 의견을 내놓았다.

"이는 분명 광해군을 해치려 하는 것입니다."

선조는 내심 유영경과 같은 입장이었으므로 정인홍의 상소를 일소에 붙였다.

"광해는 세자가 아니다!"

조정 대신들이 유영경과 정인홍을 중심으로 이 문제에 대해 논쟁하던 중 선조가 갑자기 세상을 떠났다. 원인은 점심으로 먹은 찹쌀밥에 기도가 막힌 것이었다. 선조는 1608년 2월 59세를 일기로 유명을 달리하고 말았다. 명나라에서는 인정해 주지 않았지만 조선에서는 엄연히 광해군이 세자였다. 그동안 세자로서 모든 역할을 수행해 왔기 때문에 당연히 후계자로 지목될 수밖에 없었다. 김씨도 이 사실을 인정해야 했다. 스스로도 조정 대신들에게 선조의 뜻을 따르라고 뜻을 밝힌 상태였기 때문이다.

살인강도 사건이 역모로 조작되다

광해군은 세자 자리에 오른 후 많은 고난을 겪어야 했다. 명나라에서는 차자라는 이유로, 조선에서는 서자라는 이유로 세자로 인정하려 하지 않았다. 세자 시절 선조의 후궁들도 그런 그를 업신여겼다. 만약 광해군이 장자, 적자 출생이었다면 사정은 달라졌을 것이다. 광해군이 즉위할 수 있었던 것은 결국 선조의 갑작스러운 죽음 때문이었다.

차자, 서자로 태어난 자신의 처지가 너무나 원망스러워 한이 맺힌 광해군은 즉위하자마자 자신의 권위를 강화시키기 위한 작업에 들어갔다. 우선 자신의 신분에 결함이 없어야 조정 대신들과 백성들을 통제할 수 있었다고 생각했다. 광해군은 명나라로부터 왕으로 인정받기 위해 고부사를 보내는 한편, 어머니 공빈 김씨를 왕후로 추숭하는 작업을 시작했다.

명나라에서는 여전히 광해군을 무시하였다. 세자 시절에도 10년 이상을 골탕 먹였던 터라 즉위 후에도 무시하는 처사를 보인 것은 당연했다. 더구나 사안은 왕위 책봉 문제였다.

광해군은 이호민을 고부사로 임명하여 명나라 연경으로 보냈지만

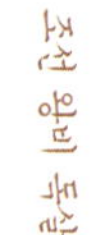

명 조정에서는 광해군이 왕위를 이어받은 것이 합당하지 않다며 트집을 잡았다. 이호민은 임해군이 "사양했다", "풍병을 앓는다", "아직 빈소에 있다"고 대답했다. 이 말을 들은 명나라 조정은 풍병을 앓는다면서 어떻게 빈소에 있을 수 있는지, 역모를 도모해 교동에 귀양 가 있는데 무슨 상주 노릇을 할 수 있는지 의심을 했다. 결국 명에서는 진상 조사단을 파견해 사실 여부를 조사했다.

조사단이 온다는 소식을 듣고 대처 방안을 강구하던 조선 조정에서는 임해군을 만나게 해 주되 답변할 말을 미리 만들어 놓기로 했다. 명 조사단을 만난 임해군은 각본대로 대답했다.

"나는 일찍이 왜적에게 붙잡힌 적이 있었는데 정신을 잃고 못된 행동을 하였소. 또한 중풍에 걸려서 손발을 움직일 수가 없소."

임해군은 역모 사실에 대해서만큼은 부인했다. 조사단은 무언가 미심쩍은 구석이 있었지만 수만 냥의 은을 뇌물로 받고는 더 이상 따지지 않고 돌아갔다. 일단 광해군의 왕위 책봉은 기정사실이 되었다. 이제 더 이상 차자라는 이유로 설움을 받을 이유가 없어졌다. 이어서 광해군은 어머니 공빈 김씨의 문제를 해결하려 했다. 이는 자신의 권위와 관련된 문제였다.

당시 조정 대신들 중에서는 광해군의 권위를 부정하는 세력이 있었다. 바로 영창대군을 지지하던 세력이었다. 광해군이 권위를 인정받기 위해서는 일단 서자라는 꼬리표를 떼야 했다. 광해군은 어머니 공빈 김씨를 왕후로 승격시키는 작업을 진행하였다. 그렇게 된다면 공빈 김씨는 의인왕후 박씨의 뒤를 잇는 선조의 계비가 되는 셈이고 자신은 부왕의 적자가 되는 셈이었다. 또한 자신이 적모로 모시고 있는 인목대비 김씨에 대해서도 부담을 덜게 되는 효과가 있었다. 그러나 이 작업은 만만치 않았다. 자신의 권위를 부정하는 조정 대신들과 명나라로부터 인정을 받아야 했던 것이다. 즉위 2년, 광해군은 공빈 김씨의 추숭을 지시하였다.

"나를 길러 주신 어머니에게 아직 추숭의 은전을 펴지 못했으니 인정과 사리로 헤아려 볼 때 매우 잘못된 일이므로 언제나 슬퍼했다. 이 문제를 잠시도 잊지 않았지만 삼년상 기간에는 거론할 겨를이 없었다. 이제는 마땅히 고례를 따라 인정과 예문을 참작해서 대신들에게 상의하게 한 다음 절목을 마련하여 거행하도록 하라."

조정 대신들은 완강하게 반대했다. 예법에 어긋난다는 것이 그 이유였다. 광해군은 선조와 의인왕후의 후계자로서 왕위에 올랐다. 그런데 두 명의 어머니를 모시게 되면 적모嫡母와 사친私親의 분별이 모호해지게 된다는 것이었다.

그러나 광해군은 단호했다. 광해군의 목적은 출신 성분을 아예 바꾸는 데 있었다. 적자 출신인 영창대군이 항상 옆에서 버티고 있었기 때문에 언제 무슨 일이 일어날지 모르는 상황이었다. 결국 절충안이 제시되었는데 그것은 부묘祔廟를 하지 않는다는 것이었다. 부묘를 한다는 것은 종묘에 모시는 것이며 '후后'로 승격시켜야 가능했다. 원래 '후'라는 칭호는 명나라에서만 사용할 수 있었다. 조선의 왕과 왕비 작위는 명 황제의 책봉을 받았기 때문에 위호를 정할 때 왕에게는 조와 종, 왕비에게는 후라는 호칭을 사용할 수 없었지만 국

내에서만 몰래 사용하고 있었다. 조정 대신들은 명나라에서 책봉도 받지 않은 빈을 두 단계나 높여 후로 모시는 것은 있을 수 없는 일이라고 주장했다. 조정 대신들이 내놓은 안은 묘를 능으로 격상시키고 별묘를 세우는 것이었다. 그러자 광해군은 후로 승격시키되 별묘를 세워 신주를 모시겠다고 했고, 조정 대신들은 더 이상 반대할 수 없어 수락하였다.

그래서 공빈 김씨는 공성왕후로, 묘는 성릉으로 승격되었다. 그런데 또다시 문제가 발생했다. 별묘 제사를 적모 의례에 따라 거행하자 조정 대신들이 항의하고 나선 것이다. 분노한 광해군은 공빈을 부묘하라는 명을 내렸고, 조정 대신들도 물러서지 않았다.

광해군은 조정 대신들의 여론을 잠재우기 위해서는 명 조정으로부터 공빈을 왕후로 책봉받는 것이 급선무라고 생각하고 부묘 대신에 책봉 문제를 서둘렀다. 이 와중에 박응서를 비롯한 권문가의 서자 7명이 조령 고개에서 살인강도 사건을 일으키는 일이 발생했다. 대북파에서는 이를 절호의 기회로 보았고 광해군은 영창대군과 연루시켰다

선조는 세상을 떠나기 전 광해군이 혹시 영창대군을 제거하지 않을까 우려하여 유교를 남겼다. 광해군에게 동기들을 사랑하고 만일 누군가가 모함한다면 잘 분별해서 처신하라는 것이었다. 왕자, 공주들의 장인과 시부모인 유영경, 한응인, 박동량, 서성, 신흠, 허성, 한준겸 등에게는 영창대군을 잘 지켜 주고 보필해 주길 바란다는 말을 남겼다. 그러나 광해군은 부왕의 유교를 지키기보다는 영창대군을

제거해서라도 자신의 권력을 강화해야 한다고 생각했다.

살인강도 사건을 저지른 7명의 서자들은 서로 생사를 같이한다는 맹세를 하고 소양강 위에서 함께 살았다. 윤리가 필요 없는 무리라는 뜻인 무륜당無倫堂, 강변칠우 혹은 죽림칠현 등으로 서로를 부르며 시를 짓고 술을 마시며 인생을 즐겼다. 그러다 이들은 조령 고개에서 행상인을 죽이고 은자 수백 냥을 탈취하였다. 광해군과 대북파는 이 일을 역모 사건으로 꾸며 인목대비 김씨의 부친 김제남, 그리고 왕실과 혼인 관계를 맺은 7명의 조정 대신들을 연루시켰다. 이렇게 살인강도 사건은 역모 사건과 저주 사건으로 확대되었다.

먼저 붙잡혀 온 박응서가 역모를 꾀했다고 자백했다. 7년 전 서양갑이 역모를 일으킬 것을 주장하여 4, 5년 전부터 박치의, 정협, 박종인, 심우영, 허홍인, 유인발 등이 함께 일을 모의했다고 밝혔다. 내용은 군사 300명을 동원, 대궐을 습격하여 임금과 세자를 제거하고 대비전에 나아가 수렴청정을 하도록 요구할 작정이었다는 것이다.

서양갑은 한 걸음 더 나아가 인목대비 김씨를 핑계로 대면서 김제남을 끌어들였다. 그는 한 번도 김제남을 만난 적이 없었다. 그런데도 김제남으로부터 "대군이 장성하면 보전하지 못할 것이 분명한데 대비께서 이 때문에 매번 눈물을 흘리곤 한다"는 말을 들었다고 했다. 서양갑은 김제남이 먼저 역모를 주도했으며 거사 비용은 대비에게서 받기로 계획을 짰다고 말했다.

처음에 서양갑은 죄를 자백하지 않았고, 박응서가 잡힌 후 뇌물을 써서라도 사건이 확대되는 것을 막으려고 했다. 그는 원래부터 반역

문경 조령의 3관문

400년 전 서양갑 등 7명의 서자들은 이곳에서 은 상인을 죽이고 은 수백 냥을 탈취했
다. 이 사건은 이후 역모 사건으로 비화되면서 영창대군과 인목대비 김씨의 아버지 김
제남의 목숨을 앗아갔다. 그러나 이러한 역모 혐의는 당대의 권신이었던 이이첨에 의
해 조작된 것일 가능성이 짙다.

을 꿈꿨던 인물로서 그는 광해군의 정치가 잘못되었다고 생각했다. 이 같은 반역 모의는 그의 서얼이라는 출신 성분에서 기인한 것이었다. 그런데 그의 어머니가 심문을 받던 중 죽음을 당하자 마치 실제로 일이 진행되었던 것처럼 자백했다. 자신의 어머니가 그런 모진 형벌을 받고 죽은 것처럼 광해군도 어머니로 인해 고초를 겪어 보라는 심산이었다. 그래서 김제남과 인목대비 김씨를 연루시켰던 것이다.

서양갑의 자백이 나오자 영창대군과 제안대군 궁의 노비를 모조리 잡아 가두었다. 제안대군은 예종의 적자로서 부왕이 승하했을 때 나이가 네 살이라는 이유로 사촌 형인 성종에게 왕위를 빼앗긴 인물이었다. 연루된 사람의 수가 너무 많아 내옥 안은 제대로 누울 자리조차 없었는데 심지어 죽어 나가는 사람도 있었다. 그야말로 아수라장이 따로 없었다.

사건을 더욱 확대시킨 것은 정협의 자백이었다. 그는 고명대신(顧命大臣 : 선조의 유교를 받은 대신들) 7인도 참가했다고 자백했다. 배후 조종자는 이이첨이었다. 살인 사건이 거대한 역모 사건으로 둔갑하는 순간이었다. 역적의 괴수는 김제남이었는데 죄목은 이러했다.

적도들의 괴수는 서양갑인데 김제남은 서양갑의 우두머리이다. …… 오랫동안 꾀를 쌓아 오다가 은밀히 역모를 도모하였다. 거짓말로 선왕의 밀지가 있었다고 속이고 대비의 권세를 빙자하였다. 이의(영창대군)를 옹립하려는 계획이 은밀하여 헤아릴 수 없었고 담장 안에서

128

화가 무르익으니 조석 사이에 변이 일어나게 되었다.

　이러한 내용의 선고문을 받은 김제남은 너무 억울하여 한마디만 하게 해 달라고 하였으나 묵살당하고 서소문 안에서 사사되었다. 당시에 나졸과 많은 백성들이 앞다투어 김제남의 재물을 훔쳐갔고, 집은 관청에서 몰수해 버렸다. 김제남의 아내 노씨는 너무나 기가 막혀 궁궐 담장 밖으로 가서 울부짖었다. 그녀는 김씨의 어린 시절 이름을 부르면서 울부짖었다.

　“아, 너의 아비를 죽이려는데 구해 주지 않는단 말이냐?”

　사실 인목대비 김씨는 이런 변고가 일어나고 있는 줄 전혀 모르고 있었다. 김씨는 김제남이 죽임을 당한 지 사흘이 지난 후에야 소식을 들을 수 있었는데 광해군은 김씨의 어머니 노씨를 집 안에 가두라는 명을 내렸다. 노씨는 노비 하나만 데리고 어렵게 끼니를 이어가며 생활했다. 그녀를 불쌍하게 여긴 도성 사람이 이따금 어둠을 틈타 쌀과 간장을 갖다 주어 이것으로 겨우 생계를 이을 수 있었다.

　김제남의 아들 세 명과 사위 한 명은 곤장에 맞아 죽었다. 광해군은 이러한 극형에도 성이 차지 않았던지 김제남의 친가 친척들도 먼 곳으로 귀양 보내라고 명했다. 김제남의 장자인 김래의 아들은 아내가 몰래 중에게 맡겨 상좌를 삼게 하는 것으로 목숨을 구할 수 있었다. 그리고 거짓말로 병들어 죽었다며 장사까지 치러 집안에서도 아는 사람이 없었다. 그의 이름은 김천석이었으며 인조반정이 일어난 후에 환속하였다.

김제남에게는 죽은 후에 두 가지 죄가 더해졌다. 북문으로 들어와 대궐 안에 유숙하면서 나인들과 상종하고, 의인왕후의 능에 저주한 죄목이었다. 김제남이 궁궐에서 잠을 자기는 했지만 이유는 다른 데 있었다. 영창대군이 마마에 걸려 김씨가 간호를 부탁한 것이었다.

이외에도 한강의 별영을 마음대로 허물고 그 재목을 옮겨 정자를 지었다며 권력을 제멋대로 남용했다는 비난이 쇄도했다. 그러나 이 문제도 왜곡된 면이 없지 않았다. 한강 별영은 왜란에 대비하기 위해 제안대군의 정자를 허물고 지은 건축물이었다. 한강 별영이 폐지되자 김제남은 그 재목을 가져다 제안대군의 정자를 복원하였는데 이를 두고 뒷말을 한 것이었다. 이래저래 모든 일이 역모 사건으로 둔갑했다.

영창대군 살해와 확대되는 저주 사건

김제남이 죽음을 당한 이후에도 광해군은 만족하지 않았다. 언제, 누가 인목대비 김씨를 끼고 영창대군을 옹립할지 알 수 없는 일이었다. 어떻게 하든 이들을 제거해야 했다. 이미 영창대군과 인목대비 김씨가 역모에 연루되었다는 것은 부인할 수 없는 사실이었다. 광해군은 저주 사건을 더 깊숙이 파헤치기 시작했다. 광해군은 여자 맹인이었던 고성을 비롯해 연루된 사람들을 모조리 잡아들였다. 그리고 의녀들을 시켜 대비전의 궁녀들을 체포했다. 이는 있을 수 없는 일이었다. 의녀로 하여금 여염집을 수색하듯이 대비전을 염탐하게 한 것은 인목대비 김씨를 완전히 무시하는 처사였다.

어린 영창대군도 무사하지 못했다. 광해군은 그를 궁 밖으로 내쫓아 버렸다. 영창대군이 궁 밖으로 나가던 날 김씨가 그를 부둥켜안고 놓아 주지 않자 주위 사람들이 겨우 만류하여 떼어 놓았다. 김씨는 영창대군을 안고 울면서 겨우 작별하였다. 호위하는 병사들도 이를 보고 엎드려 눈물을 흘렸다. 처음에는 성 밖의 여염집에 두었다가 강화도에 위리안치시켰다. 영창대군을 감시하는 인원은 임해군 때보다 두 배나 많았다.

마침내 광해군은 영창대군의 목숨을 앗아갈 생각을 하기에 이르렀다. 그래서 정항을 강화부사로, 이정표를 수장으로 임명하였다. 이정표는 임해군을 살해하고 병으로 죽었다고 보고한 인물이었다.

정항은 강화부사로 재직하면서 아홉 살의 영창대군에게 음식조차 제대로 주지 않았다. 밥에다 모래와 흙을 섞어 먹을 수가 없었던 것이다. 이를 지켜보던 읍내 관리가 자주 음식을 보내 주자 정항은 이 사실을 알고 그를 내쫓아 버렸다. 이때부터 영창대군은 음식을 먹지 못했다. 이정표도 매번 영창대군을 살해하려고 하였다. 그러나 홍유의가 광해군은 영창대군을 지키라고 한 것이지 살해하라고 한 것은 아니라며 살인을 막았다.

인목대비 김씨는 강화도에 있는 영창대군이 걱정되어 속옷에 편지를 넣어 보내기도 하였다. 헝겊 조각에 피로 적은 편지였는데 인

131

목대비 김씨의 마음이 어떠했는지를 보여주는 대목이다.

그러나 영창대군은 홍유의가 다른 곳으로 떠난 후 정항과 이정표에 의해 살해되었다. 어느 날 정항은 영창대군을 빨리 죽이기 위해 온돌을 아주 뜨겁게 달구어 눕지 못하게 하였다. 끼니도 제대로 챙겨 먹지 못한 영창대군은 하루 종일 문지방을 잡고 서 있다 기력이 다해 방바닥으로 쓰러져 죽고 말았다. 영리했던 영창대군은 인목대비 김씨가 자신의 처지를 알면 괴로워할까 봐 말도 하지 않았다. 그리고 스스로 죄인이라 생각하여 외할아버지의 상인데도 상복을 입지 않았다.

사람들은 정항이 광해군의 지시로 영창대군을 죽였다고 생각했다. 부호군 박영신은 사대부들이 많이 모인 자리에서 큰 소리로 이 사실을 말하다 유배형에 처해졌다.

"이의가 죽었으니 사책에 마땅히 '정항을 시켜 대군을 죽이게 했다'라고 써야 할 것이다!"

이제 인목대비 김씨만 대비 자리에서 쫓아내면 되었다. 저주 사건과 역모 사건은 더욱 확대되어 그 모양새를 갖추어 갔다. 광해군 7년 2월, 드디어 역모와 저주 사건의 전말에 대한 교서가 전국에 반포되었다. 원래 저주 사건은 살인강도 사건과는 아무런 연관이 없었으나 고명대신 7인 중 한 명인 박동량이 국문을 받는 과정에서 얼떨결에 폭로하면서 일이 불거졌다.

저주 사건이 완전 범죄로 꾸며진 전말은 이러했다. 박동량은 자신과 김제남과는 전혀 왕래가 없었다는 것을 변명하기 위해 이야기를

꺼냈다. 그런데 영부사 기자헌이 박동량의 진술을 중요한 증거로 채택하면 역모 죄가 확실해진다고 주장했다.

박동량은 선조 40년 10월, 왕의 병이 위독해지자 영창대군 궁방에 있는 사람들이 그 원인을 죽은 의인왕후에서 찾았다고 했다. 그래서 이들이 수십여 명의 무당들과 함께 의인왕후의 무덤에 가서 대대적으로 저주 의식을 벌였다는 것이다. 박동량은 이를 확인하기 위해 의인왕후의 초상을 만들어 놓고 영창대군의 궁노 두 사람에게 의인왕후의 이름을 쓰게 했더니 한 사람은 겁이 나 달아났고 나머지 한 사람은 이름을 쓴 후에 거기에 활을 쏘았다는 이야기를 들었다고 했다. 그래서 김제남 집을 찾아가 따질까 하다가 그냥 참고 있었다며 그 뒤로 왕래를 한 적이 없었다는 것이다. 저주 사건은 이 이야기를 빌미로 더욱 확대되었고, 다음과 같은 각본이 짜여졌다.

1. 저주 기간, 종류, 횟수

   정월부터 4월까지 5일에서 10일 간격으로 열여섯 가지 종류로 16회 행하였다.

2. 무덤에서의 저주

   김응벽, 황응인, 이만룡 등이 붉은 천에 저주 경문을 써서 고양이와 함께 묻었다.

   가상의 궁검(弓劍 : 활과 칼)을 만들어 흉사를 행하였다.

3. 궁궐에서의 저주

   맹인 장순명이 영창대군의 처소에 들어가 생년월일을 쓰고 경문

133

을 외웠다.

종이에 사람을 그리고 바늘로 눈을 찔러 부엌 바닥에 묻었다.

살아 있는 개를 죽여서 궁궐 안의 소나무 숲에 묻었다.

큰 수탉에게 진주와 부적을 먹인 후 고양이에게 물어서 죽였다.

누런 고양이의 눈에 바늘을 꽂아 굴뚝에 넣었다.

매화나무 위에 쥐를 찢어서 걸었다.

대궐 안 서쪽 담장 밑에 흰 수캐를 두고 백지에 개를 그렸다.

보계(대청마루 앞에 좌판을 잇대어 임시로 만든 자리) 밑에 죽은 쥐를 버렸다.

남쪽 계단 밑에 죽은 고양이를 두었다.

오미자 떨기 밑에 큰 자라를 두었다.

우물 속에 마른 대구어를 두었다.

동궁의 남쪽 담장 안에 죽은 까치와 쥐를 던졌다.

동궁의 담장에 돼지와 우립인(羽笠人 : 갈삿갓을 쓴 사람 모양)을 그렸다.

대잔 마루 밑에 자라를 묻었다.

측간 밑에 두 발과 두 날개를 자른 까마귀를 두었다.

흰 개 한 마리를 잡아 눈동자를 뽑고 주홍으로 채웠다.

4. 금산사에서의 저주

말을 결박하여 금구현 금산사의 깊은 못에 던졌다.

이렇게 확대된 저주 사건과 역모 사건을 조사하기 위해 김제남

134

집의 가노들을 붙잡아 심문하였으나 자백한 사람이 한 사람도 없었다. 그럼에도 단순 살인강도 사건은 역모와 저주 사건으로 대대적으로 부풀려졌다. 그럴싸하게 만들어진 역모 사건의 각본에는 중국 관원, 내시, 상궁, 궁녀들도 연루되어 있는 것으로 되어 있었다. 김제남이 궁궐을 자주 드나들며 사람들과 내통하면서 역모를 꾸몄다는 것이다.

영창대군까지 죽인 광해군은 폐모론을 들고나왔다. 먼저 춘추관을 독촉하여 신덕왕후神德王后와 이방석의 고사를 정리해 오라는 명을 내렸다. 신덕왕후는 태조의 두 번째 왕비로서 태종이 왕위에 오르자 후궁의 지위로 격하된 인물이었다. 동시에 경운궁에서 창덕궁으로 거처를 옮겼다. 임진왜란으로 불탄 창덕궁을 수리하기 위해 잠시 경운궁으로 옮겨 갔다가 다시 돌아온 것인데 인목대비 김씨는 경운궁에 그대로 두고 왔다. 사실 광해군은 처음에 창덕궁이 중건되었을 때도 거처를 이곳으로 옮기려 하지 않았다. 그런데 나중에 생각을 바꿔 옮긴 것은 김씨를 돌아오지 못하게 하려는 계책이라는 소문이 백성들 사이에서 나돌았다. 광해군은 이 소문을 증명이라도 하듯이 병조의 당상, 판서 이하 관원들에게 김씨를 감찰하라고 명했다.

이때 인목대비 김씨는 유폐되어 있었다. 문을 폐쇄하고 자물쇠를 겹겹이 채웠다. 그리고 감찰 관원들은 서로 교대하며 밤낮으로 지켰다. 《광해군일기》에서 사관은 이를 두고 "다만 '폐한다'는 한 글자만 아직 가하지 않았을 뿐이다"라고 기록해 놓았다.

광해군이 이렇게 자신감을 가지고 일을 추진한 것은 친모 공빈 김씨가 중국에서 책봉을 받았기 때문이다. 이전에는 조정 대신들이 반대했지만 이제 사정이 달라졌다. 대비 김씨는 역모 사건에 연루되어 있었기 때문에 조정 대신들이 그녀를 보호하려 해도 명분에서 밀리는 상황이었다. 광해군은 이제 종묘에 공빈 김씨를 모실 수 있었고, 이로써 온전히 대군으로서 왕위에 오른 것이 되었다.

그런데 여전히 끝나지 않은 문제가 있었다. 명나라 측에서 공빈 김씨에게 관복을 내릴 수 없다는 입장을 밝힌 것이다. 명에서는 공빈 김씨가 측실이었기 때문에 관복 하사는 불가하다며 거절했다. 광해군은 몇 번이나 명에 주청사를 보냈고 명에서는 번번이 거절하였다. 그러나 계속된 요구에 명은 어쩔 수 없이 허락하기에 이르렀다. 하루라도 빨리 관복을 받고 싶었던 광해군은 명에 은 1,000냥을 뇌물로 보냈다.

광해군이 공빈 김씨를 왕후로 만드는 작업을 진행하는 동안 조정에서는 계속 인목대비 김씨를 둘러싼 폐모 논쟁이 벌어지고 있었다. 이 논쟁은 광해군이 촉발시킨 것이었다. 폐모론을 강력히 주장한 인물들은 대북의 기자헌을 제외하고 정인홍, 이이첨, 허균, 백대연, 정호, 한계남, 채겸길 등이었다. 이에 반해 남인 이원익, 이덕형, 정술 등과 소북 세력인 남이공 등은 폐모론을 반대하였다. 그 외에 이항복, 정홍익, 김덕성, 오윤겸 등도 같은 입장을 취하였다.

영창대군이 죽은 후 4년 동안 폐모론을 둘러싼 찬반 상소가 잇달아 올라오자 조정에서는 끝까지 반대하는 영의정 기자헌과 영부사 이항복 외 몇 사람을 귀양 보냈다. 귀양길에 오르던 이항복은 철령

마루에서 시를 지어 인목대비 김씨를 위로하고 광해군에게 올바른 정치를 할 것을 간하기도 하였다.

철령 높은 봉에 쉬어 넘는 저 구름아
고신원루孤臣寃淚를 비삼아 띄워다가
임 계신 구중심처에 뿌려 준들 어떠리

이 노래는 한양 안에 널리 퍼져 궁녀들도 따라 부르기에 이르렀다. 어느 날 임금이 뒤뜰에서 잔치를 벌이고 놀다가 술이 취했는데 이 곡조를 듣고는 누가 지었는가를 물었다. 궁인이 사실대로 대답하니 임금은 슬픈 기색을 띠고 우울해하더니 이내 눈물을 흘리며 술자리를 파했다고 한다. 광해군은 인목대비를 폐하기 위해 김제남의 시체를 시장으로 끌어내 부관참시시켰다.

이항복의 초상
곧은 신하의 표상으로 전해지는 오성 이항복의 초상. 그는 당쟁으로 분열되어 있던 조선 조정에서 올바른 정치를 펴기 위해 홀로 분투하였다. 그러나 당대 유림들로부터 추앙받던 그도 권력을 둘러싼 피바람에 휘말려 유배지에서 쓸쓸한 죽음을 맞았다.

광해군 7년, 인목대비가 머물던 경운궁에 갑자기 격문을 묶은 화살 한 통이 날아들었다. 거기에는 광해군에 대해 "서자로 외람되이 왕위에 올랐으며 아비를 죽이고 형을 죽였다", "산(山 : 금산군 이성윤을 가리킨다)과 천(川 : 귀천군 이수를 가리킨다)은 다 되었으니 원해(原海 : 종실 원해군을 가리킨다)가 장차 이룰 것이다", "1월 28일에 거병한다"고 하면서 인목대비가 밀부(密符 : 군사를 동원할 수 있도록 내리던 병부兵符)를 내 주기를 바란다는 내용이 담겨 있었다. 조정에서는 범인을 잡기 위해 현상금을 건 고시문을 종루, 남대문, 동대문 등에 내걸었다. 그러자 허균의 집을 드나들던 무인 민인길이 진상을 밝히는 상소를 올렸다.

조정에서는 용의자를 두고 논쟁을 벌이는 한편 거사일인 1월 28일에 궁성을 철통처럼 방비하였다. 병조판서 박승종은 갑옷을 입고 말을 탄 후 돈화문 밖에서 진을 쳤고, 여러 장수들은 각 문을 지켰으며, 백관들은 대궐 밖으로 나가 대비하였다. 이이첨은 방어를 하러 나가기 전 가솔들을 모아 놓고 칼 하나를 내주면서 이렇게 당부했다.

"오늘 역적들이 패한다면 큰 복이다. 그러나 만일 불행하게 될 경우에는 내가 목숨을 바칠 날이다. 너희들은 후원에 모여 있다가 우리 편이 패하였다고 들으면 곧 이 칼로 자결하여 역적들의 손에 죽지 않도록 하라."

이 말을 들은 이이첨의 가솔들은 밤새도록 모여서 울었다. 이것은

사실 이이첨이 술수를 부린 것이었다. 자기 가족들을 먼저 속이면 사람들이 믿을 것이라고 생각했기 때문이다.

허균과 이이첨은 박응서의 살인강도 사건 때부터 가까이 지내던 사이였다. 허균은 이 사건에 깊이 연루되어 있었는데 그는 서양갑의 배후 조종자였다. 허균은 사건이 확대되자 화를 피하기 위해 이이첨과 가까이 지냈고 이후로도 이이첨과 같은 정치 노선을 지향했다.

격문 사건도 허균과 이이첨이 꾸민 것이었다. 그들은 인목대비 김씨를 폐모시키자는 여론이 강력하게 일어나지 않자 이같이 사건을 조작했던 것이다. 기자헌은 폐모론을 반대하다 귀양을 가면서 허균을 격문 사건의 주모자로 지목하였다. 그러자 허균은 자신의 행동을 은폐하기 위해 더욱 강하게 폐모론을 주장하였다. 심지어 영창대군이 선조의 아들이 아니라 민가 사람의 아들을 데려다 기른 것이라고까지 했다.

허균은 폐모론을 여론화하기 위해 매일 소를 준비하여 올렸고, 유생들을 시켜 대비를 폐하라는 상소를 올리게 했다. 모든 일이 광해군의 뜻대로 되어 갔다. 조선은 유교 국가였기 때문에 '충'과 '효'를 가장 중요한 덕목으로 생각했다. 이러한 조선 사회에서 어머니를 폐한다는 것은 사실상 있을 수 없는 일이었다. 광해군은 이러한 생각을 뒤엎기 위해 신덕왕후의 고사를 상고하라고 했지만 그것만으로는 부족했다. 그래서 여론을 형성하게 했고 그 적임자가 이이첨과 허균이었다.

허균은 여론 형성에 뛰어난 자질을 보였다. 격문 용의자가 밝혀지지도 않은 상태에서 인목대비 김씨를 폐출해야 한다는 논의가 앞서 나갔고, 전국에서 대비를 폐출하라는 여론이 강하게 일어났다.

조정 대신들은 더 이상 이 문제를 그대로 둘 수 없었다. 전현임 관료 930여 명, 종실 인원 170여 명 등 거의 1,100여 명이 모여서 인목대비를 폐모해야 한다는 결정을 내렸다. 우의정 한효순은 인목대비 김씨의 열 가지 죄목을 열거하였다.

1. 영창대군 출생시 유영경을 시켜 백관을 거느리고 하례를 베풀게 하여 인심을 탐색한 것. 무당을 시켜 영창대군이 귀하게 될 것이라 예언하게 하고 요사스러운 경문을 외우며 복을 빌게 한 것.

2. 선조가 위독할 때 영창대군을 즉위시키기 위해 유영경과 결탁하여 언서를 몰래 통한 것.

3. 정인홍의 상소에 울면서 선조에게 권고하여 광해군이 여러 번 명나라의 책봉을 받지 못했다는 것을 전교하게 한 것.

4. 선조의 유명을 거짓으로 꾸며 여러 대신들에게 영창대군을 부탁한 것.

5. 김제남을 끌어들여 궁노를 단속하고, 군량과 군기를 쌓아 두고 서얼들을 시켜 군사 훈련을 하게 하여 난을 일으키도록 한 것.

6. 무당을 시켜 열여섯 가지 처방으로 광해군을 저주하게 한 것.

7. 의인왕후 박씨의 능을 저주하고 파헤친 것.

8. 역적 무리들에게 격문을 화살에 묶어 경운궁으로 쏘게 한 것.

9. 북문으로 서신을 통하고 중국 관원에게 고자질한 것.

10. 서양갑에게 금과 비단을 주어 왜국, 누르하치와 결탁하게 하였으

며 영창대군을 왕으로 옹립하여 명나라를 거역하려 한 것.

이러한 열 가지 죄목으로 인목대비 김씨는 폐출되었다. 대비를 폐할 때는 780명의 백관이 참여하여 결정하였다. 광해군은 인목대비 김씨를 폐출한다는 것을 종묘에 고하고 교지를 반포하였다.

첫째, 대비란 두 글자를 버리고 서궁이라 일컫게 한다.
둘째, 후궁의 예에 따라 공물을 공급한다.
셋째, 정명공주는 옹주의 예에 따르게 한다.
넷째, 경운궁의 담을 더 높게 쌓아 유폐한다.

폐모론을 촉발시킨 허균도 무사하지 못했다. 박응서 역모 사건, 경운궁 투서 사건 등의 배후가 그로 밝혀진 것이다. 이이첨은 혹시 허균이 공초를 통해 자신과의 야합을 폭로할지도 모른다는 생각에 그를 처형할 것을 강력히 주장했다.

"신문할 만한 사실이 없으니 저자거리에서 목을 베어야 될 것입니다!"

허균은 말 한마디 하지 못하고 참형에 처해졌다.

한편 서궁으로 강등된 김씨는 여전히 목숨이 위태로웠다. 폐모론에 가담했던 조정 대신들이 혹시 김씨가 권력을 되찾을 수도 있다고 생각하며 항상 불안해했기 때문이다. 그들은 나중의 일을 생각해 아

예 김씨의 목숨을 끊어 버리는 것이 낫다고 생각했다.

광해군 14년 12월 그믐, 이들은 귀신을 쫓기 위해 징과 북을 치며 나례희儺禮戲를 벌이는 척하면서 암살 세력들을 끌고 경운궁으로 들어갔다. 그날 초저녁에 김씨는 이상한 꿈을 꾸었는데 선조가 꿈에

허균의 무덤

최초의 한글 소설 《홍길동전》의 저자이자 조선조 최대의 풍운아였던 허균의 무덤. 관직 생활 초기 시대의 윤리와 불화했던 그는 서양갑 등의 역모 사건 이후 이이첨에게 접근해 권력의 중심부로 들어갔다. 그러나 폐모론에 앞장서던 중 이이첨의 배신으로 급작스러운 죽음을 맞게 된다. 그가 마지막으로 남긴 말은 "아직 할 말이 남아 있다!"였다. 경기도 용인에 있는 그의 무덤은 종회에서 만든 가묘이다.

나타나 말을 전했다.

"지금 도적의 무리가 들어오고 있으니 피하지 않으면 죽을 것이다!"

김씨가 꿈에서 깨어나 서럽게 울고 있자 궁녀가 그 이유를 물었다.

"어찌 된 일이시옵니까?"

김씨가 자초지종을 털어놓자 궁녀가 대답했다.

"그러시다면 제가 대신 침전에 누워 있겠습니다."

김씨는 궁녀를 침전에 두고 밖으로 빠져나왔다. 드디어 경운궁 침전에 들이닥친 암살단은 궁녀를 김씨로 알고 죽여 버렸고, 이렇게 해서 겨우 김씨는 목숨을 건질 수 있었다.

그녀는 언제까지 이러한 고초와 슬픔을 견디어야 할지 알 수 없었다. 19세라는 어린 나이에 늙은 신랑 선조에게 시집와서 부귀영화를 누릴 줄로만 알았던 김씨는 기가 막혔다. 왕비라는 자리가 화근이 되어 친정은 멸문지화를 당하고 목숨보다 사랑하던 어린 아들마저 잃었으니 가슴이 골백번도 더 무너지고 찢어질 노릇이었다.

광해의 머리를 가져오라!

서궁에 머물던 김씨는 오직 한 가지 생각밖에 없었다. 광해군과 그를 지지하는 세력들을 죽여 없애는 일이었다. 마침내 그녀에게 광명이 찾아왔다. 인조반정에 의해 광해군과 그를 지지하던 대북 세력들이 쫓겨난 것이다.

인조반정은 서인 세력이 광해군과 대북 일파를 몰아내고 능양군(인조)을 옹립한 정변이었다. 대북 세력에 의해 눌려 지내던 서인들에게 인목대비 김씨의 서궁 유폐는 반정을 일으킬 수 있는 좋은 명분이 되었다. 광해군 5년 박응서 역모 사건 때 연루되었던 서양갑이 광해군의 패륜 행위를 지적하며 언젠가는 민심을 잃게 될 것이라 말한 적이 있는데 그 말이 인조반정으로 현실화된 것이다.

서인 이귀, 김자점, 김유, 이괄 등은 1623년 3월 12일, 선조의 서손인 능양군을 왕으로 추대하며 쿠데타를 일으켰다. 능양군은 선조의 후궁 인빈 김씨의 셋째 아들 정원군의 아들이었다. 능양군은 왕으로 추대될 수 있는 자격 요건을 갖추고 있었으며 스스로도 광해군과 대북 일파에게 원한이 사무쳐 있었다. 광해군 7년 능양군의 동생 능창군이 신경희 사건과 연루되어 강화도 교동 땅으로 유배되었다가 사사된 일이 있었기 때문이다. 이 때문에 능양군도 쿠

서울 은평구 역촌동에 있는
인조별서유기비仁祖別墅遺基碑
이 비석은 인조가 즉위하기 전에 머물던 곳을 기념하기 위한 것이다. 광해군 15년에 일어난 인조반정 거사일(3월 12일)에 장단 부사 이서, 이천의 이중로의 군이 이곳에서 합류하고 홍제원에서 김유의 군과 합세, 창의문을 통해 입성하여 능양군이 즉위하니 그가 인조이다. 일설에 의하면 이곳에서 합세할 때에 이서의 군이 늦게 도착하였다 하여 연서延曙라는 지명이 생겼다고 한다.

데타 세력에 쉽게 동조할 수 있었다.

한편 김자점은 거사가 일어나기 전 입막음할 수 있는 곳에 대해 모든 조치를 취해 두었다. 당시 광해군은 입안에 혀처럼 굴던 김상궁(김개시)을 매우 신뢰하고 있었다. 김상궁은 원래 시정의 천한 신분으로 한때 시집까지 갔다가 궁궐로 들어온 여인이었다. 그녀는 선조 말년에 영창대군을 세자로 세우려 한다는 소식을 광해군에게 귀띔해 준 바 있으며 또 광해군이 영특하다며 선조에게 추천한 적도 있었다. 이러한 이유로 김상궁은 광해군의 환심을 사고 있었다.

광해군에게 얼굴을 보이려면 먼저 김상궁을 거쳐야만 했다. 궁녀들은 광해군의 승은을 입기 위해 그녀에게 뇌물을 갖다 바치고 있었다. 김상궁은 궁궐의 안주인처럼 행세했고 주변에는 많은 여인들이 몰려들었다. 그중에는 서인 이귀의 딸 이씨도 포함되어 있었는데 그녀는 원래 김자점의 동생 김자겸의 부인이었다. 그런데 김자겸이 세상을 떠나자 남편 친구인 오언관과 가깝게 지내다 결국 사랑하는 사이가 되었다. 당시에는 과부가 다른 남자와 사랑을 나눈다는 것은 있을 수 없는 일이었다. 두 사람은 산속으로 도망쳐 이씨는 비구니가 되고 오언관은 중이 되었다.

그 후 이귀를 반대하던 대북 세력들이 이 일로 트집을 잡았다. 대북파는 오언관과 이씨를 잡아 조정에 올렸고 오언관은 이 일로 인해 장살(매를 쳐서 죽임)당했다. 이씨는 광해군의 명에 따라 겨우 목숨을 건지고 자수궁의 비구니가 되었다. 자수궁은 선왕들이 세상을 떠나고 마음을 의지할 곳이 없어진 후궁들이 비구니가 되어 살던 곳이었

다. 이곳을 드나들던 김상궁과 이씨는 곧 친밀한 관계가 되었다. 김
상궁은 쿠데타에 대한 소문이 돌자 이씨에게 이에 대해 물었으나 이
씨는 발뺌을 하였다.

"그런 일에 대해서는 전혀 아는 바가 없습니다."

이 일은 이씨의 입을 통해 이귀와 김자점 귀에까지 들어갔다. 김
자점은 김상궁의 입을 막기 위해 뇌물 공세를 폈고 이에 넘어간 김
상궁은 김자점을 신뢰하기 시작했다. 대북 세력들은 쿠데타의 기미
를 눈치 채고 몇 번이나 광해군에게 언급하였으나 광해군은 이에 귀
기울이지 않았다. 김상궁이 중간에서 절대 그럴 리가 없다며 광해군
의 판단을 흐리게 하였던 것이다.

결국 광해군은 김상궁의 말에 넘어가 폐주廢主의 신세가 되고 말
았다. 거사를 위해 철저히 준비한 서인 세력들은 1623년 3월 12일
밤을 틈타 궁궐로 몰려들었다. 혼비백산한 광해군은 궁궐 담을 넘어
의관 안국신의 집에 숨었으나 곧 체포되었다.

쿠데타에 성공한 김자점은 인목대비 김씨의 윤허를 얻기 위해 경
운궁으로 달려갔다. 그리고 승전내시를 통해 대비 김씨에게 반정한
사실을 전했다.

처음에 그녀는 이 사실을 믿지 못하고 오히려 영창대군처럼 공주
를 빼앗으러 온 것으로 의심하여 거짓말을 했다.

"공주는 이미 죽어서 담 밑에 묻었다……."

김자점이 자초지종을 설명했으나 김씨는 여전히 못 미더워 아무
런 대답도 하지 않았다. 그러자 능양군은 이귀를 경운궁으로 보냈

146

다. 이귀가 사정을 말하고 창덕궁으로 갈 것을 요청하였으나 김씨는 크게 화를 내면서 말했다.

"죄인(광해)의 부자와 이이첨의 부자, 그리고 여러 흉당들의 목을 잘라 모두 달아맨 후에야 궁에서 나가겠다!"

인목대비 김씨가 이처럼 요지부동이자 능양군이 직접 경운궁으로 왔다. 그러나 김씨는 자신의 생각을 바꾸지 않았다.

"광해 부자의 머리를 가져온다면 책명을 내리겠다."

그러자 옆에 있던 대신들이 우려를 표명했다.

"모후는 원래 직접 신하를 국문할 수 없는 법이옵니다."

김씨가 이처럼 강경하게 버티자 능양군은 밤이 늦었는데도 불구하고 광해군과 함께 서궁으로 가서 대죄를 청했다. 그러자 김씨는 능양군과 대신들에게 자신의 요구 사항을 말했다.

"나에게 옥새를 달라!"

옆에 있던 이귀가 강경하게 버티었다.

"신의 머리를 드릴 수는 있어도 옥새를 드릴 수는 없사옵니다!"

한동안 실랑이가 계속되었고 결국 능양군이 김씨에게 옥새를 내주라고 명하였다. 옥새를 품에 안은 김씨는 자신의 위치를 확고히 해 두려 했다. 그리고 뒤따라온 광해군에 대해 서른여섯 가지의 죄를 들먹이며 추궁하였다.

김씨는 지금까지 오로지 광해군에 대한 불타는 복수심으로 삶을 지탱해 온 터였기에 그 목소리는 서릿발 같았다. 김씨는 광해군에 대해 면책한 후 비로소 능양군을 올라오라고 하여 책립례를 거행하고 옥새를 건넸다. 그리하여 마침내 능양군이 왕위에 오르게 되었으니 그가 조선 16대 임금 인조였다. 암울하고 음습한 서궁에 유폐되어 있던 김씨에게 이제야 한 줄기 빛이 찾아든 것이다. 김씨를 서궁에 유폐시킨 대북 일파 가운데 일부는 귀양을 갔고 일부는 사사되었으나 광해군은 강화도에 위리안치되었다. 김씨는 인조가 광해군을 그대로 살려 놓은 것이 못마땅했다. 아들 영창대군과 친정의 원수를 갚기 위해서 광해군을 하루라도 빨리 죽여야 한다고 생각했다.

권력에 이용되었던 왕후의 비극

김씨는 날마다 인조를 채근하였다.

"어서 폐주를 죽이시오!"

인조는 난감하였다. 아직 민심을 제대로 얻지 못한 상황에서 살육만 저지르다 보면 자신도 광해군과 같은 신세가 될지 모른다는 생각이 들었던 것이다. 광해군 재위 시에는 항상 풍년만 들어 백성들의 살림이 그다지 어렵지 않았다. 그런데 인조가 쿠데타를 일으켜 왕위에 앉은 이후에는 흉년이 이어졌고, 여기저기서 불만의 목소리가 터져 나왔다. 반정 일등공신인 이서는 당시의 상황을 이렇게 묘사했다.

갑자기 광해군을 폐출하고 새 임금을 세웠다는 소식을 들은 백성들

은 새 임금이 성덕이 있는 줄 알지 못했으므로 상하가 놀아 어쩔 줄을 몰랐다. 성패가 확실히 정해지지 않은 터에 위세로서 진압할 수도 없어서 말하기 지극히 어려운 사정이 있었다. 오리 이원익이 선왕 대의 원로로서 영상에 제수되어 여주로부터 조정에 들어오자 백성들의 마음이 비로소 안정되었다.

인조는 반정 직후 인심을 얻지 못했기 때문에 광해군을 쉽게 죽일 입장이 못 되었다. 그러나 인목대비 김씨는 광해군을 죽여야 편안히 눈을 감을 수 있다고 생각했다. 하지만 실권을 가진 자들은 김씨가 아닌 서인 세력들이었다. 김씨는 서인 세력에게 단지 명분만 제공하는 역할을 할 뿐이었다. 인조가 할 일은 김씨의 원수를 갚아 주는 것이 아니라 민심을 안정시키는 일이었다.

실권이 없던 김씨는 서인 세력에게 또 한 번 이용당했다. 인조 6년 해창군 윤방, 영의정 신흠 등의 중신들이 인성군에 대한 과거 죄목을 들먹이면서 죄를 주라고 선조에게 주청한 것이다. 인성군은 선조의 후궁 정빈靜嬪 민씨의 아들로서 광해군이 폐모를 논할 때 종친을 데리고 참석한 사실이 있었다. 그래서 이귀가 인성군을 탄핵하기 시작하였는데 인조는 조정 대신들의 말에 귀를 기울이지 않았다.

인성군을 탄핵하기 시작한 것은 이괄의 난을 진압한 이후였다. 이괄의 난은 서인 세력 내부의 갈등을 보여 주는 사건이었다. 이괄은 인조반정에서 혁혁한 공을 세웠지만 논공행상에서 제대로 대접받지 못하고 이등공신으로 밀린 후 외직으로 축출되었다. 중앙의 서인 세

149

력들은 선조에게 이괄이 아들과 짜고 역모를 꾀했다고 고변한 후 그의 아들을 잡아가려 하였다. 이에 이괄은 반란을 일으켜 진군하였고 19일 만에 한성부를 점령하여 선조의 아들 흥안군을 왕으로 추대하였다. 그러나 패주했던 관군이 전열을 가다듬어 공격해 들어오자 이괄은 대패하여 이천으로 도망갔다. 대세가 기울었다고 판단한 부하들은 이괄 등 9명의 주모자들의 목을 베어 관군에 투항했고 비로소 난은 평정되었다. 이괄의 난이 평정된 후 조정에서는 또다시 이 같은 역모가 터질지 모른다 하여 심히 경계하였다. 선조가 후궁들을 많이 두어 그 소생도 많았기 때문에 항상 말썽이 되었던 것이다. 서인들은 이제 그 소생들 중 가장 유력한 인물을 인성군이라고 보고 그를 제거하기 위해 기회를 노리고 있었다.

서인들은 사소한 사건만 일어나도 인성군을 연루시켰지만 인조는 그에 대해 관대하게 처리하였다. 그러자 서인 세력들은 인조 6년 유호립이 역모를 꾀했을 때 인성군뿐만 아니라 인목대비 김씨도 연루시켰다.

"인성군 이공이 자전(인목대비)의 밀지를 받들어 흉도들을 모았습니다!"

이 사건을 전해 들은 인목대비 김씨는 기절초풍할 지경이었다. 실권 없이 이래저래 당하기만 하던 김씨는 언문 전교를 내려 자신은 무관함을 변명했다.

미망인은 죽지 않고 다시 살아나 부형의 원수를 갚았다. 이제는 황천

상황이 이렇게 되자 인조도 어찌할 수 없어 마침내 인성군을 진도
에서 사사시켜 버렸다.

인목대비 김씨는 조정 대신들에 의해 정략적으로 필요할 때만 존
재 가치가 있었다. 그녀의 폐위와 복위는 권력을 가졌을 때 이를 효
과적으로 이용하지 못한 결과였다. 상대방은 끊임없이 그녀의 위치
를 흔들고 죽이려고 했지만 그녀는 이를 제대로 방어하지 못했다.
인조는 대비 김씨를 모신다는 명분으로 즉위했지만 실상은 자신의
권위를 강화하기 위한 구실에 불과했다. 그래서 인조가 즉위한 이후
에도 인목대비 김씨는 역모의 구설수에 오를 수밖에 없었다. 그녀의
권력을 지지해 줄 수 있는 기반이 전혀 없었기 때문이다.

인목대비 김씨는 사망한 후에도 역모와 관련된 구설수에 올랐다.
대비 상중에 궁궐에서 저주 사건이 발각된 것이다. 정명공주가 의심
을 받았지만 다행히 이 사건은 인목대비를 모셨던 궁녀들 선에서 처
리되었으며 더 이상 확대되지 않았다. 이처럼 인목대비 김씨가 사후
에도 역모에서 자유롭지 못했던 것은 그녀의 위치가 언제든 역모의
빌미를 제공해 줄 수 있는 자리이면서도, 실제로는 전혀 권력을 휘
두를 수 없었던 그녀의 한계 때문이었다.

인목왕후의 능

그녀는 왕비의 자리에 있으면서도 군왕과 신하들에 의해 이용당했을 뿐 스스로 권력을 가지지 못했다는 점에서 조선조 사상 가장 비극적인 여인 중 한 명이었다. 이러한 그녀의 한계는 영창대군과 김제남의 죽음 등 친정 가문의 몰락으로 이어졌고 심지어 사후에도 역모 사건 등 정치적 파동에서 자유롭지 못한 것으로 나타났다. 무덤은 양주에 있는 목릉이다.

무속을 믿어야 했던
왕비의 비극,

광해군부인 유씨

(1576 ~ 1623)

광해군부인 유씨의 가계도

유자신 = 동래 정씨

- 희갱
- 희담
- 희분
- 女
- 女
- 희발
- 희량
- 女 = 광해군
- 女
  - 질
- 희안

= 부부, - 자녀

왕이 화와 복을 점치는 일을 좋아하였다. 맹인 점쟁이인 신경달, 함충헌, 장순명 등이 대궐 안을 출입하면서 밤낮없이 명을 받아 절제가 없었으며 술사術師인 이응두, 정사륜 등이 모두 왕의 보살핌을 받았다. 소소한 정무라도 반드시 점을 쳐서 성패를 따져 보았다. 장순명은 저주의 옥사에 연루되어 바다 섬에 유배되어 있었는데 왕이 자주 사신을 보내어 점을 쳤다.

—《광해군일기》 9년 4월 3일

이 글에서 등장하는 신경달, 함충헌, 장순명, 이응두, 정사륜 등을 비롯하여 고성, 장순명, 수난개, 복동, 이의신, 김일룡, 성지, 시문룡 등은 수시로 궁궐을 드나들었던 무당과 술사들이다. 광해군 못지않게 폐비 유씨도 무속과 불교를 숭상했다.

폐비 유씨는 일찍이 불도를 숭상하여 믿었는데 대궐 안에 금부처를 모셔 두고 친히 기도하여 섬기며 복을 구하였다. 또 궁중에 나무로 새기고 흙으로 빚어 만든 불상이 매우 많았는데 여러 사찰에 내려 주었다.

—《연려실기술》 제23권

이외에도 무당 복동을 성인방聖人房이라 부르며 수시로 왕실에서 그를 찾았다. 광해군에 대한 평가는 19세기 말까지 굉장히 부정적이었으나 오늘날에는 명나라와 청나라의 중간에서 탁월한 능력으로 '중립 외교', '실리 외교'를 펼친 왕으로 매우 긍정적인 평가를 받고 있다. 그런데 왜 이처럼 '합리적인' 외교를 펼친 광해군과 부인 유씨가 '비합리적인' 무속인과 술사들을 가까이했던 것일까?

명의 인정을 받지 못한 세자 부부

1573년 아버지 문양부원군 유자신과 어머니 동래 정씨 사이에서 태어난 유씨는 16세 되던 해에 광해군 혼과 백년가약을 맺었다. 아버지 유자신은 진사시에 합격하여 태릉 참봉을 거쳐 형조참판을 지내다 딸 유씨가 광해군과 혼인을 하자 벼슬이 올랐다. 임진왜란 때 동지중추부사가 되어 광해군을 수행한 후 성천 부사가 되었다. 그

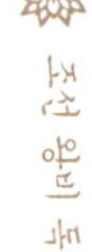

후 선조 28년 사헌부의 탄핵을 받고 파면된 후 다시 한성판윤이 되었으나 선조 31년 명나라 감군포정사 양조령의 부하를 구타하여 다시 파면되었다가 복직되었다. 그리고 광해군이 즉위하자 문양부원군에 책봉되었다. 어머니 정씨는 정유길의 딸이었다. 정유길은 중종 33년 문과에 급제하여 벼슬길에 나섰으며 전적, 도승지, 대사헌 등을 거쳐 좌의정까지 지낸 인물이었다. 그는 문장이 풍려豐麗하고 시에 뛰어난 것으로 정평이 나 있었다.

명종 비 인순왕후仁順王后 심씨가 죽은 후 조정의 사림 세력들은 이조전랑의 자리를 둘러싸고 동인과 서인으로 양분되었다. 이조전랑은 이조의 정5품 벼슬인 정랑과 정6품의 벼슬인 좌랑을 일컫는 말이다. 이 자리는 내외 관원을 천거하거나 전형(銓衡 : 됨됨이를 가려 뽑음)하는 권리를 가지고 있었다. 조선 조정에서는 삼정승과 육조를 두었지만 관원의 등용권은 이조에 있었다. 이조의 권력은 삼사에 의해 견제받았고, 삼사의 인사는 이조전랑이 담당하였다.

이처럼 중요한 일을 맡아보는 삼사의 관료 임명권을 이조전랑에게 준 것은 재상이나 이조판서가 자기 사람을 심어서 권력을 전횡할 수 없도록 하기 위함이었다. 따라서 전랑의 임명에는 누구도 간여하지 못했으며 전임 이조전랑이 후임을 추천하도록 되어 있었다. 이것을 전랑천대법銓郎薦代法 혹은 전랑법이라고 했다. 전랑직은 한 번 거치면 큰 과실이 없는 한 대개는 순조롭게 재상까지 될 수 있는 출세가 보장된 요직이었다. 이 자리를 둘러싸고 사림 세력은 동인과 서인으로 양분되었던 것이다.

선조 7년 이조전랑으로 있던 오건이 다른 자리로 가면서 그 후임으로 김효원을 추천하였다. 당시 김효원은 퇴계 이황과 남명 조식의 문인으로 명종 20년 문과에 급제하여 병조좌랑과 지평을 역임한 젊고 유능한 사대부였다. 이처럼 명망 있는 김효원을 이조전랑 후임으로 추천하자 다른 조정 대신들은 모두 반대가 없었다. 그런데 예외인 사람이 하나 있었는데 바로 심의겸이었다.

"사람들이 김효원을 고결한 선비로 알지만 사실은 그렇지 않다. 그는 고결한 선비는커녕 척신 윤원형의 식객으로 있던 지조 없는 인물에 지나지 않는다!"

심의겸은 인순왕후 심씨의 동생이었는데 인순왕후는 섭정을 거둔 상태였고 작은할아버지 심통원은 삭탈관직된 상태였기 때문에 집안의 세력이 그다지 크지 않았다. 그래서 심의겸의 반대 주장은 관철되지 못했다.

결국 이조전랑의 자리는 김효원이 차지하였다. 이조전랑이 된 김효원은 자신의 위치를 이용하여 세력을 규합했으며 심의겸에게 복수할 기회를 노리고 있었다. 마침내 그 기회가 찾아왔다. 심의겸의 동생 심충겸이 이조전랑의 물망에 올랐던 것이다. 절호의 기회를 잡은 김효원은 심충겸을 반대하고 나섰다.

"이조의 벼슬은 외척의 물건이 될 수 없습니다."

이 말은 심의겸과 심충겸이 왕실의 외척임을 빗대어 한 말이었다. 이어서 김효원은 심의겸에 대한 인신공격에 나섰다.

"심의겸은 어리석어서 쓰일 곳이 없습니다."

상황이 이에 이르자 심의겸이 반격에 나섰다.

"외척이 원흉(윤원형)의 문객에게 지겠느냐?"

두 사람을 둘러싸고 사림 세력들은 둘로 갈라졌다. 김효원을 지지하는 세력들은 대체로 젊은 사대부들로 김우옹, 유성룡, 허엽, 이산해, 정유길, 정지연, 우성전, 이발 등이었던 반면 심의겸을 지지하는 세력은 노장 사대부들로 박순, 김계휘, 정철, 윤두수, 구사맹, 홍성민, 신응시 등이었다. 이때부터 김효원의 집이 한성부 동쪽의 건천동(현 중구 인현동)에 있다 하여 그를 지지하는 당파를 '동인'이라 하였으며, 한성부 서쪽 정릉방(현 성북구 정릉동)에 집이 있는 심의겸을 지지하는 당파를 '서인'이라 불렀다.

동인과 서인 간 갈등의 골은 깊어만 갔다. 율곡 이이가 두 당파를 화합시키기 위해 많은 노력을 기울였지만 그때마다 어긋났다. 이후 이이마저 세상을 떠나자 두 당파 간에 이해관계를 조정할 존재가 없어졌다.

두 당파가 조정 내에서 팽팽한 세력 다툼을 하던 중에 선조 22년 정여립의 역모 사건이 일어났다. 정여립은 이발 등 동인들과 친분이 있었는데 이를 계기로 동인은 실각하고 만다. 하지만 세자 책봉 문제를 계기로 동인은 다시 정계의 주도권을 잡을 수 있었다.

당시 서인 측은 선조의 정비인 의인왕후 박씨가 총애하던 광해군을 세자로 염두에 두고 있었다. 반면 실각한 동인 측의 거두 이산해는 세력을 만회하기 위해 인빈 김씨의 아들 신성군을 옹립하려 하였다. 선조도 신성군을 후계자로 생각하고 있다는 사실을 눈치 챈 이

161

산해는 인빈 김씨의 아우 김공량에게 접근하였다.

당시 조정 내에서 가장 중요한 현안은 세자 책봉 문제였다. 세자가 빨리 정해져야 조정 안에 잡음이 생기지 않기 때문이다. 좌의정으로 있던 정철의 주도로 동인 측의 영의정 이산해, 우의정 유성룡, 서인 측으로는 대사헌 이해수, 부제학 이성중 등이 모두 모여 세자 책봉 문제를 논의하였다. 그 결과 광해군을 세자로 추대하기로 하고 선조에게 주청하기로 했다.

그러나 이러한 결정의 이면에는 이산해의 계략이 있었다. 함께 세자 추대를 주청하기로 한 다음 날 이산해는 몸이 아프다는 핑계로 참석하지 않았다. 대신에 김공량을 찾아갔다.

"정철이 광해군을 세자로 추대한 후 신성군 모자와 그대를 죽이려 한다!"

크게 놀란 김공량은 인빈 김씨에게 달려가 이 사실을 전하고, 인빈 김씨는 선조에게 달려가 울면서 고했다. 처음에 선조는 이 사실을 믿으려 하지 않았다.

"정철이 그럴 리가 없다!"

한편 정철은 이산해가 계속 병을 핑계로 나타나지 않자 유성룡과 상의하여 선조에게 나아가 주청하였다.

"세자 추대 문제를 더 이상 미룰 수는 없습니다."

내심 신성군의 이름이 나오기를 기대했던 선조는 정철이 광해군을 지목하자 인빈 김씨의 말이 옳다고 믿게 되었다. 이 일로 정철이 수세에 몰리자 동인은 반격에 박차를 가했다. 정철은 경상도 진주

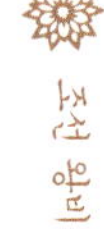

162

로 유배되었다가 곧 강계에 위리 안치되었다. 동인은 이 사건으로 서인의 세력을 약화시키는 데 성공하였다.

세자 책봉 문제로 서인 세력이 쇠퇴하고 동인이 정국을 주도하는 형세가 되었지만 동인은 정철의 처벌 문제를 둘러싸고 남인과 북인으로 분열했다. 이산해는 사간원과 사헌부의 동인들에게 양사가 함께 정철을 탄핵하라며 강경론을 주장한 반면, 김수와 우성전은 사건을 더 이상 확대시키

지 말자는 온건론을 주장했다. 강경론을 주장한 이산해의 집이 한성부 강북이었기 때문에 북인이라 했으며, 온건론을 주장한 유성룡이 영남 출신인 데다 강남에 살고 우성전이 남산에 살았기 때문에 남인이라 했다.

이산해의 초상
《어우야담於于野談》에는 북인의 영수였던 이산해가 일찍이 조정에 반드시 동서의 당이 생길 것이라고 예언했다는 이야기가 전해지는데 이는 그가 실제로 동서 분당에 큰 역할을 했다는 것을 시사해 준다. 1591년 아들 경전을 시켜 정철을 탄핵하게 하여 강계로 유배시키고, 그 밖의 서인의 영수급을 파직시키거나 귀양 보내 동인의 집권을 확고히 했다.

조선이 이처럼 당파간 갈등을 일으키고 있을 때 일본에서는 도요토미 히데요시가 천하통일이라는 야무진 꿈을 품고 일본 열도를 통일한 후 중국과 조선을 침략하기 위한 준비를 하고 있었다. 도요토미 히데요시는 조선에 서로 동맹을 맺어 명나라를 정벌하자는 제의를 해 왔다. 그리고 제의에 대한 승낙을 의미하는 뜻으로 통신사를 보내 줄 것을 요구했다. 조선에서는 오랫동안 논의한 끝에 일본의 동태도 알아볼 겸 통신사를 보내기로 결정하였다.

통신사로 정사는 서인 황윤길, 부사는 동인 김성일이 결정되어 선조 23년 일본으로 파견되었다. 이듬해 귀국한 두 사람은 서로 상반된 보고를 하였다. 동인 김성일이 말했다.

"도요토미 히데요시의 인물됨이 보잘것없고 군사가 준비가 되어 있는 것을 보지 못했습니다. 지레짐작으로 전쟁을 준비하면 민심만

도요토미 히데요시의 초상
천한 신분이었던 도요토미 히데요시는 맹장 오다 노부나가의 신하로 입신하여 일본 열도를 통일했다. 중국과 조선을 정벌하려던 그의 꿈은 동아시아 전역을 전시 상태로 만들었으나 끝내 허망한 물거품이 되고 말았다. 그의 사후 일본의 권력은 도쿠가와 이에야스에게 넘어갔다.

혼란스럽게 할 뿐입니다."

서인 황윤길은 다르게 말했다.

"지금 일본에서는 전쟁 준비가 한창입니다. 반드시 침략에 대비해야 할 것입니다."

동인이 실권을 잡고 있었던 조정에서는 김성일의 말을 따랐다.

도요토미 히데요시는 조선과의 교섭이 결렬되자 선조 25년 4월, 15만 대군을 이끌고 조선을 침략하였다. 부산과 동래에서 부산 첨사 정발과 동래 부사 송상현이 왜군의 상륙을 저지하려다 실패하였다. 왜군은 파죽지세로 밀고 올라왔다. 충주 탄금대에서 삼도도순변사 신립이 배수진을 치고 있었지만 왜군의 북상 저지에 실패하고 말았다. 신립마저 패배하자 선조는 한성부를 버리고 도망칠 수밖에 없었다. 평양성으로 도주해 있을 때 조정 대신들은 빨리 후계자를 결정해야 한다며 상소를 올렸다. 가장 먼저 말을 꺼낸 이가 우승지 신집이었다.

"세자를 세워 인심을 안정시키십시오!"

이 말을 들은 선조는 이산해, 유성룡에게 의견을 물었지만 아무 말을 하지 않자 광해군을 세자로 정하면 어떻겠냐고 다시 물었다.

"아직 중전의 나이가 많지 않은데 세자를 세우는 것이 꼭 필요하겠소? 하지만 대신들이 원한다면 굳이 반대하지는 않겠소. 지금 국가의 형세가 어찌될지 모르니 광해군을 세우면 어떻겠소?"

조정 대신들은 시국이 어려운 만큼 선조의 뜻에 따르겠다고 했다. 당시 왜군들이 평양까지 올라오고 있어 조정을 분리하여 비상사태에 대비해야 하는 상황이었다. 더군다나 신성군은 피난 도중에 세상을 떠났고 임해군은 성격이 난폭하여 성군이 될 자질이 없다는 이유로 세자 후보에서 제외된 상태였다. 그래서 광해군을 세자로 책봉하는 데 아무도 이의를 제기하지 못했다.

왕실 가족들은 평양에서 세 갈래로 나누어 피난길에 올랐다. 의인왕후 박씨는 남편 선조와 떨어져 강계로, 선조는 인빈 김씨를 데리고 의주로, 광해군은 강원도로 떠났다.

선조가 피난해 있는 의주성을 제외하고 함경도 일원까지 왜군에게 점령당하자 조선 조정에서는 명나라에 원군을 청할 수밖에 없었다. 다행히 수군 명장 이순신의 활약과 명나라의 원군, 그리고 의병들의 분투 등으로 선조 26년 4월 한성부를 수복할 수 있었다. 선조 30년 명나라와 일본과의 화의가 결렬되자 일본은 다시 침략을 재개하여 정유재란이 일어났다.

왜군이 다시 침략을 해 오자 광해군은 의인왕후 박씨를 모시고 함께 피난길에 올랐다. 침략을 재개했던 왜군은 선조 31년 도요토미 히데요시가 병사하자 사기가 저하되어 그대로 물러가고 말았다. 5년 동안 난리로 어수선하던 조선은 평화를 맞이했고 광해군은 결국 전쟁 덕분에 세자로 책봉되었다. 유씨도 자연스럽게 세자빈으로 책봉되었다. 그러나 광해군의 세자 책봉은 완성된 것이 아니었다. 명나라에서 광해군의 세자 책봉을 허락하지 않았던 것이다. 10년 동안 조정에서는 여러 번 세자 책봉을 위한 주청사를 파견했으나 번번이 거절당했다. 선조를 비롯한 후궁들, 조정 대신들은 이러한 처지

에 놓인 광해군과 유씨를 대놓고 무시하였다.

천륜을 저버린 남편 광해

광해군과 유씨는 10년 동안 세자 책봉 문제로 많은 고생을 하였다. 광해군은 10년 동안 하루도 빠짐없이 선조에게 문안 인사를 올렸다. 혹 급한 일로 문안 인사를 못할 때는 다른 사람을 보내 대신하도록 하기까지 했다. 광해군이 이토록 지극 정성이었음에도 선조는 항상 그를 야멸차게 대했다. 19세의 어린 신부를 맞이한 이후로 선조는 더욱 그에게 차갑게 굴었다.

"명나라의 책봉도 받지 못했으니 세자가 아닌데 무슨 이유로 문안 인사를 하느냐?"

그러나 이에 굴하지 않고 광해군은 계속 문안 인사를 올렸다.

선조 41년 2월 1일, 갑자기 선조가 점심으로 찹쌀밥을 먹고 세상을 떠나 버렸다. 그런데 이를 두고 많은 사람들이 광해군을 독살 용의자로 지목하였다. 공교롭게도 그날 점심을 담당한 사람이 광해군이었고 그가 준비한 음식을 먹고 선조가 갑자기 세상을 떠났기 때문이었다. 독살설이 퍼진 또 다른 이유는 유의儒醫 성협이 입시한 후에 나와서 전한 말 때문이었다.

"임금의 몸이 이상하게도 검푸르니 바깥소문이 헛말이 아니다!"

광해군이 부왕 선조를 독살했다는 소문은 계속 번져 나갔다. 어떤 사람은 이 소문을 믿고 관직에 나가지 않기도 하였다.

광해군은 즉위한 지 4년째 되던 해에 인목대비의 세력을 제거하기 위해 살인강도 사건을 역모 사건으로 둔갑시켰다. 이때 사건에 연루된 서양갑도 광해군에게 '아버지를 죽인 죄'를 처벌하기 위해 역모를 일으켰다고 거짓 자백했다. 직설적으로 말하지는 않았지만 광해군의 부왕 독살설은 꼬리에 꼬리를 물고 계속 퍼져 나갔던 것이다.

광해군은 즉위하자마자 풀어야 할 숙제가 있었으니 자신의 정통성을 인정받아 권위를 강화하는 것이었다. 첫째 자신을 세자로 인정하지 않던 명나라로부터 왕위 승계를 인정받는 것, 둘째 자신의 정통성을 보장받기 위해 어머니 공빈 김씨를 왕후로 승차시키는 것, 셋째 왕권의 강화를 위해 궁궐을 복원하는 것 등이었다.

광해군은 은과 산삼을 뇌물로 써서 첫 번째와 두 번째 문제를 해

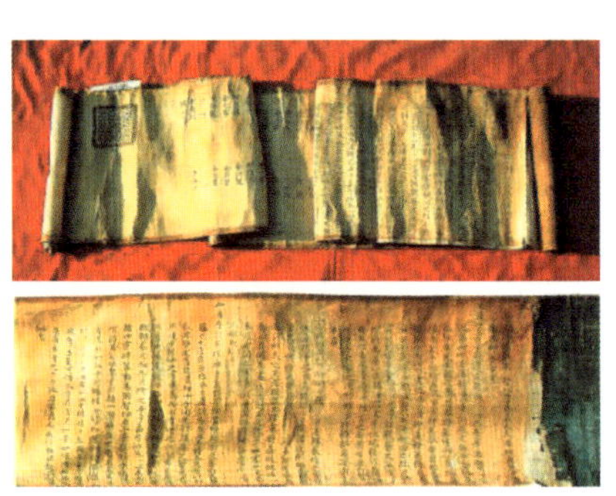

결하였다. 세 번째 안건인 궁궐 건축은 즉위 초부터 시작해서 재위 기간 내내 진행되었다. 광해군은 궁궐 건축을 위해 영건도감을 설치하고

광해군이 내린 교서
차자이자 서자로 태어난 광해군은 세자 시절 심한 고초를 겪어야 했다. 즉위 후 권위를 강화시키기 위해 명에 뇌물을 써서 왕권을 인정받았으나 조정 대신들의 지지를 얻지는 못했다. 광해군의 콤플렉스는 선조의 방계 승통 콤플렉스의 연장선상에 있는 것으로서 대를 이은 비극이라 할 만하다.

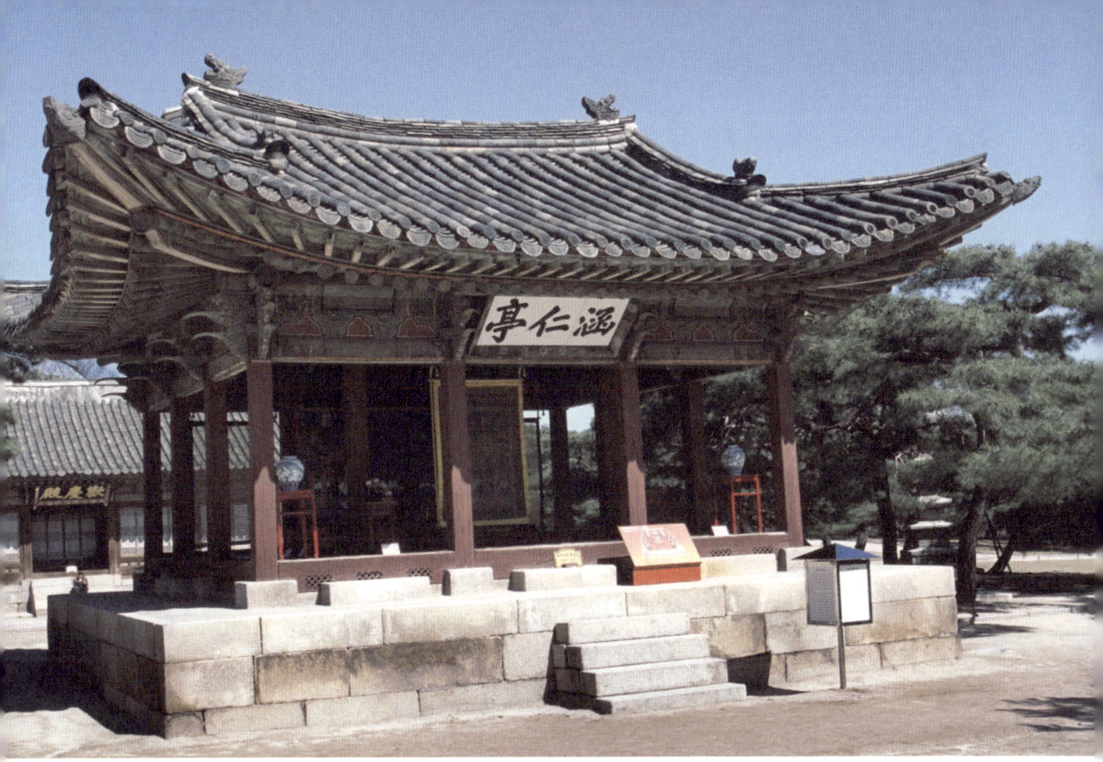

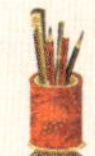

작업을 진행하였다. 왜란으로 모든 궁궐이 소실되어 버렸기 때문에 광해군은 경운궁에서 거처하고 있었다. 이곳은 월산대군의 사저로 선조가 왜란 이후 임시 거처로 삼았던 곳이다. 광해군은 즉위하자마자 종묘의 중건부터 시작해 창덕궁, 창경궁, 경덕궁, 인경궁, 자수궁 등을 지었다. 그리고 마지막으로 경복궁을 중건하고자 했다.

이러한 토목 공사 때문에 광해군은 재정적인 어려움을 겪고 있었는데 이를 해결하기 위해 뒷거래가 성행하였다. 옥에 갇힌 사람들에

창경궁에 있는 함인정

광해군 대에는 종묘, 창덕궁, 창경궁 등의 중건이 이루어졌다. 이러한 대규모 토목공사는 백성들의 민심을 돌아서게 했을 뿐만 아니라 이를 둘러싼 부정 비리가 횡행해 국가의 기강이 무너지는 요인이 되었다.

게 뇌물을 받고 풀어 주기, 뇌물을 받고 벼슬 팔기 등이었다. 광해군
은 자신의 권력을 넘보려는 자가 있으면 가차 없이 제거한 탓에 광
해군 대에는 많은 옥사와 고변이 있었다. 첫 번째는 임해군 옥사, 두
번째는 김직재의 옥사, 세 번째는 박응서 역모 사건, 마지막으로 폐
모론 등 끊이지 않고 사건들이 이어졌다.

　뇌물을 받고 옥에 갇힌 사람들을 풀어 준 것은 김직재의 옥사부터
였다. 즉위 초 광해군은 외척 세력, 정인홍과 이이첨 세력, 사림파 등
으로 권력을 양분시켜 서로 긴장 관계에 놓이게 하다가, 김직재의
옥사 이후부터는 조정에서 사림들을 제거해 나가기 시작했다.

　김직재의 옥사는 봉산 군수 신율의 옥새 위조 사건을 밝히기 위해
체포했던 김제세의 취조 과정에서 시작되었다. 그는 역모 주모자가
김직재와 아들 김백함이라고 자백했다. 김직재는 취조 과정에서 순
화군의 장인인 황혁 등이 순화군의 양자인 진릉군을 국왕으로 추대
하려 했다고 밝혔다. 많은 사람들이 이 사건에 연루되었는데 광해군
은 옥에 갇힌 사람들에게 뇌물을 받고 풀어 주었던 것이다.

　이로 인해 이후에 일어난 인목대비의 아버지 김제남의 옥사에서
는 뇌물이 없으면 풀려날 수조차 없게 되었다. 선조의 고명대신 중
신흠, 서성, 박동량, 박준겸 등이 모두 은 수백 냥을 바치고 석방되
었다. 이후에도 옥사와 고변이 연이어 일어났는데 고변을 하면 그에
상응하는 포상을 주었다. 유몽인의 소설에는 "밥숟가락이 남보다 조
금 큰 것만 보면 반드시 고변했다"라는 표현까지 나온다.

　광해군 대에는 '김치 정승', '잡채 판서'라는 말이 유행했는데 이

것도 관직 매매에서 불거져 나온 이야기였다. 김치와 잡채를 바치고 관직을 얻었다는 것이다. 병사와 수사 값은 1,000여 냥에 해당되었으며 집터, 돌, 쇠, 은 등을 바치면 벼슬 등급을 더해 주었다. 이러한 와중에 중간에서 사욕을 채우는 관리도 나타났다. 뇌물을 주고 관직을 사면 그만큼 챙기기 위해 백성들을 괴롭힌 것이다. 이러한 뒷거래의 성행에도 불구하고 늘 재정이 부족하자 광해군은 조도사라는 관직을 만들어 각 지방으로 내려 보냈다.

이러한 부정 거래에는 궁녀, 상궁, 후궁, 내시, 조정 대신들이 모두 얽혀 있었다. 이 중에 상궁 김개시가 유명하였다. 그녀는 선조 대의 상궁이었는데 광해군과 정치적으로 결탁하면서 여러 가지 이권에 개입했던 여성이다. 선조의 독살도 김개시의 계략에서 나온 것으로 알려지기도 했다. 그녀는 세자빈 박씨가 궁궐로 들어오면서 세력에서 밀리게 된 이이첨과 조국필의 추천으로 상궁으로 선발되었다. 세자빈 아버지 박승종과 할아버지 박자홍이 세자빈 박씨를 내세워 광해군의 총애를 배경으로 유희분과 함께 이이첨을 견제했던 것이다. 그래서 이이첨은 조국필과 함께 광해군에게 몰래 김개시를 상궁으로 추천했다. 그리고 김개시의 아버지와 친밀한 관계를 맺었다. 이렇게 해서 김개시와 이이첨은 가까운 사이가 되었고, 김개시는 이이첨과의 관계를 유지하면서 궁 밖의 이권에 개입하였다. 그녀는 계부인 유몽옥, 조카사위 정몽필 등과 내통하면서 이권을 챙겼다. 이조참의 이정원이 정몽필을 양양 현감으로 추천했을 때는 인사행정 담당 아전인 정애남이 이를 따진 일도 있었다.

171

"양양이 비록 현으로 강등되었으나 실제는 부입니다. 몽필은 바로 내 동생 정남의 아들로서 그는 천한 몸인데 어찌 여기에다 추천하여 국체를 손상시키려 합니까?"

이외에도 사복시의 말을 기르던 변충길이라는 인물은 자기 딸을 광해군의 궁녀로 들여보낸 후 군관의 지위를 얻었다.

광해군의 즉위 기간 내내 이러한 일들로 조정이 들끓었다. 이미 광해군은 조선의 윤리였던 '효'를 저버린 인물이었다. 사림들을 설득할 만한 명분도 사라졌고 과도한 궁궐 복원 공사는 백성들의 원망을 샀다. 사림과 백성들의 지지를 받지 못한 정권은 정변을 불러일으키게 마련이다. 조선은 사대부의 나라였다. 사대부들은 명분을 잃으면 언제든 왕을 갈아 치울 수 있다고 생각했다. 광해군도 유학을 공부한 인물이었지만 그는 이미 돌아갈 수 없는 강을 건넌 상태였다.

사림들이 본보기로 삼는 명나라에 대해서도 광해군은 제후국으로서의 태도를 보이지 않았다. 오히려 뇌물로써 이들을 우롱했다. 광해군은 왕권을 강화하기 위해 많은 노력을 기울였지만 명분 면에서 너무 약했다. 스스로도 언제든 정변이 일어날 수 있다는 생각을 했을 것이다. 조선에서는 세자로서 책봉을 받았지만 명나라에서 인정해 주지 않았고 조정 대신들은 그를 업신여겼다. 이러한 상황을 너무나 잘 알고 있었기 때문에 그는 사대부들을 믿지 않았다. 그래서 혹시 정변이 나면 자신을 찾지 못하도록 숨바꼭질 놀이를 하기도 했다고 한다. 궁궐 깊숙한 곳에 숨고는 사람을 시켜 찾게 하여 찾지 못하면 기뻐하고 만약 찾으면 싫은 내색을 보였다는 것이다. 그리고

172

정변으로 왕위에서 쫓겨나면 중국에 뇌물을 써서 복위하기 위해 은 수백 상자를 궁중에 쌓아 두었다는 일화도 전해진다. 이러한 일화는 광해군의 처지를 극명하게 보여주는 것이라 할 수 있다.

궁버들 청청한데 꾀꼬리 요란하게 나는구나

광해군의 즉위와 함께 처가인 유씨 집안의 세력도 커져 갔다. 유씨의 아우 유희분, 유희발, 유희량 등이 이미 출사한 상태로 광해군을 돕고 있었으며 조카 유충립, 유호립 등도 모두 벼슬길에 나선 상태였다. 유희분은 광해군 즉위와 함께 문창부원군에 봉해졌다. 일가 친척들이 모두 조정의 요직을 차지하고 있었기 때문에 따로 방패막이를 만들 필요가 없었던 유씨는 은근히 인목대비 김씨를 무시하였다. 그녀는 선조의 죽음으로 슬퍼하는 인목대비를 한 번도 찾지 않았고 오히려 대비 김씨가 슬퍼하는 것을 보고 이렇게 비꼬았다.

"어디서 저런 사람이 다 있단 말이냐? 대군을 세우려다가 뜻을 못 이루었으니 그 일 때문에 더 서러워서 우시나보다!"

나이 든 궁인들은 유씨의 행동을 보고 의인왕후를 모시는 것과 너무 다르다는 말을 했다고 한다. 유씨는 인목대비 김씨와 후원 구경을 함께 할 때도 김씨의 뒤를 따르는 것에 대해 못마땅하게 생각하여 이렇게 말하곤 했다.

"나는 나이가 많고 윗전은 나이가 젊으시니 설마 내 뒤에는 못 서

173

실 것이다. 내 잠깐 핑계를 대고 머무르거든 윗전을 먼저 모셔 가도록 하라!"

한번은 함께 후원 구경을 한 후 가마를 멘 하인이 넘어져 대비 김씨가 떨어질 뻔했는데도 아무 말 없이 지나쳐 버려서 궁인들의 구설수에 오르기도 했다.

유씨는 인목대비 김씨 때문에 자신이 선조 대에 많은 고초를 겪었다고 생각했을 것이다. 궁궐 사람들이 광해군을 무시할 때 자신도 함께 무시를 당했던 것이다. 유씨로서는 감정적인 앙금 때문에 인목대비 김씨를 어머니로 인정하기가 쉽지 않았다.

광해군은 부인 유씨, 그리고 유씨 집안의 사람들과 긴밀한 관계를 유지하였다. 한 예로 인목대비 김씨가 정명공주를 잉태했을 때 이를 낙태시키기 위해 유자신이 대궐에 돌팔매질을 하고 궁녀들 측간에 구멍을 뚫고 나무로 쑤시는가 하면, 도적이 나타났다고 거짓으로 소란을 피웠다는 이야기도 전해진다. 그리고 영창대군의 경우에도 태어난 날부터 제거하고 싶어 했다고 한다.

유자신은 광해군이 국정을 운영할 때 많은 도움을 주었다.《계축일기》를 보면 광해군은 매우 무식한 것으로 묘사되어 있는 반면 유자신과 유씨는 어느 정도 학문을 쌓은 것으로 기록되어 있다. 유씨에 대해 말귀도 잘 알아듣고 글도 잘하며 심성이 그다지 나쁘지 않은 것으로 기록한 평도 있다. 그녀가 인목대비 김씨와 사이가 안 좋은 이유는 유씨가 모시는 궁인들 때문이라고 했다. 유씨의 학문 수준은 모친 정씨, 세자와 함께 시를 논할 정도였다. 유씨가 정씨에게

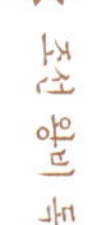

174

바친 시 중 하나를 보면 다음과 같다.

궁중에서 임금 모시옵기 스물아홉 해가 되나

왕비의 덕으로는 옛 사람에게 부끄럽소

다행히 선묘(선조)의 중흥한 날을 만났고

다시 우리 임금의 높고 온전한 덕을 보았도다

난세에 몇 번이나 용의 행차 따랐더니

태평시대에 길이길이 봉황 장막에 모시네

학 같은 흰 머리 자친의 그 얼굴, 통명전에 나오시니

수배를 올리매 넓은 성은 놀라워라

《계축일기》에 따르면 광해군은 공사 처리가 너무 서툴러서 항상 유자신과 유씨에게 물어본 후에 일을 처리했다고 한다. 이를 너무 답답하게 여긴 유자신은 누군가 상소를 하면 대답할 말을 쪽지에 써서 소쿠리에 몰래 넣어 가지고 다녔다. 그리고 광해군은 대궐 담 밖에 비밀 장소를 만들어 사람을 시켜 유자신에게 다녀오게 했다. 또는 중전 유씨에게 물어보기도 하고 유씨가 오지 않으면 직접 찾아가서 물어보기도 했다. 《계축일기》의 기록에 의하면 광해군은 국정 운영과는 거리가 매우 먼 사람이었던 것이다. 그리고 박응서의 살인강도 사건을 역모로 둔갑시킨 것에 대해서도 유씨의 모친 정씨가 딸과 사위를 붙들고 사흘 동안 자정이 넘도록 의논하여 만든 작품이라고 되어 있다. 이러한 기록은 광해군의 무능함을 드러내기도 하지만 광해군이 유씨의 친정 집안과 얼마나 밀접한 관계였는지를 보여주기도 한다.

유씨 집안 사람들은 이처럼 권력을 이용해 많은 부정과 비리를 저질렀다. 예를 들어 유희분은 천인 출신 김충보라는 자로부터 뇌물을 받고 벼슬을 제수해 준 적이 있었다. 김충보는 각 관아에 들어가는 공물을 가로챈 후 자신이 일정량을 가지고 눈감아 주는 대가로 나머지 공물을 유희분에게 갖다 바쳤다. 김충보를 기특하게 여긴 유희분은 그에게 '옥강만호'라는 호를 지어 주고 장기 군수가 될 수 있도록 다리를 놓아 주었다.

이에 대해 광해군 3년 봄 성균관 진사 임숙영은 책문시에서 유씨 집안과 정사를 풍자한 글을 지어 논란을 불러일으켰다.

후비의 친척과 후궁의 족속은 은택恩澤을 희망하고 녹리祿利를 간구하느라 밖으로는 임금의 외척이라는 이름을 빙자하여 그 위세를 떨치고 안으로는 궁궐의 세력을 끼고서 자기들의 욕심을 채우는가 하면 주의(注擬 : 벼슬아치를 임명할 때 임금에게 후보자 세 사람을 정하여 올리던 일)하는 사이에 일을 꾸미고 임명할 즈음에 분주하여 심지어는 일반 사람들로 하여금 구실거리를 삼게 하였습니다. 임명 단자가 내려지기도 전에 반드시 물색하여 '아무개는 중전의 친척이고 아무개는 후궁의 족속이다. 지금 어떤 관직이 비었으니 분명 아무개가 될 것이고, 어떤 읍에 수령이 비었으니 반드시 아무개가 될 것이다'라고 하는데 임명 단자가 내려지고 보니까 그 말과 부합되지 않은 적이 드뭅니다.

광해군은 이 글을 보고 임숙영을 당장 합격자 명단에서 제외시키라고 명했다. 그러나 양사에서 이미 합격을 시켰기에 명단에서 빼기는 어렵다고 주장해 결국 가을이 되어서야 방을 붙일 수 있었다. 이 사건을 전해 들은 권필이 〈궁류시宮柳詩〉를 써서 당시의 현실을 비판했다.

궁 버들 청청한데 꾀꼬리 요란하게 나는구나
온 성안의 벼슬아치 봄빛에 재롱부리네
조정에서 태평의 즐거움을 함께하려 하는 판에
누가 시켜 위태한 말이 선비의 입에서 나오게 하였나

더러운 세상이라 과거도 보지 않겠다던 권필은 이 시로 인해 국문을 당하였다. 국문 도중에 그는 단지 경치를 노래한 것뿐이라며 극구 변명했지만 이미 사람들은 '궁류'라는 것을 유씨 집안을 풍자한 것으로 받아들이고 있었다. 결국 죄목이 명확하게 드러나지 않아 유배형으로 그쳤지만 권필은 국문 도중 곤장을 너무 많이 맞은 탓에 귀양길에 누군가 동정하여 내민 술을 마시고는 숨을 거두고 말았다.

177

사대부의 이념을 거부했던 왕과 왕비

유씨와 유씨의 집안은 광해군과 공범이었기 때문에 노선을 같이 할 수밖에 없었다. 광해군의 몰락은 유씨와 유씨 집안의 몰락이나 다름이 없었다. 광해군은 이미 유교에서 강조하는 명분을 잃어버렸다. 따라서 백성과 사대부들로부터 인심을 얻기 어려웠다. 결국 그들이 의존할 수 있는 것은 또 다른 신령한 힘이었다.

광해군, 유씨 그리고 유씨 집안은 승려 및 술사들과 가까이 지냈다. 그리고 이러한 풍조는 사대부들에게도 번져 나갔다. 가까이 지냈던 대표적인 승려와 술사는 성지와 복동이었다. 그 외에도 많은 술사들이 궁궐을 드나들었다.

영남의 승려로서 언문으로 풍수학을 조금 아는 인물이었던 성지는 내시를 통해 궁궐로 들어왔다. 당시 광해군은 도읍을 옮길 생각이었다. 술관 이의신이 고했던 말이 있었기 때문이다.

"왜란과 역모 사건, 당쟁 등은 도성의 왕기가 쇠한 데 그 원인이 있습니다."

이 말에 깜짝 놀란 대신들은 '절대 불가하다'고 외쳤다. 이러한 와중에 성지가 광해군에게 은밀히 아뢰었다.

"인왕산 아래에 궁궐을 지으면 쇠한 왕기를 회복할 수 있습니다. 그곳에 궁궐을 지으면 백성들이 앞다투어 달려올 것입니다."

이 말에 솔깃해진 광해군은 성지를 절대적으로 지지하면서 인경궁 건축에 매달렸다. 한편 술사 김일룡은 다른 곳에 새 궁궐을 짓자고 주장했다.

"정원군의 옛집인 새문동에 왕기가 서려 있습니다."

광해군은 영원한 권력을 꿈꾸며 이들의 말을 그대로 따르려 했다.

광해군과 유씨가 가까이한 복동이 궁궐을 드나들게 된 것은 저주 사건으로 체포되면서부터였다. 광해군 10년 유씨가 중병에 걸린 적이 있었는데 소문에 의하면 광해군과 가까이 지내는 김개시 때문이라고 했다.

김개시가 유씨를 질투하여 이상한 물건들을 방 안 가득 쌓아 두고는 이를 궁궐 여기저기에 묻었다는 것이다. 그런데 이러한 방중술을 가르쳐 준 용의자로 복동이 지목되었다. 이이첨은 저주 물건들이 궁궐 내에 있는데 그것을 모두 찾을 수 있는 사람은 복동이라고 추천했다.

"복동이 물건을 찾아내고 중전을 위해 기도하여 효험이 있는지 시험해 보소서."

이에 복동은 저주한 물건을 찾아냈고 이어서 기도를 했더니 유씨가 점차 회복되었다. 이 사건으로 광해군과 유씨는 복동을 총애하게 되었고 어려운 일만 생기면 모두 복동에게 물어보았다. 복동은 이현궁에 귀신을 그려 놓고 노부, 의장, 의복 등을 갖춘 기도처를 만든 후 밤낮 굿을 해 댔다. 그리고 전국 산천에 기도를 드려야 한다면서 수만금의 돈을 사용했다. 이러한 궁궐의 일들은 꼬리에 꼬리를 물고 번져 나갔다.

이를 보다 못한 동부승지 한효종이 진언을 올렸다.

"나라의 기강을 바로잡으려면 이들을 물리쳐야 합니다! 지금 백성들은 도탄에 빠져 있고 외국의 군대가 몰려오고 있는데 요망스러운 중의 말만 믿고 궁궐을 짓는 데만 힘쓰니 굶주려 죽은 시체가 길에 가득하고 재변이 그치질 않는 것입니다. 부디 성지와 복동을 내치시옵소서!"

조선은 무속과 불교를 배척하고 유교를 숭상한 사대부들이 세운 나라였다. 그런데 광해군이 유교를 무시하는 것을 보고 사대부들은 모두 치를 떨었다. 사대부들은 재해가 일어나는 것도 모두 광해군이 승려와 술사를 가까이하기 때문이라고 생각했다.

요망한 중 성지가 토목공사로 재앙을 일으키고 요사한 무당 복동이 액막이를 하는 등 괴이한 일로 사람들을 선동하니 백성들은 원망하고 하늘은 노하여 재앙과 이변이 일어났다. 그러나 아첨만을 일삼고 감히 바르게 간하지 않았던 정승과 언관들은 하늘을 업신여기고 백성을 학대하면서 못하는 일이 없었다. 그러므로 인자한 하늘이 이러한 비상한 재변을 내보이신 것이다.

—《광해군일기》 4년 7월 10일

나라 안의 부패는 걷잡을 수 없이 심해졌으나 풍년은 계속되었다. 유씨와 유씨 집안 사람들은 날마다 노래와 춤으로 세월을 보냈다. 한 늙은 궁녀는 이러한 푸념을 늘어놓았다.

“풍년이 어진 임금 때에 들었어야 했는데 도리어 오늘날에 들었으니 우리 임금에게 사치한 마음을 더하게 하여 나라를 잃어버리게 할지 모르겠다!”

궁녀의 예언은 적중하였다. 1623년 3월 12일 정변이 일어난 것이다. 유씨의 화려한 중전 생활도 이날로 끝이 났다. 인조반정이 일어났을 때도 광해군은 수많은 궁녀들과 함께 연회를 열고 술에 취해 흥청거리고 있었다. 옆에서 시중을 들던 궁녀들은 이미 정변의 주모자인 김자점에게 매수당한 터였다. 그래서 계속 고변서告變書가 올라와도 광해군에게 술만 따르고 있었다. 결국 광해군은 반정 세력에게 궁궐을 빼앗기고 말았다.

궁녀 수십 명을 이끌고 어수당으로 피신하였던 유씨는 반정군이 포위하자 그 안에서 이틀 동안 숨어 지냈다. 결국 아무런 희망이 없음을 깨달은 유씨는 반정군에게 백기를 들기로 결심했다. 유씨는 궁녀들에게 자신이 이곳에 있음을 알리고 목숨을 구하라고 명하였다.

“내가 어찌 숨어서 살기를 바라랴? 너희들은 중전이 여기 있다고 말하여라.”

이 말에 아무도 나서는 궁녀가 없었다. 그런데 그중 총명한 궁녀 한보향이 나서서 외쳤다.

“중전께서 여기 계시오!”

이 말에 군졸들이 달려왔다. 유씨의 명을 받은 한보향이 그들에게 물었다.

“우리 주상께서 나라를 잃었으니 새 임금은 누구시오?”

반정군 대장이 감히 그 이름을 댈 수가 없다고 하자 한보향이 다
시 물었다.

"그렇다면 오늘날 이 일이 종사를 위한 것이요, 부귀를 위한 것이
요?"

반정군 대장이 대답했다.

"종사가 위태하므로 우리가 부득이 새 임금을 받들어 반정한 것이

유씨가 피신했던 어수당 자리
훗날 정묘호란으로 파괴된 어수당은 인조가 정원군의 옛집 터인 경덕궁으로 어
소를 옮기면서 중건되었다. 북벌 군주였던 효종이 이곳에서 송시열을 불러 국사
를 따로 의논하는 일이 많았다고 한다.

지 부귀를 위하여 한 일은 아니오.”

그러자 한보향이 목소리를 가다듬어 질책하였다.

“의거라는 이름으로 반정을 하였다면 어찌하여 전왕의 왕비를 굶겨 죽이려 하오? 그것이 소위 의거란 것이오?”

숙연해진 반정군은 할 말을 잃고 머뭇거리다가 인조에게 유씨의 뜻을 전했다. 그러자 인조는 즉시 물과 음식 등을 들여보내라 지시하였다. 한보향은 인조반정 후에도 광해군과 유씨를 생각하며 슬프게 울었다. 함께 있던 궁녀가 이를 보고 인렬왕후 한씨에게 고자질했다.

“보향이 옛 임금을 생각하니 변고가 생길까 두렵습니다.”

그러자 한씨는 도리어 한보향을 불러 보모상궁으로 임명했다.

“국가가 흥하고 망하는 것은 무상한 것이다. 우리 임금이 하늘의 힘으로 오늘 보위에 있지만 훗날 다시 광해처럼 왕위를 잃게 될지 어찌 알겠느냐? 너의 마음가짐이 이러하니 내 아들을 보육할 만하다.”

한씨는 한보향의 의리를 높이 평가했던 것이다.

어제 역첩 술회 御製 歷瞻述懷
인조의 고손이었던 영조가 인조반정의 뜻을 기리며 쓴 글이다. 인조반정은 사실상의 쿠데타였음에도 불구하고 폐주 광해가 유교 윤리를 저버렸던 까닭에 사대부들에 의해 정당화되었다. 그러나 반정 세력들이 내세웠던 친명배금의 외교 정책은 병자호란을 불러일으켜 조선을 초토화시키는 결과를 낳았다. 국립고궁박물관 소장

광해군, 유씨, 폐세자 질, 폐빈 박씨 등은 모두 강화도로 위리안치되었다. 유씨는 광해군과의 사이에 3남을 두었으나 첫째 아들과 셋째 아들은 홍역으로 요절하고 둘째 아들 질만 남은 상태였다. 원래 광해군은 후궁을 들여 아들을 많이 두길 원했다. 그런데 어느 날 꿈에 비단 도포를 입은 도관이 나타나 "임금이 남의 아들을 많이 죽였으니 한 아들도 보전하지 못할 것인데 어찌 많은 아들을 원하느냐?"라는 말을 듣고 단산을 위해 부적과 주문을 썼다는 일화도 전해진다. 아마 이 이야기는 광해군이 형제를 살해한 후 생긴 강박관념에서 비롯되었을 것이다. 광해군은 자신이 저지른 죄에서 벗어나기 위해서라도 술사를 가까이했던 것으로 보인다.

한편 지금까지 학대받았던 인목대비 김씨는 광해군을 갈가리 찢어 죽이고 싶어 했다. 반정공신들 중에도 그녀와 뜻을 함께하는 이들이 있었지만 조정의 원로인 이원익이 반대를 하고 나섰다.

"광해가 스스로 하늘에 버림받았으니 폐출하는 것은 마땅하나 죽이는 것에 대해서라면 일찍이 그를 섬긴 노신으로서는 차마 들을 말이 아니니 마땅히 지금 떠나겠습니다!"

민심의 악화를 두려워했던 인조는 이원익의 뜻에 따라 위리안치에 그치기로 결정했다.

광해군 일가는 강화도에서 구차한 삶을 영위하였다. 유씨는 그나마 아들 질이 있었기 때문에 얼마간 희망을 품을 수 있었다. 하지만

그 아들마저 사사되고 만다. 폐세자 질이 반란을 꿈꾸며 몰래 밖으로 통하는 땅굴을 팠던 것이다. 폐빈 박씨와 같이 있던 궁녀가 인두를 가지고 땅에 구멍을 내고 폐세자 질을 밀어 넣었는데 나온 뒤에 방향을 몰라 방황하다가 그만 체포되고 말았다. 폐빈 박씨는 남편이 잡힌 것을 알고 사흘간 식음을 전폐하다가 목을 매어 스스로 목숨을 끊었다. 조정 대신들은 폐세자 질에게도 마땅히 죽음을 내려야 한다고 주장했다.

인조는 질을 죽일 생각은 없었다. 그것은 부인 인렬왕후 한씨의 부탁 때문이기도 했다. 그녀는 인조에게 질이 범한 죄에 대해 생사를 판가름하기는 어렵지만 자손 보전을 위해서 그를 죽이지 말 것을 부탁했다.

"아침에 천자가 되면 저녁에 일개 평민이 되고자 하여도 되지 못하는 수가 있습니다. 전하께서 오늘 일을 조심하지 않으면 전하보다 어진 이가 다시 나올 수 있습니다. 앞사람이 한 일을 뒷사람이 본받는 것이오니 원컨대 질을 죽이지 말고 뒷날 내 자손을 보전할 계책으로 삼으소서."

인조는 그녀의 말을 듣고자 했지만 강력한 반정공신들의 주장을 따를 수밖에 없었다. 인조는 단지 사대부들이 반정의 명분을 얻기 위해 추대한 왕일 뿐 앞으로 국정을 이끌어 갈 사람은 반정공신들이었다. 인조는 폐세자 질에게 죽음의 명을 내렸는데 폐세자 질은 스스로 목을 매고 죽었다.

이를 전해 들은 유씨도 얼마 후 병으로 세상을 떠났다. 야사에는

185

질이 묵었던 방에 들어가 합장을 하고 축수를 올린 후 목을 매 자살
했다고 한다. 《공사견문公私見聞》에 의하면 궁중에 나무로 새기고 흙
으로 빚어 만든 불상이 매우 많았는데 폐비 유씨는 항상 "후생에는
절대 왕실의 며느리가 되지 않게 하소서"라며 금부처에게 빌었다고
한다. 인조는 그녀에게 '문성군부인文城君婦人'이라는 읍호를 내려 주
었다. 어쩌면 그녀는 자신의 화려한 삶이 영원하지 않으리라는 것을
잘 알고 있었던 듯하다.

겉으로 보기에 왕비의 삶은 매우 화려한 것처럼 보이지만 실상은
그렇지 못하다. 조정 대신들의 정쟁에 휘말리면 그야말로 파리 목숨

광해군과 부인 유씨의 무덤
후대에 들어 명과 청 간의 중립 외교를 펼친 탁월한 군주로 재평가받고 있는 광
해군은 당대에 유림과 백성들로부터 천륜을 저버린 군주로 낙인찍혔다. 부인 유
씨 역시 어쩔 수 없이 광해군과 같은 노선을 택할 수밖에 없었다는 점에서 그녀
는 비극적인 여인이었다. 유씨는 생전에도 후생에는 왕실의 여자로 태어나지 않
기를 빌었다.

186

인 것이 왕비의 자리이다. 유씨는 이 같은 현실을 선조 대에 누구보다 뼈저리게 경험한 사람이다. 남편 광해군과 함께 언제 목숨을 내놓아야 할지 모르는 삶을 살았던 것이다.

다행히 광해군이 왕위에 즉위하면서 한시름 놓긴 했지만 사대부들과 백성들은 광해군과 유씨를 부왕을 죽이고 형제를 살해한 폐륜 부부로 낙인찍고 있었다. 끝없이 계속되는 고변은 아마도 유씨를 지치게 했을 것이다. 설령 그녀가 광해군과 다른 뜻을 품었다 할지라도 그녀에게 선택이란 있을 수 없었다. 조선시대 여성들이 누구나 남편과 생사고락을 함께한 것처럼 그녀도 예외일 수 없었다. 남편의 죽음은 곧 그녀의 죽음이었다. 결국 유씨는 단지 신령한 힘에 의지하는 수밖에 없었다.

폐비 유씨와 광해군의 죄목 중 하나는 무당과 술사를 가까이한 것이었다. 사대부들은 유교적인 잣대로 두 사람을 끊임없이 괴롭혔고 조정 대신들의 불만은 걷잡을 수 없이 고조되었다. 무당과 술사들은 광해군의 권력을 배경으로 조정 대신들을 능멸하였다. 조선 사대부들이 누려야 할 기득권을 다른 사람들이 누린다는 것은 있을 수 없는 일이었다. 《광해군일기》를 담당한 사관은 다음과 같이 기록했다.

당시의 오귀五鬼는 삼사의 측근에 가득 차 있다. 형체는 없는 귀신에 대해서는 알면서 형체가 있는 귀신은 보지 못하니 참으로 밝지 않아야 할 곳에는 밝고 밝아야 할 곳에는 어둡다고 이를 만하다.

187

시아버지에 의해 제거된
새로운 세계관,
소현세자빈 강씨

(1611 ~ 1646)

소현세자빈 강씨의 가계도

강석기 = 고령 신씨
- 문성
- 문명
- 문두
- 문벽
- 문정
- 女
- 女 = 소현세자
  - 석철
  - 석린
  - 경숙군주
  - 경녕군주
  - 경순군주
  - 석견

= 부부, - 자녀

숙종 44년, 인조 때 억울하게 죽은 세자빈 강씨는 신원을 회복하게 되었다. 세상을 떠난 지 80년 만의 일이었다. 숙종은 다음과 같이 하교하였다.

> 내가 강씨의 옥사에 대해 마음속으로 슬퍼해 온 지가 오래되었다.
> …… 원통함을 알고도 억울함을 씻어 주지 않는다면 옳은 일이 아니다.

숙종은 다음 날 2품 이상의 신하들을 불러 의논하게 한 후 시호를 민회慇懷라고 정하였다. 그녀가 지위를 잃고 죽은 것을 백성들이 슬퍼하여 가슴 아파했다는 글에서 취한 것이었다.

강씨가 사사당할 당시 사람들은 그녀의 죽음에 대해 의혹을 품었다. 강씨는 자신이 왜 죽어야 하는지도 모른 채 사사당했다.

태풍의 눈으로 떠오른 세자빈 자리

인조 5년(1627) 17세 꽃다운 나이의 강씨는 세자빈으로 간택되
었다. 우여곡절 끝에 결정된 자리였다. 원래는 강씨가 아닌 윤씨, 권
씨의 자리였다. 세자빈 간택이 신하들의 입에서 나오기 시작한 것은
인조 3년이었다. 간택된 여성은 윤의립의 딸 윤씨였다. 세자빈이 되
는 것은 정치적인 상황에 따라 쉬울 수도, 어려울 수도 있었다. 이번
세자빈 자리는 순조롭지 않았다. 정치적으로 굉장히 민감한 문제였
기 때문이다.

조선 건국 후 권력을 얻기 위한 가장 손쉬운 방법은 왕실의 사돈
이 되는 것이었다. 세자빈 자리는 당파가 형성되기 전에는 개인의
권력을 위한 자리였으며 선조 이후 정치 세력이 동인과 서인으로 나
누어지면서는 당파의 권력 획득을 위한 자리가 되었다. 인조는 서인
들에 의해 집권했으나 이들을 견제할 필요성을 느꼈다. 그렇지 못하
면 자신은 서인들의 꼭두각시에 지나지 않았다. 광해군을 몰아낼 때
에는 반정 중심 세력인 공신들의 의견을 따랐으나 즉위한 후에는 상
황이 달라졌다.

인조는 서인을 견제하기 위해 남인 이원익을 영의정으로 삼았다.
그리고 세자빈도 남인 가문에서 선발하려고 하였다. 윤의립의 딸이

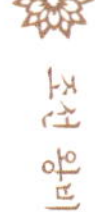

세자빈으로 간택된 것은 이러한 이유 때문이었다. 이를 본 서인들은 인조가 자신들을 견제하기 위한 방편을 쓰고 있다고 생각했다.

서인들은 인조의 뜻을 그대로 묵과할 수 없었다. 세자빈 자리는 세자와 원손을 흔들 수 있는 자리였다. 공신 세력들은 즉각 들고 일어났다.

"비록 여염 사이에 있어서도 혼인은 내외간에 흠이 없는 사람을 가리고자 합니다. 국혼은 더욱 막중한 것입니다. 여러 왕자의 혼인도 이 같은 집에 정하는 것은 올바르지 않습니다. 동궁의 정비는 너무나 중대한 일인데 감히 윤의립의 딸을 간택 중에 들일 수 있겠습니까?"

윤의립은 이괄이 정변을 일으켰을 때 함께 참여한 윤인발의 숙부이므로 윤의립의 딸은 윤인발과 사촌지간이었다. 그런데 인조가 윤의립의 딸을 세자빈으로 낙점한 것이다. 서인들은 윤의립의 인품이 훌륭하다는 사실을 잘 알고 있었다. 그러나 그는 남인이었고 그것은 묵과할 수 없는 치명적인 결함이자 공격하기 좋은 구실이었다. 왕실이 역적의 집안과 사돈을 맺는 것은 있을 수 없는 일이었다.

인조는 자신의 며느리조차 마음대로 선택할 수 없다는 생각에 심히 언짢았다. 그러나 별다른 명분이 없어 신하들의 주장을 물리칠 수가 없었다. 인조는 세자가 어리다는 이유로 가례를 연기하는 것으로 사태를 일단락지었다. 그러나 세자는 14세로 다른 조선 세자들의 혼인 연령과 비교했을 때 결코 어린 나이가 아니었다. 그럼에도 불구하고 인조는 나이가 어려서 혼인을 서둘러야 할 이유가 없다고 했다.

2년이 흐른 후 인조는 새롭게 세자빈을 간택하였다. 세자의 나이 16세였으니 더 이상 미룰 수가 없었다. 당시 이 문제에 관해 조정 신하들의 입장은 미묘했다. 당파적인 입장에서는 자신의 당파에서 세자빈이 간택되기를 원했지만 개인적인 입장에서는 오히려 꺼렸다. 왕비와 세자빈을 배출하게 되면 권력의 핵심으로 떠오를 수 있지만 만약 정쟁에 휘말려 폐비가 된다면 멸문될 수도 있기 때문이었다.

인조 즉위 초 왕자의 부인을 간택하려고 하자 사대부들은 왕실과의 혼인을 피하기 위해 처녀 단자를 내놓지 않았다. 그래서 생각해 낸 것이 맹인을 불러 사대부 집에 가서 추복(推卜 : 점을 치는 것)할 때에 처녀가 있는지를 보고하도록 한 것이었다. 처녀를 숨긴 것이 발각될 경우에는 가장을 곤장으로 다스렸다. 이러한 실정이었으므로 사대부들은 딸이 세자빈 후보로 간택되어도 불안했다.

세자빈으로 내정된 이들 중 아버지가 판서로 있는 권씨 성을 가진 소녀가 있었다. 간택 날 입궁한 소녀들이 먹을 수 있도록 간단한 음식상을 내왔는데 이러한 절차는 후보 소녀들의 예절 교육을 보기 위한 것이었다. 그런데 내정된 소녀가 수저를 사용하지 않고 손가락으로 음식을 마구 집어 먹는가 하면 실성한 사람처럼 히죽 히죽 웃었다. 그래서 이 소녀는 세자빈 후보에서 탈락되었다. 그런데 나중에 소녀가 정상인 것을 안 인조는 뒤늦게 탄식했다.

"그 꾀에 넘어갔다!"

이러한 우여곡절 끝에 간택된 세자빈 후보가 강씨였다. 그녀가 선

194

택된 이유는 아버지가 서인이었기 때문이다. 강씨는 아버지 강석기와 어머니 고령 신씨 사이에서 5남 3녀 중 둘째 딸로 태어났다. 1611년 출생했으니 세자와 동갑이었다. 세자빈에 간택된 강씨는 궁궐과 일반 사가집의 중간 정도인 별궁으로 들어갔다.

삼간택에 뽑힌 규수는 이제 일반 처자가 아니라는 의미에서 사가로 돌아가지 못하고 별궁에서 기거했다. 세자빈이 별궁에 거처하게 된 것은 광해군 대부터이며 이전에는 친정집에 머물렀었다. 성종 대에는 세자빈 신씨를 간택한 후 친정집을 전부 비우게 하여 그곳에 거처하게 하고 나머지 식구들은 이웃집으로 옮기게 했다. 그리고 세자빈이 거처하는 집으로 주방, 등촉, 제색, 설리 및 반감, 별감, 파직 군졸들을 딸려 보냈다.

광해군 대에는 세자빈을 간택한 후 장흥동 유덕신의 집을 수리하여 별궁으로 두려 했으나 집이 너무 협소한 관계로 이현본궁을 썼다. 강씨도 왕가에서 결정한 별궁에 거처하다 태평관에서 친영례를 치렀다. 인조 14년 3월 강씨는 원손 석철을 낳은 후 잇달아 두 아들을 더 낳았다. 이를 더할 수 없는 경사로 여긴 인조는 별시를 시행해 원손 탄생을 축하하고 강석기를 이조판서로 등용하였다.

전쟁의 소용돌이, 힘없는 나라, 의리 없는 신하

인조 14년 12월 2일 국호를 청으로 고친 후금이 12만 대군을 이

끌고 조선을 침략하였다. 광해군 8년 건주위 추장인 누르하치가 소자하를 근거지로 부족들을 통합하여 건국한 나라였던 후금은 이후 급성장하면서 명을 압박하였다. 이러한 대륙 정세를 간파한 광해군과 대북 세력은 명과 후금 간에 중립 외교를 견지하며 후금과 화평한 관계를 유지하였다. 그러나 인조반정으로 광해군이 폐위되고 대북 대신 서인들이 집권하자 친명배청 정책이 노골화되었고, 이에 후금과의 관계에도 금이 갔다. 서인들이 인조반정을 일으킨 명분 중에는 광해군이 두 마음을 품어 오랑캐에게 투항했다는 것이 있었다.

당시 명나라 장수 모문룡이 평북 철산 가도에 주둔하면서 요동 회복을 꾀하고 있어 후금은 이에 대해 위협을 느끼고 있었다. 그런데 조선마저 친명배금 정책으로 나오자 더욱 심기가 불편해졌다. 그런데 마침 이괄의 난이 일어나 후금이 조선을 침략할 수 있는 명분을 제공해 주었다. 한성부를 점령하였다가 관군에게 진압된 이괄의 잔당들은 후금으로 달아나 인조 즉위의 부당성을 호소했고 후금은 이를 구실로 3만의 군사를 이끌고 조선을 침입해 왔다. 이것이 인조 5년에 일어난 정묘호란이었다.

후금의 군사들이 평산에 이르자 한성부를 버리고 강화도로 피난한 인조는 조정 대신들과 논의하여 화의를 청했다. 후금도 사실상 조선보다 명을 칠 의도가 강했기 때문에 강화의 의사를 표시했고, 조선이 이를 받아들여 화의가 성립되었다. 화약 내용은 양국이 형제 관계를 맺을 것, 양국 군대는 압록강을 넘지 않을 것, 화약 성립 후 군사를 철수시킬 것, 조선은 금과 강화하여도 명을 적대하지 않을 것 등이었다.

그러나 이것으로 끝난 것이 아니었다. 1636년 청은 형제 관계에서 군신 관계로 변경할 것을 요구하면서 황금과 백금 1만 냥, 군마 3,000필 등을 보낼 것을 조선에 강요했다. 인조는 척화론을 주장하는 신하들의 의견에 따라 8도에 교서를 내려 청과의 관계를 끊는다고 선언하였다. 그러자  청 태종은 12만 대군을 이끌고 압록강을 건너 조선을 침략하였다. 이때 의주 백마산성에서는 맹장 임경업이 굳건하게 방비하고 있었으나 청군은 이 길을 피해 곧장 한성부로 진격하였고 10여 일 만에 근교까지 육박하였다. 청군의 침략 비보를 접한 인조는 서둘러 윤방과 김상용에게 종묘사직의 신주를 받들게 하였다.

강씨는 원손 석철, 봉림대군, 인평대군 두 왕자 등과 함께 강화도로 피난하였다. 인조는 세자와 백관 등을 거느리고 뒤를 따르려 하

청 태종 홍타이지의 초상
홍타이지는 국호를 청으로 고치고 주변 각국을 침공하여 영토를 확장함과 동시에 군사 행정 제도인 팔기八旗 체제를 확립하였다. 외교에서는 태자 시절 조선에서 인조반정으로 청나라에 부정적인 정권이 들어섰다는 사실을 알고 아버지의 뜻을 무시하고 침략을 실행하였다. 중원 본토도 침공했지만, 중원 제패의 꿈은 끝내 달성하지 못한 채 뇌출혈로 죽었다.

197

였지만 이미 청군이 강화로 가는 길을 끊어 놓은 상태라 할 수 없이 남한산성으로 피신하였다.

강화도에 들어가기 위해 배를 기다리던 강씨는 청나라가 아닌 조정 신하에게서 먼저 박대를 받았다. 강화도 검찰사 김경징이 자신의 가족과 짐바리들을 먼저 배에 태워 보냈기 때문에 강씨는 종묘사직의 신주와 함께 사흘 동안 나루터에서 기다려야만 했다. 강씨는 너무나 기가 막혀 분통을 터트렸지만 어쩔 도리가 없었다. 어렵게 강화도에 당도하여 안심했으나 그마저도 며칠 가지 못했다.

피난 온 많은 사람들은 청군이 강화도까지 들어오지 못할 것이라 여기고 있었다. 그러나 그것은 순진한 생각일 뿐이었다. 청군은 단숨에 강화도로 들어왔다. 이에 검찰사와 부검찰사는 왕실 가족과 신하들의 가솔, 백성들을 버리고 달아났고 강화도는 순식간에 아수라장이 되어 버렸다. 특히 여성들의 피해가 극심하여 청군에게 포로가 된 사람들이 많았다. 많은 여성들이 청군에게 농락당하지 않으려고 자결로 생을 마감하였다.

이러한 상황은 작자 미상의 《강도몽유록江都夢遊錄》에 잘 묘사되어 있다. 이 책에서는 청군이 강화도를 점령했을 당시 여성들의 처참한 정경을 꿈 속 이야기 형식으로 풀어 놓았는데 이야기는 청허선사가 목격한 것으로 되어 있다. 청허선사가 깊은 밤 바람결에 들리는 곡성 소리, 웃는 소리, 노랫소리 등을 따라가 보니 젊고 나이 든 여성들이 모여 있었다. 가까이 가 보니 한 길이 넘는 새끼줄과 칼끝에 머리가 걸려 있는 사람, 뼈가 으스러져 있는 사람, 머리가 깨진 사람, 입

과 배에 물을 머금은 사람 등등 그 참혹한 모습을 차마 눈 뜨고 볼
수가 없었다.

한 부인은 자신이 이처럼 처참한 최후를 맞이한 이유는 하늘이나
귀신 때문이 아니라 지아비 때문이라고 말했다. 지위가 정승에 이르
렀지만 공론보다 사사로운 정에 치우쳐, 적을 막아 내기에 충분한
강과 성이 있었음에도 불구하고 대사를 그르쳤다는 것이다. 또 다른
부인은 김자점은 병권을 쥐고 있으면서 한 번도 나아가 싸운 적이
없고 임금 보기를 행인 보듯 하였으며, 이민구는 책임을 다하지 못
했고, 심기원은 제 몸 건사에만 열중했는데 이들에게는 책임을 묻지
않고 자신의 낭군만 죽임을 당했다며 억울함을 호소하였다.

부인의 이야기가 끝나자 옆에 있던 아리따운 또 다른 부인이 말을
이었다. 그녀는 자신을 왕비의 질녀라며 소개했고 역시 다른 부인은
왕비의 언니이며 중신의 아내라고 밝혔다. 자신은 자결한 것이 아니
며 아들이 칼을 던져 정절을 지키기를 권했다고 한다. 또 다른 부인
은 자신은 후처인데 남편이 비빈, 원손 등을 책임졌는데도 불구하고
먼저 성문을 열고 오랑캐를 맞이하여 목숨을 구걸했다며 비난했다.
어떤 부인은 중책을 맡은 시아버지가 전쟁 중인데도 강 누각에 취해
누워 있었다고 했다. 그중에는 스스로 생을 마감했다고 밝힌 여자
도 있었다. 마지막에 등장하는 기생이 부인들의 이야기를 듣고 남자
들은 모두 목숨을 구걸한 반면 여자들은 절의를 지켰다며 이야기를
끝맺었다. 여기서 등장하는 여성들의 이야기는 하나같이, 나는 새도
넘기 어려운 강화도를 오랑캐에게 빼앗기고 자신들이 죽음으로 내

199

몰린 것은 모두 기회주의적인 남성들 때문이라는 것이었다.

이러한 비참한 상황에서 강씨도 칼로 자결하려고 하였다. 강씨는 강을 건널 때부터 이미 자존감이 바닥으로 떨어진 상태였으며 남은 것은 청군에게 농락당하는 것밖에 없다고 생각했다. 그런데 내시들이 급히 붙들고 말려서 큰 상처에 이르지는 않았다. 이후 강씨는 철통같이 지키는 내시들 때문에 더 이상 목숨을 끊으려는 시도를 할 수 없었다. 강씨는 대군들과 함께 청의 포로가 되어 남한산성으로 끌려갔다.

남한산성은 지형적인 여건 때문에 오랫동안 피난해 있을 곳이 못 되었고 12월이라 얼어 죽는 병사들이 속출하였다. 남한산성을 포위하고 있던 청군은 성 안의 양식이 떨어지기만을 기다리고 있었다. 포위된 지 40여 일이 지나자 성 안의 양식이 모두 떨어졌으며 군사들의 사기도 저하되었다. 성 안에서는 주전파와 주화파 간의 대립이 거듭되다가 현실적인 주화파의 견해가 채택되어 마침내 성문을 열고 항복하기로 하였다. 최명길 등이 항복 문서를 가지고 여러 번 청군과 화의 교섭을 진행했지만 청 태종은 요구 사항을 내세우며 선뜻 받아들이지 않았다.

"조선 왕이 친히 성을 나와 항복하고 척화의 주모자를 결박하여 보내라!"

인조는 태종의 요구가 너무 지나치다 싶어 주저하고 있었다. 그때 강화도가 함락되어 왕자와 빈궁 이하 200여 명이 청군에게 포로로 잡혀 있다는 비보가 날아들었다. 더 이상 줄다리기를 할 만한 상황

남한산성의 서문

조선 조정은 급히 남한산성으로 피신하여 항전에 들어갔지만 노도와 같이 밀려드는 청
군을 막아 내기에는 역부족이었다. 성 안에서는 주전파와 주화파 간의 언쟁만이 드높았
고 누구도 실제적인 전투에 나서지는 못했다. 끝내 항복을 결심한 인조는 신하를 상징
하는 쪽빛 군복을 입고 나와 청군 앞에 무릎을 꿇었다.

이 아니었다. 1637년 3월 인조는 결국 소현세자와 함께 남융복(藍戎服 : 신하임을 나타내는 쪽빛 군복)을 입고 성문을 나왔다. 그리고 한강 동쪽 삼전도에서 세 번 무릎을 꿇고 아홉 번 머리를 조아리는 삼궤구복의 황제 알현 예를 행하며 성하지맹(城下之盟 : 적에게 항복하고 맺는 굴욕적인 강화)을 맺었다.

조선과 청은 화약을 체결하였다. 화약의 내용은 조선이 청에 대하여 신하의 예를 다하며 명나라와 단교할 것, 왕자와 대신들을 인질로 보낼 것, 매년 세폐(歲幣)를 보낼 것 등이었다. 인조로서는 평생 잊지 못할 굴욕적인 순간이었다.

청 태종은 만족스러운 결과를 얻고 소현세자와 봉림대군의 가족들을 모두 인질로 잡아갔다. 세자를 볼모로 데려간다는 이야기를 듣고 인조와 삼사는 결사반대하였다. 그러나 소현세자는 대

삼전도비
이곳 삼전도에서 인조는 세 번 무릎을 꿇고 아홉 번 머리를 조아리는 예를 행하며 청나라의 신하가 되기를 청했다. 오늘날까지도 이 삼전도비는 과거의 치욕을 상징하는 기념물로서 보는 이들의 마음을 안타깝게 한다.

세가 기울었음을 알고 신하들의 항의를 잠재웠다.

"진실로 사직을 편안히 하고 군부君父를 보호할 수 있다면 신이 어찌 그곳을 가기를 거리끼겠습니까?"

결국 소현세자는 청군에게 체포되어 끌려갔다. 강씨가 청군에게 마지막으로 대궐에 다녀오겠다고 하자 청군은 그마저도 허락하지 않았다. 다른 여자를 강씨로 변장해 데려올 수 있다는 것이 그 이유였다. 결국 강씨는 강화도에서 남한산성으로 끌려가 중국 심양으로 갈 수밖에 없었다. 청군은 주전파 강경론자였던 홍익한, 윤집, 오달제 등 3학사를 끌고가 참형시켰으며 김상헌도 잡아가 오랫동안 옥에 가두었다. 그 후 인조 17년 삼전도에 청 태종 송덕비를 세우도록 하는 등 청나라는 굴욕적인 외교를 강요하였다.

세자 부부, 쿠데타 세력으로 몰리다

인조가 항복을 하자 강씨는 소현세자, 봉림대군, 봉림대군의 부인 장씨 등과 함께 청나라의 수도 심양으로 끌려갔다. 인조는 눈물을 흘리며 먼 타국으로 자식들을 보냈다. 옆에서 지켜보던 신하들도 모두 눈물을 흘렸다. 그러나 인조는 이 모든 것이 자신의 무능함의 결과라는 사실을 깨닫지 못했다. 오직 오랑캐 나라인 청에 대해 분노의 마음을 품을 뿐이었다.

한편 울면서 길을 떠난 강씨는 소현세자와 함께 새로운 세상에 눈을 뜨게 되었다. 대륙의 주인이 청나라임을 명명백백하게 목격하게 된 것이다. 그리고 소현세자는 대륙의 주인이 된 청나라와 조선 사이에서 중재 역할을 맡게 되었다. 인조는 오랑캐 청나라에게 굴욕당한 것을 수치스럽게 여겨 청나라와 직접 교류하지 않았고 모든 일을 소현세자를 통해 처리하였다. 그런데 청나라가 조선의 문제를 소현세자와 논의하는 과정에서 왕권이 양분되는 결과가 나타나고 말았다.

소현세자가 청나라와 조선을 중재하려면 많은 자금이 필요했다. 그 자금을 대는 일을 주도했던 사람이 강씨였다. 처음에는 어느 정도 자금을 대 주던 청은 얼마 후 황무지를 내주었다. 황무지를 개척하여 심양에서 거주하는 비용을 충당하라는 의미였다. 강씨는 직접 농사를 지어 심양관 비용으로 사용하였고 이에 필요한 말, 소, 나귀, 노새 등도 직접 구입했다.

그러나 이것만으로 부족하였다. 강씨는 직접 사무역에 뛰어들었고 심양에서 조선의 인삼, 약재 등을 팔아 비용을 마련하였다. 의주에서 압록강을 건너는 것은 국법으로 엄금하고 있었는데 강씨는 이를 무시하고 내시 이신검으로 하여금 자유롭게 드나들도록 하였다. 그리고 금불상과 은을 해초로 바꾸어 무역을 했다. 청나라 사람들은 조선에서 구할 수 있는 여러 가지 물품을 구입해 줄 것을 요청하였다. 그 사이 강씨는 자신도 모르게 현실론자로 변해 갔다.

소현세자는 조선에서와는 완전히 다른 삶을 추구하였다. 심양에서 생활한 지 2년이 지나자 소현세자는 아예 유학 강론을 폐지해 버렸다. 대신에 토목공사, 둔전 경영, 사냥 등에 더 많은 관심을 보였

다. 그렇게 유학을 숭상하던 조선이 유학과는 전혀 상관없는 실리주의를 추구하던 청나라에 굴욕을 당했다. 그리고 심양에 와 보니 대륙의 주인은 청나라였다. 소현세자는 당연히 생각이 바뀔 수밖에 없었다. 자신은 나중에 고국으로 돌아가면 조선을 이끌어야 할 지도자인 만큼 많은 것을 배워 가리라 결심했다.

소현세자는 포로로 잡혀 온 조선인들을 모집하여 둔전을 경작하였고 그 곡식으로 진기한 물품과 바꿔 무역을 했다. 심양관은 마치

현재 심양 어린이 도서관으로 바뀐 심양관 자리
이곳에서 소현세자빈 강씨는 황무지를 개간하고 무역을 하며 조선 부흥의 꿈을 꾸었다. 그러나 귀국 후 강씨는 부왕 인조를 독살하려 했다는 누명을 쓰고 사사되고 만다. 이는 인조의 열등감과 김자점 일파의 권력욕, 그리고 낡은 세계관과 새로운 세계관의 충돌이 빚어 낸 비극이었다.

시장과 같았다. 한편 집을 지어 단청을 발라 단장했는데 단청은 원래 궁궐과 사찰 등에서 장엄함과 권위를 나타내기 위해 사용하는 것이었다. 인조는 소현세자가 집에 단청을 발랐다는 소식을 듣고 내심 불쾌했다. 인조 입장에서는 재산을 증식하는 것도 못마땅한 일이었다. 인조는 소현세자가 재산으로 세력을 규합하여 청나라와 짜고 자신을 몰아낼 수도 있다고 생각했다. 인조의 후궁 소용 조씨가 옆에서 계속 부추기는 바람에 이러한 의심은 계속되었다.

소현세자는 청나라 사람들의 일거수일투족을 따라하였다. 이렇게 현실적인 일을 좋아하다 보니 자신을 배종하는 신하들보다는 무부, 노비들과 더 가깝게 지냈다. 신하들은 소현세자와 강씨가 오직 재산 증식에만 관심이 있다며 비난했고, 이러한 사실은 인조에게 고스란히 전해졌다. 시강원 신하들이 심양관에서 일어난 일을 일일이 기록하여 조선으로 편지를 보냈는데 이것이 《심양장계》이다. 인조는 들려오는 소문, 심양에서 온 편지 등을 접하면서 소현세자와 강씨를 불안한 마음으로 주시하고 있었다.

볼모 생활 중 소현세자는 조선을 세 번 다녀갔다. 마지막 귀국길에는 강씨도 함께 대동했다. 세자가 서울로 오자 도성 안의 조사, 유생, 군민들이 모두 나와 마중하였다. 양철평에서부터 홍화문까지 거리는 온통 사람들로 북적였고 많은 사람들이 절을 하며 눈물을 흘렸다.

그러나 인조는 이들을 반기지 않았다. 인조는 병을 핑계로 전라감사 박황을 대신 보냈다. 박황이 일찍이 배종 재신으로 심양에 갔다 온 적이 있었기 때문이다. 그를 보자 소현세자는 서러운 마음이 복받쳐 눈물을 흘렸다.

강씨도 인조의 박대를 받았다. 아버지 강석기가 세상을 떠났는데 인조는 찾아가 보지도 못하게 했다. 조정 신하들은 인조의 박대가 너무 심하다고 생각하여 주청을 드렸다.

신하들은 언제 무슨 일이 일어날지 모를 만큼 정국이 불안한 상황이므로 강씨에게 은혜를 베풀어 주기를 원했다. 그러나 인조는 단호했다. 강씨가 친정 가족들을 만나 뭔가 자신을 거역하는 일을 도모할 수도 있다고 생각했던 것이다. 인조는 철저하게 소현세자와 강씨의 친정 방문을 반대했다. 그 먼 길을 달려왔는데 결국 강씨는 병중인 어머니 얼굴 한 번 보지 못하고 심양으로 돌아가야 했고, 인조는 세자와 강씨를 감시하기 위해 환관 김언겸을 딸려 보냈다. 그가 세자에게 목숨을 걸고 간언한 것을 알기 때문에 믿고 보냈던 것이다.

세자 내외가 양철평을 지날 때 백관, 도성의 기로(耆老 : 연로하고 덕이 높은 사람), 군민들이 전송하였다. 세자가 이역 땅에서 볼모로 잡혀 있는 자신의 심정을 이야기하자 주위 사람들이 모두 눈물을 흘렸다. 강씨는 그 먼 길을 달려왔는데 지척에 있는 어머니 얼굴 한 번 보지 못하고 심양으로 가야 한다고 생각하니 눈물이 앞을 가렸다. 그러나 어쩔 수 없는 일이었다. 지엄한 군왕의 명령이 아니던가?

소현세자와 강씨가 심양으로 돌아간 후 조선에서는 역모 논의가 일어났다. 인조를 상왕으로 모시고 세자를 즉위시킨다는 것이었다. 역모 세력들은 왕이란 자신들이 마음에 들지 않으면 언제든지 쫓아낼 수 있는 존재라고 생각했다. 그러나 소현세자가 이번 귀국에서 완전히 친청파가 된 것을 보고 회은군을 추대하려고 계획했다. 회은군을 추대하여 청나라 심양으로 쳐들어간다는 것이었다. 소현세자도 인조와 마찬가지로 조정 신하들에게는 탐탁지 않은 존재였던 것이다. 그러나 이 역모 계획은 실패로 끝났다.

인조와 조정 신하들은 자신들이 직접 경험하지 않은 세상에 대해 알 수가 없었다. 그러나 이미 소현세자는 그들과 다른 세상에 살고 있었다. 그리고 소현세자와 강씨에게는 지지해 줄 만한 세력이 없었다. 지지하는 세력이라고는 자신들이 거느리는 궁노들뿐이었다. 모든 일이 불리하게만 돌아갔다.

청나라 황제를 따라 북경으로 들어간 소현세자는 서양 선교사 아담 샬을 만나 또 한 번 새로운 세계를 경험한다. 소현세자는 천주교와 서양 문물을 접하면서 조선이 우물 안 개구리에 지나지 않는다는

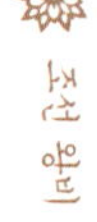

사실을 절실히 깨달았다. 그동안 신봉했던 성리학이 전 우주를 대변하는 절대적인 진리가 아닌 낡은 사상에 지나지 않는다는 것도 알게 되었다. 강씨도 얼마 후 소현세자의 뒤를 따라 북경으로 갔다.

소현세자는 아담 샬의 집을 방문하고 그를 관소로 초대하는 등 자주 교류하였다. 북경에서 심양으로 돌아올 무렵 아담 샬은 자신이 지니고 있는 모든 책들과 천구의, 천주상 등을 소현세자에게 선물로 주었다. 소현세자는 너무도 고마운 마음에 아담 샬에게 편지를 보냈다.

내용은 자신에게 보내 준 천주상, 역서들 및 서학서들을 받고 너무 감격했으며 그 서책들을 통해 지금까지 몰랐던 사실을 알게 되었다는 것이었다. 천주상은 벽에 걸어 놓고 감상하고 있다고 했다. 소현세자는 이 모든 물품을 조선으로 돌아갈 때 가지고 가서 선비들에게 널리 알리겠다고 전했다.

훗날 프란체스코회 신부들은 해로와 육로를 통해 조선으로 들어가려 했지만 모두 실패했다. 귀국한 소현세자는 조선과 서양의 교류를 꿈꾸었지만 우물 안 개구리였던 인조가 그 싹을 잘라 버렸던 것이다. 한편 호조에서는 북경으로 들어간 세자와 강씨의 경제적인 어려움을 덜어 주기 위해 인조에게 다음과 같이 주청했다.

세자 빈궁께서 북경을 가게 된 것은 뜻밖의 일인데 그곳이 병란을 막 겪은 터라 온 들판에 거둘 곡식이 전혀 없고 조운(漕運 : 배로 물건을 실어 나름)도 통하지 않습니다. 옮겨 갈 무렵에 위아래 사람이

209

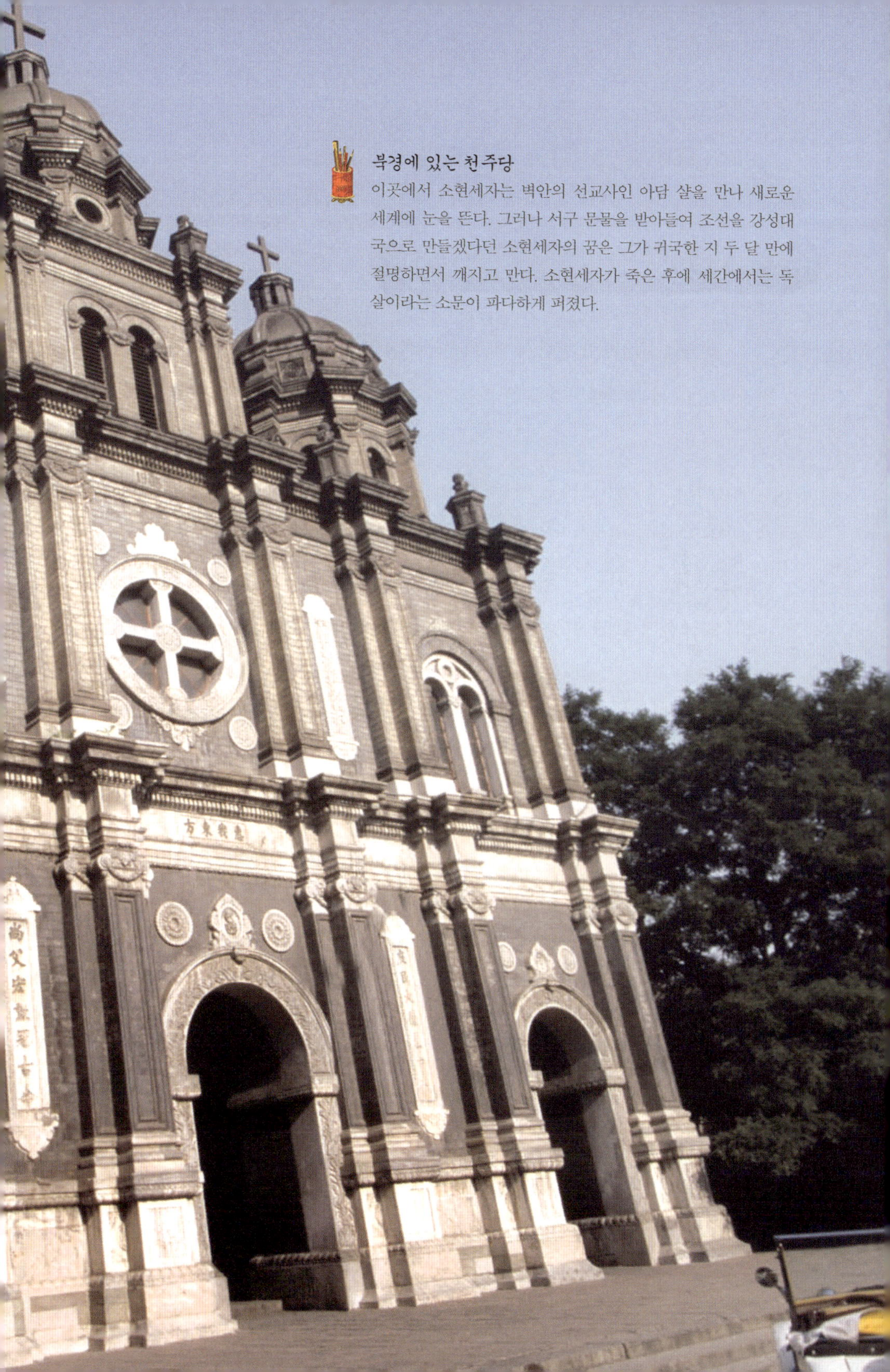

북경에 있는 천주당
이곳에서 소현세자는 벽안의 선교사인 아담 샬을 만나 새로운
세계에 눈을 뜬다. 그러나 서구 문물을 받아들여 조선을 강성대
국으로 만들겠다던 소현세자의 꿈은 그가 귀국한 지 두 달 만에
절명하면서 깨지고 만다. 소현세자가 죽은 후에 세간에서는 독
살이라는 소문이 파다하게 퍼졌다.

모두 우러러 의지할 것은
다만 묵은 쌀뿐이요, 다
른 물품도 전혀 바꾸
어 사들일 길이 없고 여

러 날도 못 가서 반드시 매우 곤궁해질 것이 걱정입니다. 본조의 은
2,000냥과 관향사가 관장하는 은 3,000냥을 급히 들여보내소서.

그러나 인조의 답변은 싸늘했다.

"묵은 쌀이 비록 나쁘기는 하지만 심양에 처음 갔을 때에 준하여
먹으면 될 것이다. 지금에 와서 전에 없던 규정을 특별히 낼 필요가
없다. 금년에 보낸 연료비와 반찬 값 등 황금과 인삼도 적지 않다."

인조는 이미 소현세자와 강씨를 아들과 며느리가 아닌 정적으로
보고 있었다. 소현세자는 인조와는 달리 청과의 외교에서 현실론을
채택하는 한편 귀국하면 청에서 습득한 서구 문물을 발달시켜 조선
을 강대국으로 만들겠다는 꿈을 꾸고 있었다. 그러나 이런 야무진
꿈은 척박한 조선의 현실과는 전혀 어울릴 수 없는 것이었다.

한편 이때 소용 조씨와 김자점 등의 이간질로 세자 부부를 의심

소현세자가 가져온 것으로 추측되는 해시계
이 해시계의 오른쪽 측면에는 '崇禎九年歲次丙子日躔 欽定修督陪臣 湯若望羅雅
谷'이란 명문이 새겨져 있는데, 이를 통해 1636년에 아담 샬湯若望과 야곱 로羅
雅谷 등 서양 선교사의 감독 아래 제작되었음을 알 수 있다. 대부분의 해시계가
반원 모양인 데 비해 이 해시계는 시간이 표시되어 있는 면인 시반時盤이 수평
을 이루고 있어 지평일구地平日晷라는 이름이 붙었다.

하던 인조는 더욱 큰 불안감에 휩싸이게 되었다. 인조는 소현세자가 청나라와 친밀해진 원인이 강씨 탓이라 생각했다. 더군다나 세자 일가가 모함을 당하자 강씨의 위치는 한층 위험해졌다. 그러던 중 인조 23년 2월 드디어 소현세자는 일가족과 함께 한성부로 돌아왔다.

소현세자의 죽음과 저주 사건

명나라가 망하고 청나라가 중국을 통일하자 볼모로 잡혀 있던 왕세자, 왕자들이 모두 풀려났다. 이에 인조 23년 2월 소현세자와 강씨가 귀국하였다. 소현세자 일행이 벽제에 도착하자 함께 온 청나라 사신이 인조에게 직접 와서 청 황제의 명을 받으라고 전했다. 심기가 불편했던 인조는 병을 핑계로 내다보지 않았다.

소현세자에 대한 인조의 속마음은 귀국을 환영하는 하례식에 참석하지 않는 것으로 드러났다. 신하들은 당연히 서로 대면해야 하는 것이 원칙이라면서 날짜를 연기하더라도 하례식을 하자고 요구했다.

세자가 영원히 돌아온 것은 실로 전에 없던 온 나라의 경사이니, 신민들은 손뼉치고 기뻐하고 있습니다. 한 번쯤 하례를 올리고 옥안(玉顔 : 임금의 얼굴)을 우러러보는 것은 인정이므로 그만두어서는 안 됩니다. 그런데 갑자기 '권정權停'하라는 명이 있으므로 조정의 모든 권정이라는 것은 임금의 참석 없이 절차를 간략하게 줄여서 하는 의식이다. 인조는 날짜를 연기하는 것은 옳지 못한 일이라며 허락하지 않았다. 심양에서의 볼모 생활로 몸이 쇠약해진 상태에서 인조의 차가운 박대는 소현세자의 심신을 더욱 지치게 했을 것이다.

소현세자는 무슨 병인지도 모른 채 귀국한 지 2개월 만에 절명하고 말았다. 귀국한 후 한 달여 동안 치료를 받았으나 낫지 않았다. 병이 갈수록 심해지자 어의 박군이 병명을 학질로 진단했다. 약방에서는 의원으로 이형익을 추천하였다.

이형익은 10여 년 전 대흥에서 번침술燔鍼術로 유명세를 타다 내의원의 추천으로 어의가 된 인물이었다. 처음에는 인조도 이형익의 번침술을 '괴이하고 허탄한 술법'이라며 들이지 말라고 명했다. 그러나 1년 후 인조는 그를 받아들여 번침술을 맞았다. 그의 침술로 한번 효과를 보면서 그를 신뢰하게 된 것이다.

번침술은 정통 침술에서 벗어난 것으로 검증되지 않은 의술이었다. 한 나라의 왕이 사기술에 가까운 침을 맞는 것에 대해 조정 신하들은 반대하였다.

"소문만 무성할 뿐 실제로 사대부들 중에도 이형익의 침술을 사용하여 효험을 본 사람이 없사옵니다!"

그러나 인조는 조정 신하들의 의견을 받아들이지 않았다. 인조는

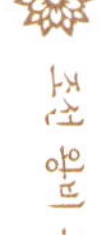

214

이형익의 침을 잘못 맞아 문제가 생기기도 했으나 개의치 않고 그를 어의로 채용했다. 인조가 이형익을 신뢰하게 된 것은 소용 조씨 때문이었다. 이형익이 자주 그녀의 어머니 집을 드나들었는데 이로 인해 추잡한 소문이 나돌 정도였다. 어쨌든 인조는 소용 조씨의 말만 믿고 이형익을 깊이 신뢰했던 것이다. 소현세자도 인조의 말만 믿고 이형익에게 몸을 맡겼다. 그런데 침을 맞은 지 사흘 만에 소현세자는 세상을 뜨고 말았다. 소현세자의 갑작스러운 죽음은 세간의 의혹을 불러일으켰으며 신하들은 이 일이 소용 조씨와 연루된 것이라 생각했다. 결정적인 단서는 소현세자의 시신이 보통 사람과 다른 데 있었다.

세자는 본국에 돌아온 지 얼마 안 되어 병을 얻었고 병이 난 지 수일 만에 죽었는데 온 몸에 전부 검은 빛이었고 이목구비의 일곱 구멍에서는 모두 선혈이 흘러나오므로 검은 면목으로 그 얼굴 반쪽만 덮어 놓았으나 곁에 있는 사람도 그 얼굴빛을 분변할 수 없어서 마치 약물에 중독되어 죽은 사람과 같았다. 그런데 이 사실을 외인外人들은 아는 자가 없었고, 임금도 알지 못하였다.

이 이야기는 염습에 참여했던 종실 진원군 이세완이 이상한 점을 발견하고 사람들에게 전한 것이다. 그는 아내가 인렬왕후의 서제庶弟였기 때문에 염습에 참여했었다.

215

인조는 세자가 갑작스러운 죽음을 당했음에도 불구하고 이형익을 국문하지 않았다. 조정 신하들은 당장 이형익의 죄를 물어야 한다고 주장했다.

왕세자의 증후가 하루아침에 갑자기 악화되어 끝내 이 지경에 이르렀으므로 뭇사람의 생각이 모두 의원들의 진찰이 밝지 못했고 침놓고 약 쓴 것이 적당함을 잃은 소치라고 여깁니다. 의원 이형익은 사람됨이 망령되어 괴이하고 허탄한 의술을 믿어서 일찍이 들어가 진찰하던 날에 망령되이 자기의 소견을 진술했는데, 세자께서 한전(寒戰 : 오한이 심하여 몸이 떨리는 증세)이 난 이후에는 증세도 판단하지 못하고 날마다 침만 놓았으니 그 신중하지 않고 망령되게 행동한 죄를 다스리지 않을 수 없습니다!

그러나 인조는 신하들의 말을 거절했다.

"여러 의원들은 신중하게 처리했으니 국문할 필요가 없다!"

대신들은 이후에도 계속 이형익을 비롯한 의원들을 법으로 다스려야 한다고 주장했으나 인조의 대답은 변함이 없었다. 인조는 이후에도 이형익을 믿고 계속 번침을 맞았다. 그리고 봉림대군이 왕세자로 책봉된 후 감기에 걸려 고생하자 인조는 이형익에게 진맥을 명했다. 그는 다음과 같은 진단을 내놓았다.

"봉림대군의 병이 사질(邪疾 : 정신병)이므로 사기邪氣를 다스리는

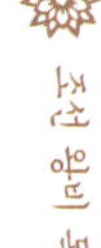

216

혈에다 침을 놓아야 합니다."

그러나 봉림대군은 거부를 하고 나섰다.

"제 병은 감기일 뿐 사질은 아닙니다."

인조는 계속 강권하였으나 봉림대군은 끝까지 침을 맞지 않았는데 얼마 지나지 않아 감기가 나았다.

이형익이 내의원에 들어온 이후 진료 과정에서 많은 문제가 발생하였고 오진도 빈번하였다. 봉림대군에 대해서도 오진하였으며 결국 소현세자의 죽음도 오진에 의한 것이었다. 그러나 인조는 문제 삼을 필요가 없다면서 오히려 이형익을 두둔했다. 이러한 측면에서 진원군의 증언은 소현세자 독살설에 신빙성을 더해 준다.

인조는 이 문제를 무시했다. 이후 봉림대군의 감기 증상에 이형익의 진료를 강권한 것도 의문스럽다. 이미 이형익의 오진으로 소현세자가 절명했음에도 불구하고 봉림대군에게 이를 강권한 것은 정상적인 아버지라면 할 수 없는 일이었다. 누군가가 계속 인조를 부추기고 있는 것이 분명했다.

강씨는 소현세자의 느닷없는 죽음에 슬퍼할 겨를도 없이 친정 오라버니들의 유배, 저주 사건에 휘말렸다. 술관이 소현세자의 묏자리에 관해 진언했다.

"영릉 동쪽 홍제동으로 하는 것이 좋겠습니다."

그러나 인조의 생각은 달랐다.

"길이 멀고 폐가 크기 때문에 효릉의 등성이가 낫겠다."

강씨는 아무래도 술관의 말이 일리가 있는 것 같아 홍제동으로 하자고 주장했으나 인조는 이를 받아들이지 않았다. 거기에다 강씨의 오라버니 강문명이 '소현세자의 장사일이 자오子午가 충돌하여 원손에게 불리하다(자와 오는 방위가 정반대여서 똑바로 맞서기 때문에 통상 금기로 여긴다)'고 주장하자 인조는 분노하였다. 자신은 둘째 아들 봉림대군을 왕세자로 책봉하고 싶은데 원손에게 불리하다는 이야기는 자신의 의지를 무시하는 것으로 받아들였다. 이 일로 인해 강씨의 친정 식구들은 모두 유배형에 처해졌다. 인조는 강씨 친정이 원손을 앞장세워 정권을 잡으려 한다고 생각했다.

인조는 강씨의 오라버니인 문성, 문명, 문두, 문벽 등을 모두 제주, 진도, 흡곡, 평해 등의 절도로 보내 버렸다. 이에 조정 신하들이 앞다투어 반대 의견을 피력했다.

"대단한 죄상도 드러나지 않았는데 이러한 조치는 극심한 것이옵니다. 명을 거두어 주소서!"

그러나 강씨 일가의 씨를 말리겠다는 생각을 가지고 있던 인조는 이를 들어주지 않았으며 오히려 신하들을 의심하였다. 대간 김광현이 '이들은 죄가 없는데 이러한 조치를 취한 것은 심하다'고 지적하자 인조는 강문명이 김광현의 사위이기 때문에 두둔한다고 생각했다. 인조는 강문명에게 죄를 주며 그 이유를 이렇게 설명했다.

강문명의 사람됨이 무식하고 또 외람되므로 만일 흉도에게 꾐을 당하면 작게는 유언비어를 퍼트릴 것이고 크게는 변을 일으킬 것이다.

218

그러니 그때에 가서는 경들이 아무리 후회한들 장차 어찌할 수 있겠는가? 그를 살릴 수 있는 방도를 생각하여 이러한 전교를 하는 것이다. 강씨 또한 현철한 사람이 아닌데 그의 형제들이 저렇듯 불량하니 후일에 혹시라도 염려되는 일이 생긴다면 경들이 의당 내 말을 생각하게 될 것이다!

그런 한편 인조는 숙원 조씨를 소의로 삼았다. 당시 인조는 중전이나 숙의 장씨보다 조씨를 총애했다. 조씨는 성품이 엉큼하고 교사스러워 뜻에 거슬리는 자를 모함하기 일쑤였다. 그중에서도 강씨를 가장 미워했던 조씨는 인조에게 날마다 참소와 이간질을 하였다. 그런데 강씨 일가가 귀양을 가게 되자 사람들은 모두 강씨에게 화가 미칠 날이 멀지 않았다는 것을 알았다.

그것은 저주 사건으로 나타났다. 인조는 자신을 저주했다는 혐의로 강씨의 궁녀들을 내옥에 가두고 국문했다. 인조의 속셈은 궁녀들로부터 저주 사건의 배후가 강씨라는 것을 자백받는 데 있었다.

이 사건으로 시비 계향과 계환이 내옥에서 죽었다. 원손 보모인 상궁 최씨도 고문을 받고 죽었다. 이들은 국문을 당했으나 죄를 인정하지 않았다. 가장 친밀했던 궁녀가 신생이었는데 그녀는 먼저 자백하여 죽음을 면했다. 신생의 자백에 의해 대궐 안 여기저기에서 사람의 뼈와 동으로 만든 사람의 형상 등이 많이 발굴되었다.

숙원 조씨가 처음 궁중에 들어왔을 때 궁녀 애란이 궁중의 일을 주관하고 있었는데 인조, 중전, 세자빈이 모두 애란을 신임하였다.

조씨와 강씨 간에 불화가 생기자 인조는 애란에게 강씨를 감시하게 하였다. 그러나 애란은 곧 강씨와 친밀한 사이가 되었다. 소현세자가 사망한 후 애란은 무당이 한 말을 강씨에게 전했다.

"세자가 북경에서 올 때에 금수(錦繡 : 수를 놓은 비단)를 많이 구입해 왔는데 이 물건이 빌미가 되어 흉화를 당하게 된 것이니 이것들을 물에 띄워 버리거나 불에 태워서 신에게 사죄해야 합니다. 그렇지 않으면 흉화가 그치지 않을 것입니다."

강씨는 이 말을 그대로 실천하기 위해 애란에게 물건의 수를 헤아리게 하였다. 애란이 이 일을 하고 있을 때 조씨가 도와주는 척하다가 일부러 쓰러졌다. 놀란 인조는 애란이 요망한 무당과 통했다는 것에 분노하여 그녀를 옥에 가둔 후 국문하여 절도로 귀양을 보내버렸다.

이 사건과 연루된 사람은 13명으로 이 중 8명이 여자였다. 심문 결과는 다음과 같이 밝혀졌다.

강씨가 심양에서 나오던 해 여름, 곧 을유년에 가음금에게 사람의 뼈를 구해 오라고 하여 두개골, 팔뼈, 다리뼈를 가지고 와서 들여보냈는데 뼈를 부수어 광주리에 담아 들이기를 네 차례나 했다고 했다. 궁녀 계환은 갑신년에 강씨가 '지금 청나라와 도모하여 세자를 왕으로 삼으려 하고 있다'는 편지를 보냈다고 자복했다. 강씨의 어머니 예옥도 저주하는 물품을 보냈다고 했다.

계환은 이렇게 말했다.

"하루는 순개가 사람 뼈를 가지고 왔기에 제가 무슨 물건이냐고

물었더니 어린아이의 뼈라고 대답했습니다. 또 두 되 가량 되는 뼛가루를 종이에 싼 것이 있었는데 대개 뼈는 종 적복이 구해 왔고, 가루로 만들기는 종례(강문성의 첩)가 했습니다. 또 발가락이 있는 어린아이의 발은 순개가 구해 왔는데 이것들을 들여보냈더니 역적 강씨가 답서에 '보낸 것을 잘 받았다'고 했습니다. 저주하는 방법은 모릅니다. 내전에서 편지를 보내 어떤 물건을 구하면 그 말에 따라 구해 보냈을 뿐입니다. 이 일은 역적 강씨가 심양으로부터 아주 돌아오던 해 봄에 있었습니다."

계환은 곤장에 맞아 죽었다. 한편 계환의 오라비 최득립은 다음과 같이 자백했다.

"심양에서 나올 때에 계환의 보따리 속에 5홉 가량의 가루가 들어 있었는데 흉터를 치료할 약이라고 했습니다. 그런데 지금 와서 생각해 보니 사람의 뼛가루였습니다. 그 뒤에 계환이 또 흉터를 치료할 것이라고 하면서 사람의 뼛가루를 구하기에 제가 돌쇠를 시켜 오래된 뼈 서너 개를 구해 가루로 만들어 보내 주었습니다. 계환이 심양에 있을 때 저에게 편지를 보내 '강문성의 집안에서 나온 이야기인데 다음 해에 세자가 왕이 되어 들어올 것이니 우리들은 오래지 않아 들어가게 될 것입니다' 했습니다. 또한 칙사가 왔을 때 계환이 편지와 노주주潞州紬 두 필을 보내며 말하기를 '중국인은 필시 짐독(鴆毒 : 짐새의 깃에 있는 맹독)을 가지고 왔을 것이오. 앞으로 임금에게 독약을 넣으려고 하니 오라비는 이 비단 값으로 그것을 구입해 들이시오' 하였습니다. 제가 즉시 이형장에게 문의하기를 '우리 누이가

221

대하증(帶下症 : 여성의 몸에서 점액성 물질이 흘러나오는 병)이 있어 짐독으로 치료하려 하는데 그것을 가지고 온 중국인을 가르쳐 주시오' 하니 형장의 말이 '물건을 본래 가지고 오지 않았다' 하였습니다. 그래서 비상 한 냥 가량을 사서 두 차례에 걸쳐 들여보냈습니다."

이 사건으로 사형에 처해진 사람은 애순, 가음금, 복기, 돌쇠, 옥남, 끝덕, 끝향, 자근춘, 자근개, 종생, 순례, 최득립, 종례, 예옥 등이었다.

인조는 예향의 무리가 곤장을 맞고 죽은 후에는 환절기에 으레 아프던 증세가 재발하지 않았기 때문에 저주가 사라졌다고 생각했다. 이 때문에 인조는 신하들이 고변한 신생도 연루되어 있으므로 죽이라고 요구했을 때도 이를 무시하였다.

인조는 이 모든 사건을 배후 조종했던 조씨를 소의로 삼았다.《인조실록》에서는 조씨에 대해 이렇게 평가해 놓았다.

숙원 조씨를 소의로 삼았다. 세자 책봉 후에 으레 있는 은전이다. 이 때 중전 및 장숙의가 모두 사랑을 받지 못하고 소의만이 더더욱 총애를 받았다. 성품이 엉큼하고 교사스러워서 뜻에 거슬리는 자를 모함하기가 일쑤이므로 궁중에서 두려워하지 않는 사람이 없었다.

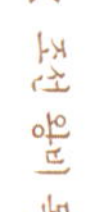

조작된 죄목으로 멸문에 이르다

인조 24년 1월 새해였다. 궁궐에서는 대소동이 벌어졌다. 인조가 전복구이를 먹다가 독을 발견하고 범인으로 강씨를 지목했던 것이다. 인조는 강씨가 권력을 넘보기 위해 세력을 기른다고 생각했다. 인조는 당장에 음식을 담당하는 궁녀를 하옥시키라고 명했다. 그리고 강씨의 궁녀인 정렬, 계일, 애향, 난옥, 향이와 수라간 나인 천이, 일녀, 해미가 체포되었다.

인조는 강씨를 별당에 유치시킨 후 구멍을 뚫어 음식과 물을 넣어 주었다. 이처럼 과격한 조치에 봉림대군이 항의를 하고 나섰다.

"지금 죄 지은 흔적이 분명하지도 않은데 성급하게 이런 조치를 내리고 한 사람도 따라가지 못하게 한단 말입니까?"

강씨는 봉림대군 때문에 겨우 시녀 한 사람의 시중을 받을 수 있게 되었다. 이 와중에도 조씨는 인조에게 계속 강씨를 모함하였다. 작년 저주 사건이 일어났을 때 인조는 왕실 사람들에게 강씨와 내통하는 자는 죄로 다스리겠다고 천명한 적이 있었다. 그래서 당시 사람들은 강씨가 내통이 불가능한 상황에서 수라에 독을 넣는 일은 있을 수 없다며 두둔했다. 조씨의 모함이라고 생각했던 것이다. 이에 대사간 조경, 헌납 조한영, 정언 강호, 김휘 등이 간언을 올렸다.

"임금을 죽이려 한 대역 죄인을 환관 혼자 처리하는 내옥에 가둔 것은 이해하기 힘든 일이옵니다. 정식으로 의금부에 회부하여 제대로 된 절차를 통해 다스려야 합니다."

이들의 말처럼 대역죄라면 법적인 절차를 거쳐서 처리해야 마땅했다. 인조는 강씨를 죄인으로 만들 생각에 경솔하게 행동한 것이다. 이에 대신 김류, 이경석, 판의금 구인후 등이 나서서 잡힌 사람들을 국문하였으나 증거를 찾을 수 없었다.

심문하는 과정에서 난옥은 죽고 강씨가 가장 신임하던 정렬, 유덕도 뒤따라 죽었다. 압슬과 낙형으로 두 사람을 심문했으나 어떤 단서도 발견할 수 없었다. 별다른 증거를 찾지 못하자 나머지 사람들은 석방하였다.

사건이 일어난 지 보름이 넘었지만 범인을 찾지 못했다. 강씨를 범인으로 몰아야 하는데 단서조차 못 만들어 내니 답답한 노릇이었다. 이에 인조는 엄살을 부리고 나왔다.

"열이 치밀고 가슴이 답답하다. 이는 필시 독으로 인한 증상이다!"

인조는 어떻게든 강씨를 대역 죄인으로 몰아세울 생각이었다. 인조는 그녀가 과거 왕권을 얼마나 위협했는가에 대한 내용을 구구절절하게 써서 신하들이 읽게 하였다. 그녀가 음식에 독을 탄 것은 과거의 정황으로 볼 때 충분히 개연성이 있다는 주장이었다.

첫째로 든 정황이 심양에서 일어난 일이었다. 이 내용은 인조가 누군가로부터 들은 내용이며 사실로 확인된 바가 없었다. 그래도 인조는 이 이야기를 믿었다. 강씨가 심양에 있을 때 청나라 사람과 도모하여 몰래 반역을 도모했다는 것이다.

둘째는 적의(翟衣 : 나라의 중요한 의식 때 왕비가 입던 예복)를 만든 것과 심양에서 시종들이 소현세자를 동전東殿으로, 그녀를 내전內殿

으로 부른 것을 들었다.

셋째는 자신을 업신여겨 문안 인사를 폐한 것을 들었다. 인조 23년 가을 무렵 강씨는 인조에게 분노를 표했다. 인조 근처에 가서 자신의 분한 마음을 드러내고 문안 인사까지 중지해 버렸다. 인조는 이러한 행동이 며느리로서나 신하로서 할 수 없는 일이라 주장했다. 강씨의 강경한 태도는 억울하게 죽은 남편 소현세자, 부당한 왕세자 책봉, 친정 동생들의 유배 등에서 비롯된 것이었다.

소현세자가 의문스러운 침술로 세상을 떠났으나 인조는 이형익을 계속 옆에 두었다. 또한 강씨에게 첫째 아들 석철이 있었음에도 불구하고 봉림대군을 왕세자로 책봉하였다. 이런 와중에 강씨의 오라버니 강문성, 강문명, 강문두, 강문벽 등을 모두 제주, 진도, 흡곡, 평해 등으로 유배시켜 버렸다. 강씨로서는 어처구니가 없는 일이었다. 강씨는 죄가 없음에도 불구하고 죄인 취급을 하는 인조에게 더 이상 문안 인사를 할 수 없었다. 인조는 강씨가 자신에게 불손하게 된 것이 강석기가 세상을 떠났을 때 장례에 참석하지 못하게 했기 때문이라고 생각했다. 그 이후부터 강씨는 매우 불손해졌으며 점차 문안 인사까지 폐했다는 것이다.

넷째는 자신을 죽이기 위하여 저주 사건을 꾸민 것을 들었다. 다섯째는 왕을 독살하려 했다는 것이었다. 저주 사건과 독살 사건은 증거도 없었고 자백한 사람도 없었다. 그런데도 인조는 위의 세 가지 정황을 들며 강씨를 범인으로 단정했다. 인조는 강씨가 많은 재물로 세력을 규합하고 궁녀들을 매수한 것으로 보았다. 그 근거로

225

대전의 궁녀들에게 의복을 마련해 주는 일을 들먹거렸다. 그 같은 방법으로 궁녀뿐 아니라 조정 신하들까지 자기 세력으로 만들었다는 것이다.

"이 사람이 귀국할 때에 금과 비단을 많이 싣고 왔으니 이것을 뿌린다면 무슨 일인들 못하겠는가? 대신과 육경은 내가 본디 의심하지 않으나, 용렬 비루하고 무식하여 재물이 탐이 나서 의리를 망각한 자들은 꾐을 당할 리 없지 않을 것이다!"

조정 신하들은 인조의 터무니없는 주장에 아연실색했다. 결국 강씨를 사사시키려 한다는 것을 알고 조정 신하들은 극구 만류했다.

"적의를 만든 것은 비단을 좋아하는 아낙네들의 마음이옵니다. 그리고 옛 임금들은 은혜와 도리 두 가지를 모두 챙기기 위해 부모자식간의 자애심을 기본으로 삼았습니다!"

그러나 인조는 신하들의 의견을 묵살했다.

"강씨는 내 자식이 아니다!"

인조는 신하들이 계속 반대를 하자 위로받기 위해 김자점을 찾아갔다. 인조는 강씨가 얼마나 악독한 여자인지 구구절절 늘어놓으며 반드시 제거해야 한다고 힘주어 말했다.

"중국 진나라가 육국六國을 멸망시킨 후 통일할 수 있었던 것은 제후들에게 많은 돈을 뿌린 결과이다. 강씨도 재물로 사람을 유인하여 똑같은 짓을 저지르고 있다. 당장은 강씨에게서 혐의를 찾을 수 없지만 분명 나중에 걱정거리가 되므로 제거해야 된다!"

김자점은 반박할 처지가 아니었으므로 이 의견에 찬동했다.

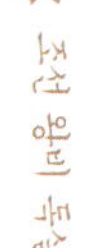

226

"제가 심양에 갔을 때 세자가 사냥을 하거나 밖을 나가게 되면 강씨가 공문서를 처리하였습니다. 또한 전殿의 칭호를 사용하고 적의를 만든 것은 있을 수 없는 대역죄에 해당합니다. 부인이 바깥일을 간여하는 것은 듣도 보도 못한 일입니다. 임금께서 들으셨던 소현세자의 왕위 전복에 관한 일도 모두 강씨가 꾸민 짓입니다."

김자점이 인조의 의견에 찬동한 것은 그의 기회주의적인 속성을 보여주는 것이었다. 사관은 김자점이 이렇게 변한 이유에 대해 다음과 같이 기록해 놓았다.

김자점이 일찍이 소현세자를 아첨으로 섬기다가 임금의 뜻을 크게 거슬렀는데 이에 이르러 두려워서 몸 둘 바를 몰라 하면서 반드시 임금의 의사에 영합하고자 하였다. 그리하여 빈청賓廳에서 계사(啓事 : 글로써 일을 아뢰던 일)를 올릴 적에 병을 핑계하고 참여하지 않았고 또 입대하였을 때에는 이모저모로 비위를 맞춰 아첨하는 태도가 이루 말할 수 없었다. 시종 강씨를 사사하는 것에 대해 옳다고 한 자는 오직 김자점 한 사람뿐이었으므로 임금이 마음을 기울여 의지하였다.

이미 인조는 강씨를 사사시키기로 결정했으나 누구도 따라 주지 않았다. 그리고 김자점은 자신의 이권을 챙기기 위해 무조건 인조의 말에 찬동하였다. 이에 헌납 장응일은 크게 반발하며 인조에게 따졌다.

227

“보통 사람에게도 억지로 죄목을 정할 수 없는데 부자지간이나 마찬가지인 가족 간에 어떻게 이런 엄청난 억지 주장을 할 수 있사옵니까?”

이 말에 인조는 크게 분노했다.

“성종 임금 대에 폐비 윤씨를 사사시킬 때 신하들이 모여서 이를 반대했다는 이야기를 들은 적이 없다. 투기한 죄밖에 없는 아내인데도 사사시켰는데 대역죄를 범한 며느리를 어찌 비호할 수 있단 말인가! 이것은 분명 임금보다 신하들에게 권력이 있는 것이다. 쥐새끼도 나중에는 호랑이로 변할 수 있다. 당장 강씨를 사사시키라!”

인조 24년 3월, 누명을 쓴 강씨는 덮개가 있는 검은 가마를 타고 궁궐 밖을 빠져 나와 친정집으로 갔고, 그곳에서 사사되었다. 강씨의 독살 혐의는 인조의 비망기에 분명 ‘추측’이라고 되어 있었는데 제문과 교서에는 ‘단정’이라고 기록되었다. 이후 강씨는 ‘역적 강’으로 불리었다.

강씨는 단지 추측에 의해 사사되었다. 당시 사람들은 강씨가 비운의 죽음을 맞은 배경에는 조씨의 모략이 있다고 생각했다. 인조는 강씨가 죽은 후에도 계속 그녀를 비난하였다.

“역적 강은 죽기 전에 손가락을 잘라 다섯 장의 종이에 혈서로 ‘인평대군과 조씨가 나를 죽음으로 몰아넣었으니 너희들이 성장하여 반드시 이 원수를 갚으라’라고 써서 자식들과 시비들에게 나누어 주었다!”

조정 신하들의 입장에서는 언뜻 이해할 수 없는 말이었다. 신하들

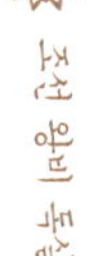

은 그 속사정을 캐물었다.

"그 글이 한글이었습니까? 한문이었습니까?"

"한글로 썼고 간혹 한문도 섞어 있었다."

그러자 김남중이 나서서 간언했다.

"이 사건은 중대하므로 의정부에서 국문해야 합니다."

"이미 내옥에서 처리했다."

사건은 강씨의 사사만으로 끝나지 않았다. 그녀와 관련된 모든 인

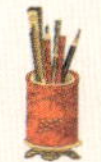

소현세자빈 강씨의 무덤

소현세자와 함께 조선을 문명개화하려던 강씨는 조작된 독살 사건에 의해 사약을 들이키고 말았다. 그녀의 친정 집안은 멸문에 이르렀으며 왕손이었던 그녀의 아들들도 뒤따라 죽어 막내아들 석견만이 남게 되었다. 그녀의 무덤 이름은 '길이 위로한다'는 뜻인 영회원永懷園이다. 경기도 광명시 노온사동에 있다.

물들이 제거되어야 했다. 어머니 신씨를 비롯하여 남동생 강문두, 강문벽 등도 모두 사사시켰으며 세 아들도 모두 유배형에 처해졌다. 12세의 석철, 8세의 석린, 4세의 석견 등이 모두 제주에 유배되었으며 외부인들이 절대 접촉하지 못하도록 하라는 명이 내려졌다.

조정의 신하들은 증거도 없이 강씨를 사사시키고 그것도 모자라 자신의 손자들까지 유배에 처하는 인조를 이해할 수 없었다. 병조참지 정언황은 인조의 처사에 반하는 상소를 올렸다.

"원손들이 흉모에 가담하지 않았다는 사실이 확실한데 유배형에 처한 것은 심한 처사이옵니다. 부디 봉림대군의 아들로 삼게 하여 누구도 관여하지 못하게 하옵소서!"

그러나 인조는 냉정하게 대답했다.

"유사(有司 : 일에 관련된 신하들)의 청을 따른 것이므로 나도 어쩔 수 없다."

인조가 손자들까지 역적으로 본 것은 혹시 연산군처럼 이들이 자신의 어머니를 위해 피바람을 일으키지 않을까 하는 두려움 때문이었다.

성종 대에 그 일에 대해 말한 사람은 연산군 대에 이르러 다 뼈를 가루로 만들어 바람에 날리는 화를 당하였다. 강씨에게 세 명의 자식이 있으니 사람들이 크게 두려워하는 바가 바로 여기에 있다.

—《인조실록》24년 2월 7일

조정 신하들은 이미 사건이 일단락된 것으로 생각하고 인조의 뜻에 따랐다. 그런데 문제가 생겼다. 인조 25년, 청나라 사신이 와서 강씨와 세 아들의 생사 여부를 물은 것이다. 조선 조정에서는 이렇게 답하였다.

"강씨는 법에 의해 당연히 주륙해야 하는데 임금의 지친이었으므로 그냥 사사시키는 것으로 마무리했으며, 세 아들은 연좌법에 의하여 법대로 다스려야 했으나 인정상 유배형에 처했습니다."

그러나 청나라 사신은 납득하지 못했고 계속 사건의 진상을 파헤치려고 하였다. 인조 26년 3월 청나라 사신 정명수가 방문하여 또 물었다.

"소현세자의 세 아이는 어디에 있습니까? 속담에 아버지는 뼈이고 어머니는 그릇이라고 했습니다. 아버지의 죄 때문에 연좌되었다는 말은 들었어도 어머니의 죄 때문에 연좌되었다는 말은 못 들었습니다."

이에 김자점과 이행원이 나서서 거짓말을 했다.

"조정에서 세 아이에게 죄 줄 것을 청했으나 임금이 차마 죽이지 못하고 섬으로 유배시켰는데 작은 두 아이는 마마로 죽었습니다."

그러자 사신이 큰아이를 청나라로 데려가고 싶다고 했다. 이 문제로 인조와 신하들은 머리를 맞대고 고민을 했다.

"석철이 죽었다고 말하지 못한 것이 한스럽다! 절대로 데리고 가게 해서는 안 된다. 그래도 고집을 부린다면 차라리 죽이는 것이 낫다. 분명 역관들이 사신에게 알려 줄 염려가 있으므로 의심 가는 사람을 조사하라!"

사람들은 청나라 사신이 와서 석철을 데려가고 싶다고 했기 때문에 분명 목숨을 부지하기 어려울 것이라고 생각했다. 몇 개월 후 석철과 석린은 차례로 병으로 죽고 막내아들 석견만 겨우 목숨을 부지하였다.

인조가 죽고 효종이 즉위하자 황해감사 김홍욱이 강씨의 신원과 소현세자의 막내아들 석견의 석방을 직언하였다. 이에 효종은 김홍욱을 매로 때려죽이라는 엄명을 내렸다. 만일 강씨의 옥사가 모두 조작된 것으로 밝혀져 신원된다면 효종은 재위의 명분을 잃게 될 수도 있었다. 왜냐하면 살아 있는 소현세자의 막내아들 석견에게 종통의 소재가 있었기 때문이다. 그 후 강씨는 80년이 지난 숙종 44년(1718)에서야 겨우 억울한 누명을 벗고 신원될 수 있었다.

강씨 일가족의 죽음은 인조의 열등감, 후궁 조씨의 권력에 대한 야망, 김자점 세력의 집권 욕망 등이 얽혀서 나온 산물이었다. 인조는 광해군을 몰아내고 왕위를 탈취했으므로 항상 신하들을 의심하였다. 인조는 연산군과 영창대군 등이 어떻게 왕위에서 쫓겨나고 사사되었는지 너무도 잘 알고 있었다. 왕위를 위협했던 것은 신하들이었다. 이들은 자신들의 의사에 반하는 왕은 가차 없이 독살을 하거나 정변을 일으켜 갈아 치웠다. 이러한 역사를 너무나 잘 아는 인조의 눈에는 아들, 며느리, 손자들조차 모두 정적으로 보였다. 신하들이 이들을 등에 업고 자신이 어렵게 얻은 왕위를 넘볼 것이라 생각했다. 여기에 후궁 조씨와 김자점 세력의 권력에 대한 야망이 인조의 열등 의식을 부채질했다. 대사헌 김남중은 인조에게 이러한 변을 방지하기 위해 다음과 같이 충고한 적이 있었다.

귀에 거슬리는 말을 아뢰자마자 듣기 싫어하는 기색이 대번 드러나며 한쪽으로 치우치는 사심을 떨쳐 버리지 못하고 남을 이기기 좋아하는 습관을 다스리지 못한 것이 바로 전하의 병근이니 …… 강직한 논의를 좋아하고 선을 받아들이는 도량을 넓히며 의리를 깊이 살펴서 이기기 좋아하는 사심을 버리소서.

그러나 인조는 이를 귀담아듣지 않았다. 결국 인조는 자신의 옹졸함 때문에 자식과 며느리, 손자들을 죽인 비정한 군주가 되었다.

사대부들, 역사의 새 물결에
저주를 내리다,
희빈 장씨

(? ~ 1701)

희빈 장씨 가계도

장형 = 윤씨
├ 희재
└ 女 = 숙종
　　└ 윤(경종)

= 부부, ─ 자녀

숙종 10년, 조정에서는 향도계香徒契에 속한 백성들이 소란을 피운 것에 대해 벌을 내려 줄 것을 요구하고 있었다. 향도계라는 것은 장례식 일손을 돕기 위한 백성들의 모임이었다. 그런데 이 모임에 속한 사람들이 자신의 주장을 관철하기 위해 행패를 부렸다는 것이다. 그래서 이들을 잡아서 혼을 내 달라는 것이 조정 대신들의 의견이었다. 아울러 사회 체제를 바꾸기 위한 백성들의 비밀스러운 모임인 도가都家라는 것이 있는데 이것도 모두 폐지해야 한다고 목소리를 높였다.

숙종 대는 그 이전 시대보다 신분제 사회의 균열이 눈에 띄게 나타난 때이다. 역대 왕들 중에 가장 설화가 많이 남아 있는 시기도 숙종 대이다. 설화에는 하층민 출신들의 신분 상승에 대한 열망, 백성들이 새로운 세계를 희망하는 내용들이 주로 담겨져 있다. 이 같은

237

정황들을 볼 때 숙종 대는 사대부들의 기득권 유지가 점차 어려워지고 있던 시대였다는 것을 알 수 있다.

이처럼 신분제가 균열되고 있던 시대 덕분에 천민 출신의 장씨는 왕비로 등극할 수 있었다. 그러나 그녀에게 주어진 시간은 6년뿐이었다. 그 후 장씨는 자진하라는 숙종의 명령에 의해 세상을 떠났다. 그녀는 자신의 환경을 극복하기 위해 많은 노력을 기울였지만 결국은 왕명을 따를 수밖에 없었다. 장씨가 죽음을 당했던 이유는 어디에 있었을까?

천민의 딸과 양반의 딸, 그 엇갈린 운명

희빈 장씨는 역관 장형과 천인 출신의 윤씨 사이에서 출생하였다. 장형은 두 명의 부인을 두었는데 첫째 부인이 고씨이며 둘째 부인이 장씨의 어머니 윤씨였다. 장형과 고씨는 일찍 세상을 떠났으며, 장씨는 홀어머니 아래에서 성장하였다. 장씨의 본관은 인동이다. 이 집안에는 대대로 역관을 지낸 인물이 많았다.

조선시대 역관 중에는 한중일 삼국간의 무역업을 통해 갑부가 된 인물들이 있었다. 그중 한 사람이 장씨의 당숙인 장현이었다. 그는 북경을 드나들면서 투전놀이를 배워 조선에 전파시킨 인물이기도 하지만 효종, 숙종 대에 무역업으로 거부가 된 인물로 더 알려져 있다. 장현은 인조 대 봉림대군이 심양에 볼모로 잡혀갔을 때부터 역

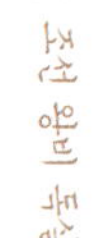

관으로 따라가 공을 세웠으며 효종, 숙종 때에 이르러서는 무역업,
사대부들과의 결탁 등으로 거부가 되었다.

그가 어느 정도 부유했는지에 대해서는 여러 가지 일화가 있다.
효종 대에 계곡 장유의 묘를 이장할 때에 종실과 부마들이 모두 참
여했는데 그날은 날씨가 몹시 추웠다. 당시 사람들은 방한모의 일종
인 이엄, 만선 등을 착용하고 다녔는데 이를 가지고 있는 사람이 드
물었다. 그때 이를 소유하고 있는 사람은 역관 두 명뿐이었는데 그
중 한 사람이 장현이었다. 그는 청평위 복녕군에게 이를 빌려 준 적
이 있었고 숙종 대에는 국법에서 금하는 덧서까래를 사용했다가 처
벌을 받기도 했다.

장현이 거부가 된 것은 중국 연경 갑부 정기와 서로 마음이 통해
재산의 3분의 1을 얻어서라고 하지만 이보다는 인삼 무역과 군무기
수입 등으로 많은 돈을 모았기 때문이었다. 그는 이러한 재산을 이
용해 조정 대신들과 긴밀한 관계를 맺었다. 숙종 대에 장령 심극이
올린 상소에 보면 그 관계가 잘 드러난다.

장현, 장찬은 장희재와 가까운 친족으로서 타고난 성질이 매우 흉악
하고 교활하여 재물은 온 집안에서 으뜸이요, 자식과 조카들은 모두
수재(守宰 : 수령)를 차지하고 있습니다. 가옥이나 의복의 장식은 사
치하여 법도를 넘어서고 경상(卿相 : 재상과 판서)과 서로 결탁하여
동류처럼 보며 크고 작은 조정의 논의에 반드시 끼어들어 모의를 하

239

고 장희재를 지도하여 흉모를 하도록 도왔습니다.

장현의 딸도 궁녀였다. 희빈 장씨는 이러한 연줄과 복창군의 주선으로 조대비의 궁녀로 들어갔다. 복창군은 장현과 친밀한 관계에 있는 인물이었다. 현종 대 복창군이 청나라의 정사로 갈 때 그는 역관으로 따라가 일을 잘 주선해 주어 신용을 얻었다. 숙종 6년 복창군이 처형될 때는 이에 연루되어 경원에서 귀양살이를 하기도 했다.

희빈 장씨는 어린 시절 궁궐에 입성했다. 아버지 장형은 사촌인 장현에 비해 큰 부를 형성한 것으로 보이지는 않는다. 이는 둘째 부인이 중인, 평민도 아닌 천민이었다는 사실에서 유추해 볼 수 있다. 그러므로 희빈 장씨의 집은 의외로 어려웠을 수 있다. 당숙이 부자일 뿐 그녀의 처지와는 무관했을 것이다. 다만 종사촌이 궁녀로 가 있고 당숙이 역관이었기 때문에 어린 나이에 궁녀로 들어왔을 것이다. 홀어머니와 함께 사는 삶이 그리 부유하지는 않았을 것이고 궁녀가 된 장씨가 살림에 보탬을 주었을 것이다.

장씨가 숙종의 눈에 띈 것은 인경왕후 김씨가 세상을 떠난 직후였다. 숙종은 세 명의 왕후와 한 명의 폐왕후, 그리고 일곱 명의 후궁을 거느렸으며 슬하에 다섯 명의 아들을 두었다. 첫 왕후인 인경왕후仁敬王后는 광주 김씨로 광성부원군 김만기의 딸이다. 그녀의 고조부는 예학의 최고봉으로 알려진 김장생이었다.

1674년 숙종이 왕위에 오르자 김씨도 왕비가 되었으며 숙종 2년에 정식 왕비의 책명을 받았다. 서인이었던 아버지 김만기의 벼슬은

240

영돈령부사였다.

그녀가 왕비가 되었을 당시에는 남인들이 득세하고 있었으나 시어머니, 시할머니 등이 모두 서인 집안 출신이고 친정도 건재하여 안전하게 국모 자리를 지킬 수 있었다. 그러나 왕비로 책봉된 지 몇 년 후인 숙종 6년 10월에 갑자기 천연두를 앓게 되었고, 숙종은 영의정 김수항의 건의로 천연두 전염을 피해 창덕궁으로 거처를 옮겼다. 김씨는 발병한 지 8일 만에 그만 세상을 떠나고 말았다. 20세의 젊은 나이였다.

인경왕후 김씨가 세상을 떠나자 그 다음 맞이한 둘째 왕후가 인현왕후 민씨였다. 민씨도 서인 집안 출신이었다. 아버지 민유중은 효종 1년 문과에 급제한 후 벼슬이 영돈령부사에 이르렀으며 민씨가 숙종 7년 15세의 나이에 왕비로 간택되자 왕의 장인으로서 여양부원군으로 책봉되었다. 그의 아내는 송준길의 딸이었는데 은성부부인으로 피봉되었다. 송준길과 송시열을 스승으로 모시며 학문을 수용한 민유중은 경서에도 밝아 사림간에 명성이 드높은 노론의 중진이었다.

노론은 서인의 한 분파로 대 남인 강경파들이었다. 서인이 노론과 소론으로 갈라진 것은 김익훈의 고변 사건 때문이었다. 경신환국으로 서인 정권이 들어선 후 남인을 제거하기 위한 고변 사건이 연달아 이어졌는데 대비 김씨와 김석주 등은 복평군을 제거하기 위해 심복인 김익훈으로 하여금 역모를 고변하도록 뒤에서 사주하였다. 그런데 국문한 결과 모두 무고임이 드러났다. 서인의 대남 보수파들은

241

김익훈의 배후까지 밝혀내게 되면 김석주도 연루될 수 있을 것 같아
사건의 진상을 철저히 밝히지 않고 마무리 지으려 하였다.

그러나 서인 중 젊은 학자들은 김익훈의 고변 사건을 철저히 밝혀
그를 사사시켜야 한다며 강경하게 나왔다. 결국 서인들은 내부적으
로 김익훈의 고변 사건을 둘러싸고 노론과 소론으로 갈라지게 되었
다. 노론 측 중심인물들은 송시열을 영수로 한 세력들이었으며 소론
은 윤휴를 중심으로 한 세력들이었다. 민유중 또한 서인이면서 척신
이었기 때문에 노론의 중진으로 활약하였다.

궁녀로 들어온 장씨는 숙종의 눈에 띄어 총애를 받기 시작하였다.
《숙종실록》에 "파유용색(頗有容色 : 자못 얼굴이 아름다움)"이라고 기
록되어 있는 것으로 보아 장씨는 빼어난 미인이었던 것으로 보인다.
원래 죽어서 왕후로 승격된 여성들의 행록을 보면 태몽이 좋았다거
나 하늘이 어떤 암시를 주는 듯한 이야기들이 기록되어 있다. 그런
데 장희빈의 경우는 오히려 하늘도 가장 악독한 여성이 나타날 것에
대한 암시를 준 것으로 기록되어 있다.

날씨가 침침하였다. 흰 기운이 서쪽으로부터 중천에 뻗쳐서 그 모양
이 혜성과 같았고 여러 날 동안 사라지지 않았다. 관상감에서 문신
측후관을 차출하여 윤번으로 수직하면서 관찰할 것을 청했다. 그 후
로 혜성이 우성, 두성, 삼성, 허성, 위성, 실성, 벽성, 규성, 누성, 위성
위에 출몰, 두 달 동안 나타났다 사라졌다 하였다. 당시 국상은 혜성

이 나타나기 전에 이미 났으므로 이러한 이변의 출현 조짐이 어디에 있는지 알 수 없었다. 그 후에 장녀가 일개 폐희(嬖姬 : 아첨하여 귀여움을 받는 여인)로서 임금의 총애를 받아 나중에는 왕비의 지위를 빼앗기에 이르렀다. 화란을 끼치고 큰 파란을 일으킨 그녀가 임금의 총애를 받기 시작한 것이 이 무렵이었으니 이로써 하늘이 조짐을 보여주는 것이 우연이 아님을 알겠다.

남인 세력과 가까운 장씨를 숙종이 지나치게 총애하자 명성왕후 김씨는 걱정이 되었다. 그래서 장씨를 궁궐 밖으로 내쫓아 버렸다. 인현왕후 민씨가 중궁으로 책봉된 후 장옥정이 쫓겨난 사연을 듣고는 명성왕후에게 장옥정을 불러들이자고 권했다.

"임금의 은총을 입은 궁녀를 오랫동안 여염집에 두는 것은 지극히 미안한 일입니다. 다시 불러들이는 것이 마땅합니다."

"왕비는 그녀를 아직 보지 못했소. 그녀는 심히 간사하고 독살스럽소! 주상이 평일에 기쁘고 화를 내심이 몹시 급한데 만약 임금의 총애를 받게 되면 나라의 화가 말할 수 없을 것이오. 왕비는 후에 당연히 내 말을 생각하게 될 것이오."

"아직 일어나지도 않은 일을 걱정할 필요는 없습니다."

그러나 명성왕후 김씨는 단호하게 거절해 버렸다. 숙종 9년 명성왕후 김씨가 세상을 떠나자 인현왕후 민씨는 숙종에게 장옥정을 불러들일 것을 권했다.

한편 쫓겨난 장옥정은 다시 궁궐로 들어갈 날만 꿈꾸었다. 그녀의 어머니 윤씨는 원래 복상 문제로 당쟁의 시빗거리를 제공한 자의대비 조씨의 재종제再從弟 조사석의 처가 종이었다. 윤씨는 남편 장형이 죽은 후 수시로 조사석의 집을 드나들었다. 이 때문에 항간에서는 조사석과 내연의 관계로 소문이 나 있었다.

장옥정은 자의대비 조씨의 언니 딸인 신씨의 집에 자주 드나들며 자신의 신세를 하소연하였다. 신씨는 인조의 후궁 소용 조씨의 아들 숭선군의 아내로 조정 세력에 대해 반감을 가지고 있었다. 숭선군이 효종 때 역모 사건에 연루된 적이 있었기 때문이다.

자의대비 조씨도 서인 세력이었으나 그녀의 집안은 제대로 출세를 못하고 있어 나름대로 지금의 정치 세력에 불만을 가지고 있었다. 따라서 이들은 서로 의견이 잘 통했다. 차츰 조대비도 장씨에 대해 친밀감을 가지게 되었다. 이런 관계가 이어지던 중에 명성왕후 김씨가 세상을 떠나자 장옥정은 다시 궁궐로 들어갈 수 있었다.

다시 궁궐로 들어온 장씨는 숙종의 총애를 배경으로 날이 갈수록 오만해졌다. 어느 날 숙종이 그녀만을 찾자 이를 피해 중전 민씨에게로 달려갔다.

"제발 나를 살려 주십시오!"

이러한 행동은 민씨의 마음을 엿보기 위한 것이었다. 민씨는 마음을 가다듬고 따끔하게 혼을 내었다.

"너는 마땅히 전교를 잘 받들어야만 하는데 어찌 감히 이와 같이 할 수 있느냐?"

그 후로 장옥정은 숙종의 총애를 이용해 더욱 교만해졌다. 이제는

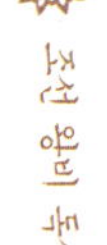

244

민씨가 불러도 응하지 않았다. 어느 날 중전이 장옥정에게 매를 들었는데 이후로 민씨에 대해 더욱 나쁜 감정을 품었다고 한다.

서인 출신의 민씨가 잉태를 하지 못하는 상황에서 숙종이 장씨만 총애하자 서인 세력들은 불안을 느끼기 시작했다. 그러던 중 한 가지 묘안을 생각했는데 서인 집안에서 후궁을 뽑아 그녀를 통해 후사를 보게 하는 것이었다.

숙종 12년 2월 조정 대신들은 숙종에게 후사를 보기 위해서는 후궁을 간택해야 한다고 고하였다. 숙종은 장씨가 있어 별로 내키지 않았지만 장인 민유중이 앞장서서 요구하는 바람에 어쩔 수가 없었다. 간택된 후궁은 영의정 김수항의 종손 김희홍의 딸 김씨였다. 김씨는 내명부 벼슬 숙의에 봉해졌다. 그런데 민씨와 마찬가지로 숙의 김씨도 몸이 매우 허약하였다. 숙종은 한창 장씨를 총애하고 있던 터라 숙의 김씨에 대해서도 관심이 없었다. 숙종이 장씨에게만 관심을 두자 처지가 같아진 민씨와 김씨는 서로 친밀한 사이가 되었다. 그러나 이때만 해도 조정에는 민씨의 아버지 민유중을 비롯한 쟁쟁한 서인 세력들이 포진하고 있어 별 탈이 없었다. 하지만 숙종 10년 김석주가 눈을 감고, 남아 있던 서인의 대남 강경파인 아버지 민유중과 김만기 등도 차례로 세상을 떠나자 민씨의 위치는 불안해지기 시작했다.

숙의 김씨가 들어온 이후 숙종은 얼마 안 있어 궁녀 장씨를 숙원으로 봉했다. 그러자 정언 한성우가 숙종의 처사를 비난하는 상소를 올렸다.

지금 왕자를 많이 두는 도리 때문에 이미 숙의 선발이 있었는데 또 반년이 지나지 않아 장씨의 책봉이 있었으니 삼가 궁중의 명분이 분명함을 알지 못하므로 색을 경계하라는 말이 이로 말미암아 생긴 것이 아닌가 염려됩니다. …… 장씨의 일은 그 미색 때문이며 전하께서 장씨를 봉한 것은 그를 총애하기 때문이니 오늘날 신민들의 근심이 이보다 더 큰 것이 어디 있겠습니까?

숙종은 억측이라며 그를 체직하라고 명했다. 이후 숙종 14년에는 조사석을 우의정으로 삼았다. 숙종은 이미 조사석을 점찍고 있었기 때문에 일부러 다섯 번이나 후보를 추천받은 다음에야 결정했다. 그러자 김만중이 이러한 처사에 반기를 들었다.

"후궁 장씨의 어미가 평소에 조사석의 집과 친밀했었습니다. 대배(大拜 : 의정 벼슬아치. 여기서는 조사석)가 이 길에 연줄을 댄 것이라고 온 나라 사람들이 말이 많습니다. 그런데 유독 전하께서만 듣지 못하신 것입니다!"

246

숙종은 김만중의 말에 노발대발했다.

"내가 광해군처럼 뇌물을 받고 벼슬자리를 준 것이냐!"

그래도 김만중은 굽히지 않았다. 숙종은 숙명공주와 숙안공주가 조사석에 대해 나쁘게 평가하는 것을 듣고 이 모든 것은 김만중이 말을 퍼트렸기 때문이라고 믿었다.

숙종 13년 6월에 큰 수재가 났는데 당시 사대부들은 이러한 재해가 숙종이 미천한 출신의 후궁을 총애한 것에서 비롯되었다고 했다. 당시 강양도 원성은 164호의 집들이 물에 잠기어 파괴되었으며 물에 휩쓸려 죽은 사람들도 많았다. 다른 도에서도 많은 집들과 가축이 떠내려가고 죽은 사람이 많았다. 분묘도 무너진 곳이 많았고 벼락 맞아 죽은 사람들도 많았다. 사대부들은 이러한 일이 일어난 것이 모두 장씨 때문이라고 했다.

그런데 이 와중에 서인 강경파들이 하나 둘씩 세상을 떠나자 숙종의 마음이 흔들리기 시작했다. 그는 숙종 6년 남인을 실각시키고 서인들을 등용했었다. 하지만 8년 정도 세월이 흐르자 서인들의 세력이 왕권보다 더 강해지고 있는 것을 보고 왕권 강화를 위해 이들을 멀리하려고 하였다. 이러한 상황에서 장씨가 아들을 낳았는데 바로 숙종의 뒤를 잇는 경종이었다. 장씨가 아들을 낳자 숙종의 총애는 더욱 깊어졌다. 서인들은 장씨가 눈엣가시처럼 여겨졌다.

그때 장씨의 어머니 윤씨가 산후조리를 해 주기 위해 옥교를 타고 궁궐로 들어왔다. 그녀는 천인 출신이라 옥교를 타고 궁궐을 드나들 수 없는 신분이었다. 이 광경을 목격한 사헌부 지평 이익수와 이

247

언기가 금리를 불러 옥교를 빼앗고 여덟 명의 비복들을 치죄하였다. 이 소식을 들은 숙종은 불같이 화를 냈다. 윤씨는 자신의 장모와도 같은 존재였기 때문이다. 숙종은 장모를 능멸한 것은 자신을 능멸한 것과 똑같다고 생각했다.

"숙의 김씨의 어머니는 옥교를 타고 예사로 궁궐을 드나든다! 그런데 유독 장씨의 어머니에게만 모욕을 준 이유가 무엇이냐?"

숙종은 지평 이익수와 이언기를 파직시켰다. 하지만 승정원에서 그들에게 잘못이 없다며 간쟁을 하자 복직을 허용할 수밖에 없었다. 서인 측에서 드세게 나오자 숙종은 아들 경종을 위해 어떤 조치를 취해야겠다고 생각했다.

경종이 태어난 지 3개월 후 시·원임대신과 육조 및 삼사의 책임자 등을 소집했다. 갑작스러운 소집에 달려온 신하들에게 숙종이 말했다.

"나라의 근본이 정해지지 않아 민심이 갈피를 잡지 못하고 있소. 지금의 계책은 신생 원자(元子 : 임금의 맏아들)의 명호_{名號}를 정하는 데 있소."

숙종은 경종의 위치를 확고히 해 두려고 했지만 모인 대신들 대부분이 반대하고 나섰다.

"중전의 나이가 아직 젊으신데 서둘러 결정을 할 필요가 어디 있겠습니까?"

자리에 모인 대신들은 거의 서인들이었기에 당연히 반대할 수밖에 없었다. 숙종은 강경한 자세로 추진할 뜻을 보였다.

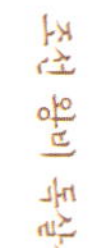

“만약 선뜻 결단하지 않고 머뭇거리며 관망만 하고 감히 이의를 제기하는 자가 있다면 벼슬을 바치고 물러가라!”

그러나 조정 대신들은 너무 빠른 결정이라며 반대했다. 특히 최규서가 강력하게 이의를 제기했다.

“지금 성상의 춘추가 한창이고 왕자가 탄생한 지 겨우 두어 달밖에 되지 않았는데 너무 서둘러 명호를 정하는 것입니다. 그리고 이러한 일로 벼슬의 진퇴를 말하는 것은 너무 경솔한 일입니다!”

조정 대신들의 반대가 거세지자 숙종은 자신의 꿈 이야기를 하면서 이 모든 일이 하늘의 뜻임을 주장하였다.

“불효에는 세 가지가 있는데 후사가 없는 것이 가장 큰 불효이다. 내 나이 서른이 되도록 후사가 없어 밤낮으로 근심하고 두려워하다가 이제야 비로소 왕자를 두었으니 지금 내가 명호를 정하려는 것이 어찌 빠르다고 하겠느냐? 작년 5월에 내가 꿈속에서 어떤 사람을 만나 ‘내가 언제 아들을 낳겠느냐?’ 하고 물으니 그 사람이 이르기를 ‘이미 잉태하고 계신데 남자입니다’ 하였다. 내가 듣고서 스스로 기뻐하였는데 아들을 낳게 되어서는 내 마음에 믿는 바가 있게 되었다.”

‘내 마음에 믿는 바가 있게 되었다’라는 이야기는 이미 하늘의 뜻이니 잠자코 있으라는 의미였다. 숙종은 이처럼 꿈 이야기를 통해 조정 대신들의 반론을 무시해 버렸다. 이조판서 남용익이 강경한 반대 의사를 표시하자 숙종은 그를 중죄로 다스렸다. 이어서 예조에 원자 정호의 시행을 명하였고 5일 후 경종을 원자로 봉하고 종묘사직에 고

249

하였다. 그리고 소의 장씨를 내명부 정 1품 희빈으로 봉하였다.

숙종의 강경한 정책에 대해 낙향해 있던 송시열이 들고일어났다. 숙종은 김익훈의 고변 사건이 일어났을 때 송시열을 조정으로 부른 바 있었다. 그때 소론 윤증과 박세채도 같이 불렀다. 윤증과 박세채는 자신들의 의견이 조정에서 관철되지 않을 것임을 알고 한성부로 올라오다가 도중에 낙향해 버렸다. 먼저 올라와 있던 송시열도 상황이 묘하게 돌아가자 낙향해 버렸다. 그 후 송시열은 금강산을 유람하면서 다시는 벼슬길에 나서지 않고 있었다. 그러던 그가 숙종에게 원자의 정호가 너무 이르다며 상소를 올린 것이다.

송시열은 중국의 예를 들어 서인가의 민씨가 아직 젊은데 후궁 장씨의 소생을 원자로 삼은 것은 성급한 조치였다고 비판했다. 숙종은 분기탱천하여 당장 승지 이현기와 교리 남치훈, 수찬 이익수 등을 불렀다. 그리고 송시열의 주장이 잘못되었음을 역설하였다.

"명나라 황제도 왕자 탄생 넉 달 만에 봉호한 일이 있었다!"

그러나 그 자리에 있던 서인 이익수가 반론을 폈다.

"우암(송시열의 호)의 말이 맞습니다!"

그러자 숙종은 이익수를 당장 파직시켜 버렸다.

송시열의 상소는 서인들의 몰락을 불러오는 계기가 되었다. 숙종이 원자를 보호하기 위해 서인들을 몰아내고 남인을 등용하기로 한 것이다. 숙종은 서둘러 송시열을 삭탈관직시켜 제주도로 유배시키고 영의정 김수흥을 파직시킨 다음 남인 목래선, 김덕원을 각각 좌의정과 우의정에 임명하였다. 또한 송시열의 상소에 대해 미온적으

로 처리했다고 하여 대사간 이
유, 지평 원성유, 헌남 이의창
등을 갈아 치웠다. 이로써 조정
에서 서인 세력들을 거의 몰아
낸 셈이었다.

　정권을 잡은 남인들은 서인의
영수 송시열을 극형에 처할 것
을 숙종에게 요구하였다. 숙종
은 이에 답변하는 대신 민씨의
꿈 이야기를 꺼냈다.

　"중전은 투기의 습관이 있어서 병인년 희빈이 처음 숙원이 될 때
부터 분을 터뜨리고 투기를 일삼은 정상은 이루 다 말할 수가 없다!
중전이 꿈에 선왕과 선후를 만났는데 두 분이 중전을 가리키면서 말
하기를 '중전은 선조 대처럼 복록이 두텁고 자손이 많을 것이다. 그
러나 숙원은 아들이 없을 뿐 아니라 복도 없으니 오랫동안 궁중에
있게 되면 경신년에 실각한 사람들에게 당부하게 되어 국가에 이롭
지 못할 것이다' 했다. 이 꿈 이야기는 부인의 투기에서 나온 것이다.

송시열의 초상

우암 송시열은 송자라고 불릴 정도로 당대 사림들의 추앙을 받고 있었다. 효종
대에 그는 춘추대의를 외치며 북벌을 내세웠으나 실제로는 노론 세력의 집권 유
지를 위한 명분에 그치는 것이었다. 그리고 숙종 대에 원자 정호 문제에 휩쓸려
끝내 사사당하고 말았다. 호암 박물관 소장

251

마땅히 중전을 폐서인시켜야 한다!”

상식적으로 전혀 이해할 수 없는 말이었다. 민씨에게 문제 삼을 것이 없었기 때문에 꿈 이야기로 핑계를 대었던 것이다. 민씨는 자신이 ‘선왕과 선후가 택한 조강지처’라는 의미로 숙종에게 말한 것이었다. 그러나 이미 민씨에게서 마음이 떠난 숙종은 이러한 이야기를 듣는 것이 너무나 불쾌했다.

숙종의 말을 듣고 있던 조정 대신들은 아연실색하였다. 왕비를 폐출한다는 것은 함부로 할 수 없는 일이었다. 우부승지 이시만이 먼저 반대하고 나섰다.

“전하께서 신들을 자식처럼 여기시고 신들은 전하를 아버지처럼 섬기고 있습니다. 여염의 가정으로 말하면 부모가 불화한데 자식의 마음이 편안할 수 있겠습니까? 중전과의 사이에 미안한 일이 있더라도 서서히 진정하시면 될 것인데 이와 같이 드러내어 말하실 필요가 있겠습니까?”

조정 대신들은 절대 찬성할 수 없었다. 그러나 숙종은 신하들의 반론을 묵살해 버렸다.

“중전은 선왕과 선후를 핑계대어 나를 속이려 했다. 중전은 간교하고 앙큼하다!”

그리고 이어서 명을 내렸다.

“우부승지 이시만을 파직시키고 송시열을 사사하라!”

송시열은 국문을 받기 위해 서울로 올라오는 도중 정읍에서 사사되고 말았다. 숙종은 이후 사사, 삭탈관직, 유배 등을 통해 조정에서

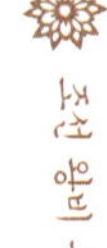

서인을 모두 축출했다. 그리고 3월에는 서인들이 신앙처럼 여기는 이이와 성혼을 문묘에서 출향시켜 버렸다. 이는 남인들의 요구에 따른 것이었다.

"이이는 3년간 어머니의 여묘살이를 한 후 불교에 귀의했습니다. 또한 성혼은 임진왜란 때 임금의 몽진 행렬을 호종하지 않았습니다!"

이제 조정에서 서인은 그림자도 찾아볼 수 없게 되었다. 민씨는 외로운 처지에 놓이게 되었다. 민씨 폐출에 대해 남인들의 합의를 얻어 낸 숙종은 먼저 그녀와 친하게 지내던 귀인 김씨부터 작호를 삭탈하고 교지를 불태운 후 폐출시켰다. 그녀의 죄는 친정 집안과 내통하면서 유언비어를 날조했다는 것이었다. 숙종은 귀인 김씨가 어떻게 기밀을 빼돌렸는지에 대해 조정 대신들에게 이야기했다.

어느 날 숙종이 빈청에서 조정 대신들과 이야기한 것을 작은 종이에 직접 적어 둔 것을 잃어버린 일이 있었다. 그런데 세수를 받들던 귀인이 이것을 소매 속에 숨겨 놓은 것을 찾아냈다. 이에 숙종은 크게 분노했다.

"귀인이 휴지인 줄 알았다면서 내게 거짓말을 했다. 귀인은 곧 서인들의 첩자이다!"

숙종은 다음과 같은 죄목으로 귀인 김씨를 폐출시켰다.

첫째, 질투를 한 죄.

둘째, 친정 가문과 내통하여 임금의 동정, 궁중의 일을 누설한 죄.

셋째, 간특한 부인(민씨)에게 주야로 아첨하여 혈당을 맺고 유언비어를 날조한 죄.

"중종 대에 후궁 박씨가 저주 사건을 일으켜 세자를 모해하려다 사사된 전례에 따라 귀인을 처리하라!"

그러나 다행히 귀인 김씨를 사사하는 데까지는 이르지 않았다. 숙종은 김씨를 내쫓은 후 바로 민씨를 폐출시키려 했다.

민씨의 생일이 되어 내수사와 각 궁에서 생일을 축하하기 위해 공상단자를 올렸다. 그러나 숙종은 이를 내치고 음식까지 물리친 후 대신과 2품 이상 중신들을 불러놓고 민씨를 폐하라는 전교를 내렸다.

"중전이 선왕과 선후의 분부를 빌어 한 말은 총애를 독점하기 위한 데서 나온 것인데 원자가 탄생하자 그 말이 모두 거짓임이 드러나고 말았다! 어제는 문안을 받지 말라고 하였다. 그리 했으면 당연히 송구스러워 불안해하는 마음가짐으로 징계받는 태도가 있어야 하는데 끝내 스스로 반성하지 않은 채 성난 말로 '어찌할 것인가? 폐출시키려거든 폐출시켜라' 하였다!"

모여 있던 조정 대신과 중신들은 폐비의 불가함을 간하였다. 전 판서 오두인 등 80여 명의 전직 관료 및 재야 유림들이 폐비에 반대하여 상소를 올렸다. 이에 숙종은 직접 친국을 열었는데 박태보가 숙종에게 따지고 들었다.

"꿈 이야기나 하면서 국정을 운영하면 망국의 임금이 되는 것입니다!"

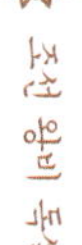

이 말에 숙종의 분노는 극에 달했다.

"내가 망국의 임금이 되는 것과 너하고 무슨 상관이냐! 입을 다 물라!"

박태보가 말한 '망국'이라는 것은 신분제가 무너진다는 뜻이었다. 분을 참지 못한 숙종은 상소문의 우두머리인 오두인을 의주에, 집필자인 박태보를 진도에 위리안치시켰다. 박태보는 진도로 가기도 전에 고문 후유증으로 객사하였다.

궁궐 안팎에서 폐비 조치에 대해 반대하였으나 숙종은 절대 뜻을 굽히지 않았다. 오히려 이를 반대하는 자들을 모두 잡아다 귀양을 보냈다. 이때 귀양을 간 사람이 40여 명에 이르렀다. 서인들은 숙종과 남인들에 의해 모두 제거되었기 때문에 이제 민씨를 안전하게 지켜 줄 세력은 하나도 없었다.

숙종은 역대 왕비 중에서 폐출당한 폐비 윤씨와 신씨의 전례를 참고하여 민씨를 폐출시켰다. 숙종이 민씨의 폐출 전말을 기록한 비망기를 내렸다.

내가 성종 대와 중종 대 폐비할 때의 고사를 보건대 윤씨가 잘못한 바는 단지 투기에 있었는데 죄상이 드러나자 …… 폐출하셨다. 민씨는 허물을 범한 것이 윤씨보다 더하고 윤씨에 없었던 행동까지 겸하였으며 선왕, 선비의 하교를 지어 내어 종사에 죄를 얻었다. …… 중전은 왕후의 자리에 오른 지 거의 10년이 되었는데 안으로는 후궁의 투기와 이간이 있었고 밖으로는 간신의 부추김이 있어서 위험이 핍박하는 변에 빠져 폐출의 액운을 당하였다.

조정 대신들이 계속 폐출을 반대했지만 숙종의 결정을 뒤집을 수는 없었다.

"이것은 하늘의 뜻이라 당연한 일이다. 육례(六禮 : 혼인의 여섯 가지 의식)를 올릴 때 지진이 일어나 하늘이 경고하였고, 칠거지악을 범한 죄는 용서하기 어렵다!"

그녀는 결국 폐비의 절차도 없이 일반 평민이 타는 흰 가마에 실려 궁궐을 나서는 신세가 되고 말았다. 그녀의 뒤를 따르는 사람은 겨우 상궁 한 사람과 시비 두어 명이었다. 넓은 길을 메운 유생들이 곡을 하며 따라갔다.

숙종은 동년 5월 2일에 민씨의 교명(敎命 : 왕비 또는 왕세자·왕세제·왕세손 및 그 빈을 책봉할 때에 임금이 내리던 문서), 책보(冊寶 : 왕이나 왕비의 존호를 올릴 때에 함께 올리던 옥책玉冊과 금보金寶를 아울러 이르는 말), 장복(章服 : 장문章文이 장식된 의복) 등을 몰수하여 불태워 버렸다. 이틀 뒤인 4일에는 폐비의 출궁을 태묘에 고하고 교지를 중외에 반포하였다. 이로서 민씨는 궁궐에서 완전히 축출되었다. 그로부터 이틀 후 장씨는 왕비로 책봉되었다.

희빈 장씨는 좋은 집안에 태어나서 머리를 따 올릴 때부터 궁중에

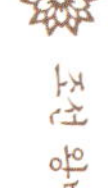

들어와서 인효공검(仁孝恭儉)하여 덕이 드러나 일국의 모의(母儀 : 어머
니로서 갖추어야 할 도리)가 될 만하니 종묘를 받들고 영구히 하늘의
상서로움을 받을 것이다. 이에 왕비로 삼노니 예관으로 하여금 예절
에 따라 즉각 거행하게 하라.

부친 장형은 옥산부원군으로 추증하고 큰 모친 고씨는 영주부부
인으로, 친모 윤씨는 파산부부인으로 봉하였다.

미나리는 사철이요, 장다리는 한철일세

장씨의 왕비 책봉은 조선의 신분제를 뒤흔드는 사건이었다. 조선
시대에 관직으로 진출할 수 있는 신분은 대부분 사대부였다. 종실이
나 대신들의 자제는 음서로도 진출했으나 대부분은 과거를 통해 선
발되었다. 과거를 볼 수 있는 사람들은 양인과 양반이었다. 천인과
서얼은 과거를 볼 수 있는 신분에서 제외되었다. 양인들은 자격이
되었지만 경제적인 여건 때문에 과거를 볼 수 있는 입장이 아니었
다. 공부를 하려면 그만큼 경제적인 뒷받침이 필요했기 때문에 과거
를 통해 관직으로 진출하는 이들은 대부분 양반들이었다.

그런데 이러한 체제가 무너진 것이다. 장씨 집안은 어머니가 천인
이었기 때문에 과거를 볼 수 있는 자격이 되지 못했다. 그런데 천인
인 외삼촌, 오라버니가 벼슬에 제수되었던 것이다.

장씨의 외삼촌 윤정석은 시전 상인으로 면포를 팔아 생계를 잇고 있었다. 이처럼 미천한 신분의 인물이 6품의 관직인 사포 별제에 제수된 것을 보고 각 아문의 공상 관원들이 출사하기를 꺼렸다. 조정에서 자신들의 기득권을 인정해 주지 않고, 자신들이 천인과 같은 위치에서 일한다는 것은 있을 수 없는 일이라고 생각했던 것이다. 숙종은 이들이 출사를 꺼리자 본보기를 보이기 위해 사포 별제 윤명운을 징계하였다. 장희재에게는 금군별장과 총융사의 자리까지 주었다. 이에 대해《숙종실록》에서는 "후궁의 오라버니요, 여항의 미천한 자가 이 직임에 제수된 적이 있는가?"라며 탄식하고 있다.

숙종은 여기에서 한 발 더 나아갔다.

"중전의 당숙 장현이 중국 연경에 따라갔다가 온 일이 있으니 직급을 더하라!"

"벼슬이 숭록대부까지 올랐기 때문에 더 이상 직급을 올릴 수 없습니다."

"그렇다면 그 자녀들에게 주라!"

"대신이나 부마가 아니면 자녀들에게 벼슬을 줄 수 없습니다. 만약 이를 허락한다면 나라의 위계질서가 무너질 것이옵니다!"

이처럼 조정 대신들은 장씨 일가의 출사에 대해 비판적이었다. 《인현왕후전》에서는 당시의 민심을 이렇게 기록하고 있다.

희빈의 아비를 옥산부원군으로 봉하고 오라비 장희재를 훈련대장으

로 삼았다. 이에 나라 백성들이 모두 한심하게 여기고 기강이 흩어졌
으며 팔도의 인심이 산란하여 별의별 소문이 다 돌았다. …… 숙종대
왕과 같이 문무를 겸하신 어진 임금이 장씨에게 이렇게 하시어 국가
의 체면을 손상하심은 실로 뜻밖의 일이 아닐 수 없다.

장씨의 왕비 책봉은 백성들에게 실낱같은 희망을 준 사례였다. 그
런데 《인현왕후전》에서는 오히려 백성들 중에 이를 한심하게 여기
는 사람이 많았다고 기록했다. 여기에서 국가의 체면을 손상했다고
한 것은 사대부들의 왕국을 무너뜨렸다는 의미였다. 장씨의 왕비 책
봉은 이미 거스를 수 없는 새로운 세상을 예고한 것이다.

장씨 집안은 금력과 권력으로 법을 뛰어넘었다. 장씨의 당숙 장찬
은 넓고 큰 길 옆에 웅장한 누각을 지었다가 너무 사치스럽다는 이
유로 구설수에 올랐다. 집의 규모도 신분에 따라 차이가 있었던 것
이 조선시대였다. 중인이 사대부들보다 더 웅장한 누각을 소유한다
는 것은 있을 수 없는 일이었다. 이 일로 장찬은 옥에 갇혔으나 얼마
후 병을 핑계로 나올 수 있었다. 감옥에서 나오는 것은 중병에 걸렸
을 때만 허용되는 일이었는데 장씨 집안은 금력으로 조정 대신들까
지 조종하였던 것이다.

장씨의 오라버니 장희재는 남인들과 손을 잡고 정국을 뒤흔들고
있었다. 장씨 집안은 최고의 명문가로 떠올랐고, 세력이 있으니 사람
들이 몰려 장희재에게 줄을 대려는 사람들이 인산인해를 이루었다.

한편 민씨는 안국동 친정집에 도착하자마자 어머니를 비롯한 친

정 식구들 모두를 백부 민정중의 집에 거처하도록 하였다. 그리고 혼자 안국동 별궁에서 지냈다. 민씨는 죄인으로 자처하면서 혼자 지내는 것을 귀양살이로 여겼다. 왕실에서는 쌀 지급도 금하였다.

민씨는 자신의 행동을 자책하며 한 많은 시간을 보냈다. 우선 집 밖의 왕래를 금하고 문을 굳게 닫아걸었다. 죄인이니 어떤 방문객도 들이지 않겠다는 것이었다. 그리고 정당을 버리고 아래채로 내려 앉았다. 나중에는 아래채 방도 과분하다면서 뚫어진 문에 창호지 한 장 못 바르게 하고 안마당의 잡초도 그대로 두고는 우물과 뒷간으로 이어진 길만 남겨 놓았다. 왕후의 자리에서 쫓겨났을 때가 초여름이라 잡초가 순식간에 우거져 집안은 도깨비가 나올 듯한 폐옥이 되어 버렸다.

친척과 이웃에서도 감히 왕래하지 못하고 집안은 적막하고 양식과 땔나무마저 떨어져 살림살이가 그야말로 궁색했다. 수재나 화재가 나면 대책이 없을 것은 물론이고 이웃에서 도적이 들까 우려할 정도였다. 너무 적적한 민씨는 어린 조카를 데려다 놓고 《소학》과 《열녀전》, 바느질을 가르치며 시간을 보냈다.

근신하며 지내는 민씨에 대한 소문은 갈수록 커져만 갔다. 소문은 입에서 입으로 전해지고 그녀에 대한 백성들의 마음은 중전으로 있을 때보다 몇 배나 커졌다. 그녀는 본의 아니게 장안에서 최고의 명성을 얻게 되었다. 항간에서는 민씨와 희빈 장씨를 빗대어 노랫가락 〈미나리요〉를 만들어 불렀다.

미나리는 사철이요

장다리는 한철일세

철을 잊은 호랑나비

오락가락 노니느니

제철 가면 어이 놀까

제철 가면 어이 놀까

여기서 미나리는 민씨를, 장다리는 희빈 장씨를 가리키는 것이었다. 민심은 민씨에게로 기울고 있었고 사람들은 여전히 그녀를 국모로 생각하였다.

안동 별궁에서 조신하게 지내고 있던 민씨의 앞날은 그리 어둡지만은 않았다. 민씨를 별궁에 두는 것은 하늘의 뜻이 아니라는 소문이 퍼졌다. 민씨가 암탉 한 마리를 뜰에서 길렀는데 이것이 수탉으로 변했다거나, 뜰 가운데 옥매화 나무가 말라 죽은 지 3년이 되었는데 갑자기 꽃이 피어서 모시고 있던 사람들이 모두 이상한 징조라며 의아해했다는 소문이 돌았다.

민씨를 폐위시킨 지 5, 6년이 흐르자 숙종의 마음도 바뀌었다. 숙종은 민씨를 폐위시킨 것을 후회하기 시작했다. 숙종이 마음의 동요를 일으키고 있을 때 김만기의 손자인 김춘택이, 친밀하게 지내던 한중혁과 강만태 등을 통해 김만중이 유배지에서 쓴 《사씨남정기》를 한역하여 올렸다. 이 소설의 배경은 중국이지만 사실은 숙종이 희빈 장씨에게 현혹당해 민씨를 내쫓은 일을 빗대어 쓴 것이었다. 소설을 읽은 숙종은 민씨 생각이 간절하였다.

숙종은 어느 날 밤 지난날을 뉘우치며 궁궐을 거닐다 한 궁녀 방에 불이 켜진 것을 발견하고 그곳으로 갔다. 그곳에는 무수리 최씨가 민씨를 위해 만수무강을 기원하고 있었다. 원래 민씨를 모시던 무수리였던 최씨의 행동은 발각되면 목숨을 부지할 수 없는 것이었다. 그러나 이를 목격한 숙종은 최씨를 힐책하기보다는 민씨를 그리워하는 마음으로 알고 그녀를 보듬어 안았다.

무수리 최씨와 밤을 보낸 숙종은 이후 가끔 그곳을 찾았다. 그 후 최씨가 잉태를 하여 첫아들 영수를 낳았지만 일찍 죽고 말았다. 이후 두 번째 아들을 낳았는데 그가 바로 연잉군 금으로, 훗날의 영조였다. 그녀는 무수리에서 일약 내명부 1품 숙빈으로 책봉되었다. 그 후에도 그녀는 숙종의 다섯째 아들을 낳았으나 이름을 짓기도 전에 죽었다. 최씨는 그 후 25년이 지난 숙종 44년 3월 9일에 세상을 떠나 경기도 파주시 광탄면 영장리 소령원에 안장되었다.

《사씨남정기》를 올린 바 있었던 김춘택은 숙종의 마음이 최씨에게 기운 것을 알고 그녀와 접촉했다. 고모였던 인경왕후 김씨가 살아생전 숙종의 유모 봉보부인과 친하게 지냈는데 이 봉보부인을 통해 최씨와 접촉했던 것이다. 그리고 다른 한편으로는 궁인의 동생을 첩으로 삼아 궁중의 정보를 입수하였다. 남인들에 대한 정보는 장희재의 아내를 통해 수집하였다. 이외에도 효종의 딸인 숙안공주와 숙명공주도 포섭하였다. 숙안공주는 익평군 홍득기와 결혼했는데 그

녀의 아들 홍치상이 기사환국 때 사사당했기 때문에 그녀는 남인들에게 원한을 품고 있었다.

김춘택은 남인에게 원한을 가진 모든 서인들을 모아 다시 정권을 찾으려 하고 있었다. 그러나 모의에 참여했던 김석주의 가인家人 함이완이 남인들의 회유에 넘어가 이를 조정에 고변했다. 서인 세력의 동정을 샅샅이 살피고 있던 남인 우의정 민암과 훈련대장 이의징의

숙빈 최씨의 묘소인 소령원
원래 인현왕후 민씨의 무수리였던 숙빈 최씨는 장희재가 자신을 독살하려 한다고 고변하여 인현왕후의 복위에 결정적인 역할을 했다. 그녀가 낳은 아들인 금이 훗날 영조가 되었으나 그는 평생 무수리의 소생이라는 콤플렉스에 시달려야 했다. 경기도 파주시 광탄명 영장리에 있다.

꾐에 넘어간 것이다.

고변을 들은 숙종은 즉시 국청을 설치하여 사건 관련자들을 심문하도록 하였다. 잡혀 온 관련자 중 한중혁이 먼저 자복을 했다. 민암은 이 일을 더 크게 벌여 관련된 서인들을 모두 제거하고자 했다. 서인 측에서는 속히 방법을 강구하지 않으면 안 되었다. 그래서 김인, 박귀근, 박의길 등을 시켜 남인 측의 역모가 있다는 역고변을 했는데 그 내용은 이러했다.

장희재가 김해성에게 뇌물을 주어 그 장모로 하여금 숙원 최씨를 독살하려고 했으며, 이 모의에 우의정 민암, 병조판서 목창명, 신천 군수 윤희, 호조판서 오시복, 훈국별장 성호빈 등이 가담했다는 것이다. 그리고 장희재가 장희빈에게 "민씨와 귀인(김수항의 종손녀)이 은화銀貨를 모아 복위를 도모한다는 말이 있습니다"라는 언문 편지를 썼다고 했다.

아직은 득세를 하고 있는 상황이었기 때문에 남인들은 역고변에 대해 전혀 근거가 없는 일이라며 일축했으며 세 명의 역고변자를 의금부에 가두었다. 그러나 상황은 역전되고 있었다. 서인들의 역고변이 있은 지 사흘 뒤 숙종은 민암, 유명현 등을 유배에 처하고 모든 남인들을 내쫓았다.

숙종이 이처럼 파격적인 조치를 취한 데는 숙빈 최씨의 공이 컸다. 숙종이 최씨에게 독살설에 대해 물어보자 모두 사실이라고 대답했던 것이다. 숙종은 민암과 유명현을 섬으로 귀양 보냈고 이의징의 훈련대장 병부를 빼앗아 신여철, 윤지완 등을 양사 대장으로 삼았으

며 영의정에 남구만을 임명하였다. 이 사건으로 인해 남인들은 졸지에 정계에서 쫓겨나게 되었고, 조정은 서인 일색으로 채워졌다. 서인 송시열, 김수항, 김석주, 김익훈 등이 모두 신원되었고, 문묘에서 배향당한 율곡 이이와 우계 성혼을 다시 모시도록 하였다. 이는 서인들의 사상을 완전히 복원하는 것을 의미했다. 이처럼 남인이 물러가고 서인이 다시 들어서게 된 해가 갑술년이었는데 이를 갑술옥사라 불렀다. 서인이 정권을 장악한 이후의 수순은 폐위된 민씨를 복위시키는 것이었다.

먼저 숙종은 그 해 4월 9일 민씨를 별궁으로 옮기고 늠료(凜料 : 녹봉으로 주는 쌀)를 주라고 명령했다. 그리고 며칠 후 민씨를 복위하고 장씨를 빈으로 강등한다는 전교를 내렸다.

"국운이 평안을 회복하여 중전이 복위하였으니 백성에게 두 임금이 없는 것은 고금을 통한 의리이다. 장씨를 왕후의 자리에서 물러나게 하고 옛 작호 희빈을 내리라. 아버지 장형의 부원군 교지, 모친의 부부인 교지 등을 모두 불사르고 장씨의 왕후 옥보를 없애라!"

숙종은 자신의 왕권 강화를 위해 당파들을 이용할 뿐이었고 사대부들은 천한 신분이 자신들과 같은 기득권을 향유하는 것을 두고 보지 않았다. 사대부라면 민씨의 복위를 찬성하지 않을 수 없었다. 조선은 사대부가 지배하는 사회였고 그들의 지지 기반은 거미줄처럼 얽혀 있었다. 민씨가 쫓겨나갈 때 길거리를 메우며 곡을 했던 유생들이 그들의 지지 기반이었다.

장씨는 역관의 딸, 천민의 딸이었기 때문에 이러한 지지 기반이

265

없었다. 이 때문에 언제든지 당파에 의해 희생될 수 있었던 것이다. 장씨의 오라버니 장희재, 당숙 장현, 장찬이 아무리 갑부 소리를 듣더라도 조선 사회는 신분제 사회였다. 결국 장씨는 명분을 중요시하는 사대부들에 의해 희생양이 될 수밖에 없었다.

천민의 딸을 죽인 사대부들의 저주

왕비로 복귀한 민씨는 예전처럼 만만한 인물이 아니었다. 과거에는 숙종이 꿈 이야기조차 믿어 주지 않았지만 이제는 달랐다. 민씨는 장씨에 대한 자신의 고충을 털어놓았다.

"세자의 어머니를 봉공하는 절목을 마련해야 한다는 말이 돌자 궁중 사람들이 모두 희빈에게 줄을 섰습니다. 희빈 처소의 시녀들은 왕후전으로 드나들 수 없는데 이를 무시하고 항상 드나들었으며 심지어는 창에 구멍을 뚫고 엿보기까지 했습니다. 소첩의 병이 깊어진 것도 모두 희빈 때문입니다, 희빈이 저주를 하여 병이 좀처럼 낫지 않았던 것입니다!"

장씨는 빈으로 강등되자 오라버니 장희재와 다시 재기를 노렸다. 장희재는 남인들과 짜고 양주 선산에 있는 아버지 장형의 무덤을 파헤쳐 봉분 속에 흉물을 묻고 자작극을 벌였다.

"이는 서인 신여철의 짓이다!"

숙종 22년 4월 장희재는 생원 강오장으로 하여금 이러한 내용의 상소를 올리게 하였다. 그러자 조정에서는 국청을 열어 장희재의 노비 업동을 소환하여 조사하였다. 업동이 말했다.

"분묘 앞에 호패가 떨어져 있었는데 신여철의 비복 응선의 것입니다."

그러나 응선은 혐의 사실을 극구 부인했고 혹독한 심문을 받아 죽고 말았다.

다시 업동을 불러들여 신문하였는데 그의 말이 앞뒤가 맞지 않았다. 더 이상 조사를 하다 보면 희빈 장씨까지 연루될 것을 예감한 정승들은 그쯤에서 사건을 마무리했다. 숙종이 세자를 보아 삼정승의 말에 따랐기 때문에 장희재는 구사일생으로 살아남았다.

숙종 27년 중전 민씨가 죽자 희빈 장씨와 남인들은 정권 복귀를 꿈꾸었다. 하지만 일이 엉뚱하게 흘러가고 있었다. 빌미가 된 것은

장씨의 부친인 장형을 기리는 신도비

역관 신분이었던 장형은 딸이 왕후의 자리에 오르면서 옥산부원군에 추증되었으나 장씨가 희빈으로 강등된 후 그 교지가 불태워졌다. 이처럼 조선시대 신분제의 벽은 좀처럼 넘어설 수 없는 두터운 것이었고 장씨 일가가 누렸던 권력은 숙종의 마음이 변하면서 하루아침에 무너지고 말았다.

남인 행부사직 이봉징이 올린 상소였다.

"희빈 장씨는 6년간 왕비에 있었기 때문에 다른 후궁과는 복제가 달라야 합니다."

만일 숙종이 이를 받아들여 다른 후궁과 차별적인 예우를 한다면 이를 계기로 장씨를 복위시킬 계획이었다. 그러나 숙종은 이미 장씨에게 마음이 없었고 이봉징은 먼 지방으로 귀양을 갔다.

노론 측에서도 들고일어났다. 갑술옥사에서 큰 공을 세웠던 김춘택이 그 선봉이었다.

"민씨의 죽음은 모두 희빈 장씨의 요사스러운 짓 때문에 일어난 것입니다. 또한 장희재를 두둔하던 인물들은 조정에서 모두 물러나야 합니다."

여기에 숙빈 최씨도 가세하였다. 장씨에게 원한이 많았던 최씨는 숙종에게 은밀히 고했다.

"희빈 장씨가 궁궐 내에 신당을 차려 놓고 저주했기에 중전께서 돌아가신 것입니다!"

이에 대노한 숙종은 비망기를 내렸다.

대행왕비가 병에 걸린 2년 동안 희빈 장씨는 한 번도 찾아가지 않았고 중궁전이라고 하지도 않았다. 반드시 민씨라고 불렀으며 '민씨는 요사스러운 사람이다'라고 하였다. 그리고 취선당의 서쪽에다 몰래 신당을 설치하고 두세 명의 비복들과 함께 사람들을 물리치고 기도

하였다. …… 제주에 유배시킨 죄인 장희재를 먼저 처형하여 빨리 나라의 형벌을 바로잡도록 하라.

이틀 후 숙종은 희빈 장씨에게 자진할 것을 명했다. 그러자 입직 승지와 홍문관에서 희빈 장씨를 변호하고 나섰다.

"희빈 장씨는 세자의 생모이기 때문에 살려 두어야 세자 역시 보존할 수 있습니다!"

이에 숙종은 세자를 생각하여 장씨에게 내린 명령을 거두어들였다. 하지만 숙종은 연일 관련된 시녀 및 무녀들을 계속 국문했다. 이 사건에는 상궁, 장희재의 첩 숙정, 궁녀들, 무녀들이 연루되어 있었다. 이들은 궁궐 안팎에 신당을 설치해 놓고 민씨의 죽음과 장씨의 복위, 그리고 제주도에 귀양 가 있는 장희재의 석방 등을 빌었다. 무녀는 민씨가 8월 혹은 9월에 죽을 것이라고 예언을 했다.

영의정 최석정은 세 차례에 걸쳐 세자와 종묘사직을 위해 희빈 장씨를 관대하게 처리해 줄 것을 청하였다. 그러나 숙종은 그를 진천으로 유배시킨 후 다시 장씨에게 자진 명령을 내렸다. 조정 대신들이 이에 반대했으나 숙종은 단호했다.

"지금 나는 종사를 위하고 세자를 위하여 이처럼 부득이한 일을 하는 것이니 어찌 즐겨 하는 일이겠는가? 장씨를 자진하게 하라!"

일이 이 지경에 이르자 세자가 조정 대신들을 붙들고 빌었다.

"부디 경들은 내 어머니를 살려 주시오!"

그러나 누구도 숙종의 마음을 돌이킬 수는 없었다. 숙종 27년, 10

월 10일 혜성이 장숙(바다뱀별자리) 안에 나타났다가 형체가 희미해지고 꼬리가 소멸되었다. 그때 장씨는 사약을 마시고 세상을 떠났다. 장씨는 죽기 직전까지 숙종에게 저항했다.

"중전이 죽은 것은 하늘의 뜻이지 소첩과는 무관한 일이외다! 무릇 성상께서는 올바른 정사를 펴셔야 할 것입니다!"

숙종은 사약을 먹지 않으려는 장씨에게 억지로 약을 먹여 죽게 만들었다. 그리고 장희재를 극형에 처한 후 가산을 몰수하였다.《인현왕후전》에 이러한 숙종의 처사에 대해 '나라 안의 온 백성들이 상쾌히 여겨 아니 즐기는 이가 없었다'고 기록되어 있다. 이후 숙종은 다음과 같이 전교를 내렸다.

"이후에는 빈이 후비后妃에 오르지 못하도록 국법으로 정하라!"

벼슬자리에 나갈 자격도 안 되는 천민, 게다가 여성으로 태어난 희빈 장씨는 17세기 이후 신분제의 균열을 틈타 국모의 자리까지 올랐다. 그러나 미천한 출신의 일반 백성들도 그녀를 지지하지 않았다. 오히려 자녀 생산에 실패하여 당장 소박당할 처지였

숙종 옥책
숙종 39년에 만들어진 어책이다. 숙종은 조선왕조 사상 가장 많은 환국을 단행한 군주로서 이것은 왕권 강화를 위해 당파들을 이용한 결과였다. 그러나 이러한 환국 정치는 많은 사람들의 목숨을 앗아갔고 숙종 대의 당쟁은 뒤를 이은 경종까지 이어져 왕세제인 연잉군과의 대립으로 번졌다. 이 옥책은 14폭으로 되어 있으며 63행에 걸쳐 내용을 서술하고 있다. 국립고궁박물관 소장

던 민씨를 더 지지하였다. 왜냐하면 그녀는 쟁쟁한 양반 가문의 출신이었기 때문이다. 〈미나리요〉를 부르면서 민씨의 복위를 원했던 백성들, 민씨가 궁궐에서 쫓겨날 때 곡을 하며 따라갔던 유생들, 이들 모두가 장씨의 적이었다. 어쩌면 장씨의 적은 조선시대가 만든 신분제였다. 장씨는 이러한 체제에 아랑곳하지 않았다. 민씨 복위 이후에도 그녀를 중전으로 부르지 않았고 자신의 미천한 출신을 부끄러워하지도 않았다.

그녀는 시전에서 장사하던 사람도 벼슬을 제수받을 수 있다고 생각했다. 그래서 면포를 팔던 외삼촌도 6품 관직인 사포 별제에 임명되게 하였고 천인 출신 오라버니 장희재는 더 높은 자리에 앉게 하였다.

사대부들은 장씨의 출신이 미천하다고 대놓고 무시했다. 수재가 났을 때도 장씨의 책임이라고 했으니 하늘이 그녀를 용서하지 않는다는 뜻이었다. 사대부들은 백성들에게 신분제는 하늘이 정한 것이라고 세뇌시켰다. 그들은 민씨가 하늘이 점지한 고귀한 사람이며, 암탉이 수탉으로 변하고, 말라 죽은 고목나무에서 꽃이 핀 것도 모두 하늘의 뜻이라고 말했다. 천민 출신은 왕비가 되어서도 안 되고 벼슬자리에도 앉으면 안 되었다.

장씨는 촘촘하게 얽힌 유교적 시스템에 구멍을 내기 위해 신령한 힘을 찾았다. 그래서 가장 효험이 있다고 생각한 무속에 의존했던 것이다. 사회 제도를 바꾸어 달라고 기도하는 것은 사대부들로서는 도저히 용서할 수 없는 대역죄였다. 결국 그녀는 사약을 마시고 세

271

상을 떠났다. 사회 제도에 반항한 그녀에게 사대부들이 저주를 내린 것이다.

장씨가 세상을 떠난 후 세상은 그녀가 왕비로 책봉되기 이전으로 돌아갔다. 왕비가 될 수 있는 사람은 명문 사대부가 출신이어야 했다. 결국 그녀를 죽인 것은 변화를 거부하는 사대부들과 이들에게 세뇌 당한 백성들이었다.《인현왕후전》의 장씨와 장희재의 죽음에 대한 구

장씨의 혼을 기리는 사당인 대빈궁
장씨는 조선 중반기 신분제 균열의 틈을 타고 왕비의 자리에 올랐으나 이를 용납할 수 없었던 사대부들에 의해 끌어내려졌다. 장씨의 적은 사대부와 그들에게 세뇌당한 백성들뿐 아니라 신분제 그 자체였다. 장씨의 죽음 이후 신분제의 불합리함을 느낀 백성들은 비밀 결사 단체를 만들어 체제에 항거하였다. 서울시 종로구 궁정동에 있다.

절에는 미천한 출신에 대한 무시와 경멸이 그대로 드러나 있다.

사대부들은 장씨의 죽음을 통해 많은 백성들에게 본보기를 보이 려 했다. 하지만 결국 역사의 새 물결을 거스를 수는 없었다. 숙종 대 신분제의 불합리함을 느낀 사람들은 비밀 결사 단체를 만들어 체제 에 항거하였다. 신분 제도의 불합리성을 깨닫고 새로운 세상을 만들 려는 사람들에게 장씨의 삶은 희망을 주었다. 그것은 가난하고 미천 한 출신도 사대부들을 지배하는 왕비가 될 수 있다는 것이었다.

진정한 국모가
되지 못했던 황후,
명성황후 민씨

(1851 ~ 1895)

명성황후 민씨 가계도

민치록 = 한산 이씨

├ 승호(양자)

└ 女 = 고종

  └ 척(순종)

= 부부, ─ 자녀

고종은 잠을 못 이루고 있었다. 부인 명성황후 민씨가 세상을 떠난 지도 2년이 흘렀다. 그날 새벽의 일이 생생히 떠올랐다. 경복궁 곤녕함 북쪽의 소헌에서 본 것이 마지막이 될 줄은 몰랐다.

"원컨대 종묘사직의 중대함을 잊지 말 것입니다."

민씨가 남긴 마지막 말이 지금도 귀에 쟁쟁하게 들려오는 듯했다. 민씨는 고종 즉위 1년(1866) 왕실 가족이 된 후 30년 동안 고종과 생사고락을 함께하였다.

조선 건국 후 외교 관계는 오로지 중국과의 관계뿐이었다. 그러나 19세기 말에 들어서면서 구미 여러 국가와도 소통해야만 하는 복잡하고 어려운 시기에 직면하였다. 이때 민씨는 조선 사회의 폐쇄성을 뛰어넘어 국제적인 외교 관계에서 탁월한 역량을 발휘하였다. 그러나 그녀의 재능은 국내외에 많은 정적들을 만들어 냈고 몇 번의 죽을

277

고비를 넘겼지만 45세라는 젊은 나이에 운명을 달리하고 말았다.

민씨가 세상을 떠난 지 100여 년이 지났다. 그런데도 여전히 그녀의 죽음에 대한 진상은 아직도 정확하게 밝혀지지 않고 있다. 민씨의 죽음에 대해 명확하게 사인이 규명되지 않은 것은 오늘날의 국제 외교 관계에 그 원인이 있다고 할 수 있다. 과거의 문제가 오늘의 문제로 이어져 있고 오늘의 문제가 과거와 연결되어 있기 때문이다. 민씨의 억울한 죽음은 여전히 현재진행형이다.

을미사변 기록화
명성황후 시해 사건은 을미사변이라는 이름으로 역사에 기록되었다. 그러나 아직까지도 그 진상이 명확히 밝혀지지 못하고 있으며 이는 오늘날의 국제 외교 관계에 그 원인이 있다. 명성황후의 억울한 죽음은 여전히 현재진행형이다.

민씨는 1851년 9월 25일 여흥 민씨 민치록과 한창부부인韓昌府夫
人 이씨 사이에서 태어났다. 당시 민씨의 부모는 경기도 여주 근동면
섬락리에서 살았다. 민씨가 태어나던 밤 방에 붉은 빛이 비치면서 이
상한 향기가 가득 찼다는 일화가 전해진다. 민씨의 아호는 자영으로,
호적상으로는 이름이 정호로 알려져 있다. 자영이라는 아호는 정비
석이 소설《민비》에서 태어날 때의 일화를 토대로 창작했다는 설도
있다. 그러나 아직 이에 대한 정확한 출처는 밝혀져 있지 않다.

　　부친 민치록의 집안은 4대조인 민유중 대에 인현왕후 민씨를 배

여주에 있는 명성황후의 생가
이곳에서 조선의 비극적 황후인 명성황후가 탄생했다. 민씨가 태어나던 밤에 붉
은 빛이 비치면서 이상한 향기가 가득 찼다는 일화가 전한다.

출하였다. 민치록의 첫째 부인은 호조판서를 지낸 오희상의 딸이었다. 오씨는 자녀 없이 36세로 세상을 떠났다. 그리고 두 번째로 맞이한 부인이 이규년의 딸 이씨였다.

이씨는 1남 3녀를 두었으나 모두 죽고 막내딸 민씨만 생존하였다. 그래서 민치록은 대를 잇기 위해 민치구의 아들 승호를 양자로 삼았다. 민씨는 어렸을 때부터 총명함이 남달랐다. 아버지 민치록에게서 직접 글을 배웠는데 두세 번 읽으면 이를 암송할 정도였으며, 아무리 뜻이 어려워도 잘 분별하여 조목조목 대답하였다. 기억력도 비상하여 한 번 듣거나 본 것은 잊어버리지 않았다.

총명함을 타고난 민씨는 어렸을 때부터 책 읽는 것을 매우 좋아하였다. 그래서 역대의 정사, 고례, 고사, 열성조의 좋은 말과 행실 등을 훤히 알고 있었다. 민씨는 독서뿐 아니라 사물의 이치 등을 잘 분별하여 말 못하는 생물도 함부로 취급하지 않았다. 예를 들어 다른 처자들이 꽃을 꺾고 벌레를 못 살게 굴 때도 이를 말릴 정도로 살아 있는 것들에 대한 마음이 깊었다.

"벌레들이 새끼를 부리고 숨 쉬게 하고 잘 기르는 것은 너희 부모가 너희를 기르는 것과 같아."

민씨가 9세 때 민치록이 세상을 떠났다. 그 때 곡읍을 하는 것이 어른과 같을 정도로 초상의 범절을 잘 알았다. 집안 사람들이 너무 어린 민씨에게 잠깐이라도 쉬라고 하자 민씨는 당돌하게 이렇게 말했다.

"어째서 지극한 인정을 빼앗으려 합니까?"

여식에게 글을 가르쳐 줄 정도로 민씨를 총애하던 아버지 민치

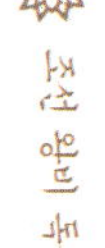

록이 세상을 떠난 후 민씨는 어머니와 함께 서울로 옮겨 왔다. 언제 옮겨 왔는지는 명확하지 않다. 고종 2년 감고당感古堂에서 어머니와 함께 살았던 기록이 있는 것으로 보아 15세 전에 서울로 이주한 듯하다.

감고당은 숙종의 계비였던 인현왕후의 친정집이자 폐비가 된 이후 수년간 머물던 곳이기도 하다. 훗날 영조는 이 집에 들러 인현왕

인현왕후와 명성황후가 머물던 감고당
명성황후는 인현왕후가 폐서인된 후 살던 집인 감고당에서 성장기를 보냈고 이 곳에서 왕비가 될 꿈을 꾸었다. 감고당은 대원군의 사저인 운현궁과 근거리에 있었기 때문에 명성황후는 대원군 부인의 눈에 들 수 있었다. 원래 서울에 있었던 것을 명성황후 생가 옆으로 옮겼다. 경기도 여주군 여주읍 능현리에 있다.

281

후 민씨의 옛일을 기억한다는 의미로 이름을 감고당이라고 지은 후 현판을 직접 써서 걸게 하였다. 민씨는 이곳에 살면서 자신도 인현왕후처럼 왕비가 되고 싶어 했다. 그것은 함께 살고 있던 어머니 이씨도 마찬가지였다. 딸이 조선의 국모가 된다면 이씨는 더 바랄 것이 없었다. 남편 민치록이 세상을 떠난 지도 벌써 7년, 딸 하나를 보면서 사는 것이 인생의 낙이었다. 딸과 함께 상경하여 그 옛날 인현왕후 민씨가 지냈던 감고당에서 살다 보니 자신의 딸도 국모가 될 수 있지 않을까 하는 꿈을 꾸게 되었다. 이전에는 감히 생각도 하지 못했던 일이었다.

여흥 민씨 집안은 원경왕후 민씨와 인현왕후 민씨를 배출해 낸 조선조의 명문가였지만 민치록 대에 와서는 세가 많이 기울어져 있었다. 그런데 철종이 사망한 후 안동 김씨 세도에 눌려 말 한마디 변변히 하지 못했던 흥선대원군이 권력을 잡았다. 흥선대원군은 이씨의 양자인 민승호의 매형이었다. 어느덧 이씨는 과부로 힘겹게 살았던 과거의 삶은 잊어버리고 새로운 꿈을 꾸게 되었다.

이씨 모녀의 꿈은 현실처럼 다가왔다. 어느 날 두 사람은 비슷한 꿈을 꾸었다. 민씨의 꿈에 인현왕후가 나타나 옥규(玉圭 : 옥으로 만든 옛날 구슬)를 하나 주면서 말했다.

"너는 마땅히 내 자리에 앉게 될 것이다. 너에게 복을 주어 자손에게 미치게 하니 영원히 우리나라를 편안하게 하라."

이씨의 꿈에도 인현왕후가 나타나 "이 아이를 잘 가르쳐야 할 것이다. 나는 나라를 위하여 크게 기대한다"고 하였다.

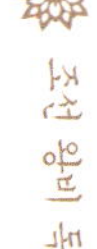

꿈과 동시에 민씨의 앞날을 예고하듯 가묘 앞에 쓰러져 있던 소나무의 묵은 뿌리에서 가지가 돋아나고 옥매화가 피었다. 민씨와 어머니 이씨는 가슴이 부풀어 올랐다.

세력가가 없는 가문이라는 이유로 선택된 왕후

당시 흥선대원군의 둘째 아들 명복이 즉위하자 왕비감을 물색하였다. 흥선대원군은 순조 20년에 태어나 안동 김씨의 세도정치 하에서 굴욕을 감수하며 지냈던 터라 외척에 대한 경계가 매우 심하였다. 안동 김씨 일문은 왕손들 중에서 권력을 넘볼 자질이 있는 자들을 과감히 제거하면서 그 세력을 유지했다. 예를 들어 경평군 이세보는 세도정치의 중심인물인 김좌근, 김문근 등을 중상 비방했다는 이유로 작위를 박탈당한 후 유배되었다. 위험한 인물로 지목되던 흥선대원군의 형 이하전도 역모에 연루되어 사형당했다.

안동 김씨 일문의 세도정치 하에서 살아남기 위해서 왕손은 스스로를 위장할 필요가 있었다. 옛날 예종의 아들 제안대군이 몸을 보전하기 위해 바보 행세를 했던 것처럼 흥선대원군도 파락호 행세를 했다. 인조 때 갈린 능창대군의 후손이었던 흥선군은 정조의 이복동생 은신군의 양자로 들어간 남연군의 아들이었으니 철종과는 6촌 사이였다. 남연군은 난봉꾼처럼 생활하여 김씨 일문들의 시야에서 벗어날 수 있었으며 그의 아들 흥선군 또한 이와 같은 방법으로 목

283

숨을 보전할 수 있었다.

홍선군은 상갓집의 개, 난봉꾼이라는 소리를 들으면서 천인 출신의 천씨, 하씨, 장씨, 안씨 등의 심복들을 두고 때를 기다렸다. 그는 안동 김씨 일문을 찾아가 생활의 어려움을 호소하며 금품을 요구하거나 머리를 숙여 벼슬자리를 부탁하기도 했다. 모두 자신을 위장하기 위해서였다. 그리하여 그를 대수롭지 않게 여긴 안동 김씨 일문에서는 그에게 궁도령이라는 별명까지 붙여 놀려댔다.

홍선군이 숨을 죽이며 지내는 동안 기다리던 때가 오고 있었다. 철종은 안동 김씨 일문에 의해 얼굴마담으로 발탁되어 14년 6개월 동안 재위하였으나 왕통을 이을 후사를 보지 못했다. 원래 철종은 5남 7녀를 두었지만 여섯 번째 후궁인 숙의 범씨에게서 태어난 영혜옹주永惠翁主만 제대로 성장하여 금릉위 박영효와 혼인했을 뿐 나머지는 모두 일찍 죽었다.

철종이 병이 들어 죽을 날만 기다리게 되자 홍선군은 가슴에 품어왔던 꿈을 위해 기지개를 폈다. 그는 먼저 안동 김씨 일문에 의해 정계에서 목소리 한 번 크게 내지 못하고 있던 풍양 조씨 조성하와 조영하에게 접근했다. 이들은 모두 효명세자의 비인 신정왕후 조씨의 조카들이었다. 조대비 또한 김씨 일문에 의해 친정 집안이 빛을 보지 못하고 있었기 때문에 그들에 대한 감정이 좋지 않았다.

신정왕후 조씨는 1808년 12월 6일 효명세자와 같은 해에 출생하여 12세가 되던 순조 27년에 세자빈으로 간택되었다. 그녀가 세자빈으로 간택이 된 것은 숙부 조인영 때문이었다. 당시 조정은 안동

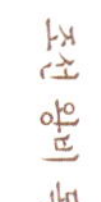

김씨 일문이 세력을 장악하고 있었는데 숙부 조인영이 그들과 밀접한 관계를 유지하고 있었기 때문에 세자빈 간택이 가능했던 것이다. 그녀의 시아버지 순조는 전권을 누리고 있는 안동 김씨 일문을 견제하기 위해 효명세자에게 대리청정을 시켰다. 그리하여 그녀의 친정 집안이 한때 세력을 잡기는 했으나 남편 효명세자가 세상을 떠나는 바람에 그녀의 꿈은 물거품이 되고 말았다. 이후로는 순조가 직접 정사를 처리함으로써 안동 김씨 일문은 다시 세력을 구가하기 시작했다.

순조가 세상을 떠나고 아들 헌종이 왕위에 오르자 그녀의 친정 집안은 얼마간 기세를 펴기도 했으나 실세는 여전히 안동 김씨 일문이었다. 순원왕후 김씨가 수렴청정을 거두면서 직접 국정을 운영하게 된 헌종은 안동 김씨 일문과는 협력 관계를 유지하며 주도권을 잡았다. 그러나 헌종이 후사 없이 세상을 떠나자 왕위 계승 결정권을 가지고 있던 순원왕후 김씨가 강화 도령 원범을 지목했고 안동 김씨 일문의 세도정치는 절정에 달했다. 이제 왕손들과 풍양 조씨들은 안동 김씨들 앞에 숨을 죽여야 했다.

이러한 상황에서 흥선군은 조영하와 조성하를 통해 대비 조씨를 만나 후사 문제를 의논했다.

"안동 김씨들이 후사를 정하기 전에 선수를 쳐야 합니다!"

그리하여 결정된 인물이 흥선군의 차남 이명복, 즉 고종이었다. 조 대비는 명복을 자신의 양자로 삼았다. 명복은 효명세자의 아들이 된 셈이었다.

철종이 1863년 12월 눈을 감자 조대비는 즉시 옥새를 처소로 들고 갔다. 그리고 그날 곧바로 정원용을 원상으로 임명한 후 정원봉, 김흥근, 김좌근, 조두순 등의 원로들과 만난 자리에서 명복을 후계자로 삼는다는 교지를 내렸다. 후사 결정권은 대비 조씨에게 있었기 때문에 누구도 반박할 수 없었다. 안동 김씨 일문에서는 그녀의 뜻을 못마땅하게 여겼지만 어쩔 수 없는 일이었다.

왕위에 오른 고종의 나이가 12세에 불과했기 때문에 관례에 따라 수렴청정이 필요했다. 그러나 대비 조씨는 모든 정사를 흥선대원군에게 일임하고 뒷전으로 물러났으며 2년 후 섭정을 거둔다는 하교를 내렸다. 그녀가 수렴청정을 거둔다는 하교를 내리자 흥선대원군은 고종의 배후에서 적극적으로 국정을 주도해 나갔다.

그는 먼저 60년간 독재를 자행하던 안동 김씨 일문을 조정에서 퇴진시키고 당색에 의해 차별을 받았던 남인 계열의 인물들, 서북인, 개성의 고려 왕조 자손들에게 관직 진출의 기회를 열어 주었다. 흥선대원군은 열강들이 각축하던 당시 정세에서 조선이 살아남기 위해서는 당쟁의 폐해를 극복하고 왕권을 강화해야 한다고 생각했다. 그리하여 당쟁의 온상이 되고 있던 서원 철폐령을 내리고 왕권 강화를 상징적으로 보여주기 위해 경복궁 중건 사업을 시작했다. 그리고 계속 조선을 압박해 오는 열강들을 막기 위해 강력한 쇄국 정책을 표방했다.

흥선대원군은 누구보다 왕실 외척들의 전권 횡행으로 피해를 본 인물이었기 때문에 며느리를 선택할 때 신중을 기했다. 며느리가 될

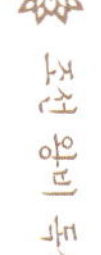

286

수 있는 자격 요건은 권력을 넘볼 만한 친정 피붙이들이 없어야 한다는 것이 1차 조건이었으며 그 다음이 명문가 출신이어야 한다는 것이었다.

이때 흥선대원군의 부인이 민씨를 추천했다. 흥선대원군의 부인은 민치구의 딸로 민치록과는 상당히 먼 인척 관계였다. 민치록은 인현왕후 민씨의 아버지 민유중의 5대손이었으며 민치구와는 5대조에서 갈렸다. 그러나 민치록이 민치구의 둘째 아들 민승호를 양자로 삼았기 때문에 대원군 가와 민치록 집안의 사이는 매우 가까웠다. 감고당은 대원군의 사저 운현궁과 근거리에 있었기 때문에 언제든 마음만 먹으면 왕래할 수 있었다. 아마 대원군의 부인은 어리지만 총명하고 예의범절에 뛰어난 민씨를 눈여겨보았을 것이다.

고종 3년 대왕대비가 12~17세까지 처녀들의 결혼을 금하는 명을 내렸다. 그리고 혼인식 별궁으로 운현궁을 사용하도록 했다. 창덕궁 중희당에서 초간택을 한 후 민씨, 김우근의 딸, 조면호의 딸, 서상조의 딸, 유초환의 딸 등이 재간택 후보가 되었다. 사실 민씨는 왕비 후보의 자격 조건도 되지 않았다. 〈효현왕후 가례도감의궤〉에 의하면 첫째 모든 이씨 성을 가진 자, 둘째 이씨가 아닐 경우 대왕대비의 동성 5촌 이내, 왕대비의 7촌 이내와 이성 6촌 이내의 친족, 왕의 이성 8촌 이내, 셋째 부모가 모두 생존하지 않거나 한 명만 생존한 경우 등에는 후보조차 될 수 없었다. 그런데 민씨가 당당하게 재간택의 후보에 오른 것은 정치적인 배경이 없고서는 불가능한 일이었다. 즉 민씨는 이미 왕비로 내정되어 있었던 것이다.

재간택 날짜가 나흘 이후로 잡혔다. 민씨는 초조했지만 조용히 기다렸다. 드디어 재간택을 거행하던 날, 민씨가 최종 후보로 낙점되었다. 민씨는 이제 모든 꿈을 이룬 듯했다. 자신을 너무나 총애하고 귀여워해 주던 아버지가 세상을 떠난 후 홀어머니와 함께 지내던 민씨는 자신에게 이러한 일이 일어날 줄은 꿈에도 몰랐을 것이다.

아버지와 함께 하던 공부, 여주에서의 어머니와의 생활, 감고당에서 어머니와 함께 지내던 일들이 새록새록 떠올랐다. 옥매화가 피는 것을 보면서 자신의 앞날을 점치기도 했던 16세 어린 소녀 민씨는 이제 자신이 무엇을 해야 하는지 골똘히 생각하기 시작했다.

민씨는 자신이 간택된 이유를 곰곰이 생각해 보았다. 대원군은 야심이 많고 왕실 외척으로부터 온갖 수모를 겪고 살아남은 인물이었다. 분명 외척에 대한 경계가 누구보다 심할 것은 불 보듯 뻔한 일이

흥선대원군의 사진

외척의 발호를 극도로 경계했던 흥선대원군은 후일 며느리인 명성황후와 최대 정적 사이가 되었다. 흥선대원군은 명성황후의 오빠와 어머니를 죽였다는 혐의를 받았을 뿐만 아니라 임오군란 당시에는 군대를 조종하여 명성황후를 제거하려 들기도 했다. 명성황후가 일본인들에 의해 시해되어 일본 공사 미우라 고로가 소환된 이후 정권을 내놓고 은퇴하였다.

었다. 재간택 후보자들은 모두 아버지가 생존해 있었으며 여흥 민씨 집안보다 뒤처지지 않았다. 민씨가 내세울 것은 원경왕후와 인현왕후 두 명의 왕후를 배출한 명문가라는 것 외에는 딱히 없었다. 그러한 자신이 삼간택 후보가 되었다는 것은 대원군의 외척에 대한 경계를 잘 말해 주는 것이었다.

명문가 집안이면서 외척에 대한 발호를 걱정하지 않아도 되는 후보가 바로 자신이었다. 민씨에게는 양오라버니인 민승호가 있지만 권력을 장악할 가능성이 큰 부친과 남자 형제가 없었다. 이러한 조건을 갖춘 민씨는 흥선대원군의 의도에 가장 적합한 며느리였다.

권력 강화를 위해 인척을 끌어들이다

열여섯 살, 아직 솜털도 가시지 않은 어린 민씨는 가례를 준비하기 위해 운현궁에 머물렀다. 간택된 왕비 후보는 왕실에서 마련한 별궁에서 왕실의 여성으로서 갖추어야 할 교양, 예의범절, 언어 등을 배워야 한다. 큰 절을 하는 것도 나이 든 상궁의 지도 아래 수도 없이 연습을 해야 한다. 왕비 후보들이 왕비의 자격을 갖추기 위해 받는 다양한 교육들 중에는 학문도 포함된다. 학문할 때는 《소학》을 비롯해 왕실에서 내려오는 교훈서 등을 교재로 사용했다. 왕비 후보의 아버지 혹은 남성 친척들이 이를 가르쳤다.

민씨도 가례를 올리기 전까지 별궁에서 왕실 교육을 받는 한편

《소학》,《효경孝經》,《여훈女訓》 등을 밤이 늦도록 공부했다. 삼간택 후 보름 정도를 운현궁에 있으면서 왕실 여성으로서 갖추어야 할 모든 예절과 상식을 배운 민씨는 고종 3년 3월 21일 드디어 고종과 혼인하였다.

민씨는 어린 나이지만 궁궐로 들어와 왕비 역할을 충실히 해냈다. 왕비의 역할은 내명부를 잘 다스리는 것 외에도 웃어른 모시기, 제사, 후계자 생산, 봄이 되면 온 나라의 여성들에게 모범을 보이기 위해 친잠을 하는 등 하는 일이 많았다. 민씨는 처음 궁궐로 들어오자마자 아침저녁으로 대왕대비와 왕대비에게 문안 인사를 올려야 했다. 옛날 사도세자의 부인이었던 혜경궁 홍씨의 《한중록》에 의하면 왕세자빈으로 입궐해서 가장 힘들었던 일이 새벽 문안이었다고 되어 있다. 민씨는 신정왕후 조씨가 병이 나자 밤낮으로 옆에서 아픈 부위를 안마해 주고 크고 작은 일을 먼저 문의한 다음 일을 처리하였다. 이러한 면을 볼 때 민씨는 오만하고 제멋대로 일을 처리하는 사람은 아니었다. 신정왕후 조씨가 "곤전(坤殿 : 중전)은 효성스럽다"고 칭찬할 정도였다.

왕실의 제사 의례도 똑 부러지게 처리했다. 묘궁, 능원, 여러 산천에 제기가 모자라고 제수가 부족하면 모두 내탕고에 있는 물건으로 보충했으며 기신제(忌晨祭 : 해마다 사람이 죽은 날에 지내는 제사) 때도 반드시 성복盛服을 갖추어 밤을 지새웠다. 햇과일을 제사에 먼저 올리는 등 제사 의례에서도 실수가 없었다. 고종은 민씨의 이러한 행동을 보고 종묘사직과 근본을 중요시하는 일이라며 칭찬했다.

이렇게 철저하게 자신의 역할을 수행했지만 정치적인 세계는 이같은 일을 원하는 것이 아니었다. 정치적인 가치나 영향력이 없다면 언제든 내치는 것이 냉혹한 정치계의 생리였다. 왕과 왕비의 정치적인 기반은 하늘과 땅 차이였고, 정치적인 기반이 전혀 없는 민씨는 언제든 폐비가 될 수 있었다. 왕을 폐서인시키는 것은 정변이 아니고는 불가능한 일이었지만 왕비는 정치적인 기반이 없으면 언제든 그 자리에서 쫓겨날 수 있었다.

왕비의 역할을 충실히 수행하고 있는 동안 민씨가 불안해할 만한 일이 일어났다. 고종의 후궁인 상궁 이씨가 완화군을 출산한 것이다. 민씨가 왕실에 들어왔을 때 남편 고종에게는 이미 총애하는 후궁인 상궁 이씨가 있었다. 처음에 고종은 민씨를 형식적으로 맞이했을 뿐 아무런 관심을 보이지 않았다. 외롭게 지내던 민씨는 후궁들에 대한 질투로 시간을 낭비하기보다는 앞날을 내다보며 독서에 열중하는 길을 택했다.

이러한 노력의 결과 그는 백관들보다 더 뛰어난 학식을 갖추게 되었다. 예를 들면 변법의 시행을 태묘에 고하기 위해 고종이 궁내부에 명하여 지은 글에 "하늘이 종사를 보우하사"라는 글귀를 가지고 윤치호가 우리나라는 천주교를 섬기지 않는데 어떻게 하늘이 보우한다고 할 수 있는가라고 문제를 제기했다. 그러자 이를 듣고 있던 왕후가 《시경》, 《서경》, 《주역》 등 고서에 '하늘'이라는 글귀가 등장한다며 이를 고쳐 주기도 했다.

완화군이 태어나자 왕실에서는 경사가 났다며 떠들썩했다. 고종 5

년 4월의 일이었다. 고종의 아들이 탄생한 것이다. 그동안 왕실에서는 후사를 보는 일이 심히 어려웠던 터라 왕실은 기쁨의 도가니에 휩싸였고 모든 관심이 완화군에게 쏠렸다. 하지만 중궁전의 민씨는 마음 놓고 기뻐할 처지가 못 되었다. 그녀는 조바심이 났다. 만일 왕자를 낳지 못하면 자신의 신세는 불 보듯 뻔한 일이었다. 과거에도 쫓겨난 왕비들이 많았고 왕자를 낳아야만 왕비의 자리가 안전할 수 있었다. 게다가 부친과 남자 형제가 없는 민씨에게는 비호해 줄 세력조차 없었다.

민씨는 일가 민씨들을 자신의 세력으로 끌어들이기로 했다. 그 첫 대상이 민승호였다. 민승호는 민치록의 양자로 입양된 인물로 민씨의 오라버니였다. 민씨가 왕비로 간택되자 민승호는 곧 이조참의가 되었으며 이후 병조참판에 임명되었다.

민씨는 만일 자신이 왕자를 낳더라도 시아버지 흥선대원군이 외척의 발호를 경계하여 후궁 소생의 아들을 세자로 책봉할지 모른다는 우려까지 했다. 결국 민씨는 시아버지와 정치적인 대결을 할 수밖에 없다는 결론을 내렸다. 민씨는 친정의 친인척 세력들뿐 아니라 정권에서 소외된 세력들을 조정으로 끌어들이면서 앞날을 계획했다.

흥선대원군에 의해 실각된 풍양 조씨의 조영하, 안동 김씨 일문의 김병기 등을 포섭하고 남편 고종의 형인 이재면 등을 자신의 수하로 끌어들였다. 이들은 모두 흥선대원군에 대해 불만이 많던 인물들이었다. 그리고 유림 세력들도 눈여겨보았다. 당시 유림들은 흥선대원군이 내린 서원 철폐령 때문에 큰 불만을 품고 있었으며 기회가 오

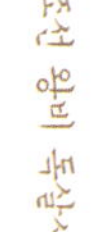

면 봇물처럼 터질 태세를 갖추고 있었다.

흥선대원군을 정권에서 퇴진시키기 위해 다양한 세력들을 끌어들이던 민씨는 점차 고종의 총애를 받게 되었고 그 결과 고종 8년에 왕자를 낳았다. 그러나 첫 왕자는 5일 만에 요절하고 말았다. 원인은 항문이 막힌 것이었다. 야사에 의하면 민씨는 아들이 죽은 것은 시아버지 흥선대원군이 산삼을 많이 주었기 때문이라며 그를 더욱 미워했다고 한다.

한편 왕실의 모든 귀여움을 독차지하던 완화군도 세 살 되던 해에 원인 모를 병에 걸려 죽고 말았다. 완화군이 죽은 것은 다행스러운 일이었지만 자신의 소생이 죽은 것은 원통한 일이었다. 결국 민씨는 완화군의 어머니 상궁 이씨를 궁궐에서 내쫓아 버렸다.

그러던 중 유림의 거두 최익현이 흥선대원군의 섭정을 반대하는 상소를 올렸다. 흥선대원군은 왕권의 부흥을 상징하는 의미에서 경복궁을 중건했는데 이는 민생을 도탄에 빠지게 하는 결과를 낳았다. 이후 흥선대원군에 대한 각계각층의 원성이 높아지는 가운데 최익현이 그를 탄핵하는 상소를 올린 것이다.

흥선대원군으로서도 섭정할 명분이 없었으므로 그는 결국 정치 일선에서 퇴진하였다. 고종은 직접 정사를 운영하게 되자 흥선대원군이 운현궁에서 드나들던 창덕궁의 전용 출입문을 사전에 양해도 없이 폐쇄해 버렸다. 시아버지와 정치적 대결을 벌이던 민씨로서는 1차적인 승리를 거둔 셈이었다. 정계에서 물러난 흥선대원군은 잠시 운현궁에서 머물다 양주 곧은골에 은거하면서 정계 복귀를 도모하기 시작했다.

이후 조정은 민씨 일가의 독무대가 되었다. 고종 11년 민씨는 둘째 아들 척을 낳았고, 척은 고종 12년에 왕세자로 책봉되었다. 모든 일이 순조로이 풀리는 듯했다.

격동의 소용돌이에 휘말리는 조선

그런데 그 해 11월 뜻하지 않은 일이 일어났다. 양오라버니 민승호가 어린 아들과 함께 어머니 이씨를 모시고 밥을 먹고 있는데 어떤 사람이 지방 고을에서 바치는 것이라고 하며 작은 상자를 들고 왔다. 민승호가 그 함을 받아서 여는 순간 상자가 폭발하였고, 이 사건으로 민승호와 어머니 이씨는 세상을 떠나고 말았다. 당시 사람들은 분명 흥선대원군이 시킨 일일 것이라고 생각했으나 물증이 없었다. 아마 민씨도 같은 생각이었을 것이다. 이 사건으로 흥선대원군과 민씨는 그야말로 돌아갈 수 없는 강을 건너고 말았다.

한편 일본은 쇄국 정책을 단행하던 대원군이 실각했다는 소식을 접하고 조선의 개항을 서둘렀다. 고종 12년 일본은 군함 운요호를 강화도로 보내 일부러 조선 수비병이 포격을 가하도록 했다. 이듬해 일본은 육군총장 겸 참의인 구로다 기요타카黑田淸隆를 특명 전권 대사로 임명하여 군함 6척과 400여 명의 군인을 강화도로 보냈다. 이들은 위협 시위를 하면서 조선 정부에 협상을 요구했다.

당시 조선에서는 일본을 배척하는 소리가 높았지만 우의정 박규수가 통상 관계를 맺는 것이 유리하다고 주장하여 고종 13년 불평등 조약인 강화도조약을 맺게 되었다. 이로써 조선은 근대적인 서양 문물을 받아들이게 되었으며 이후 속속 다른 서양 제국과도 조약을 체결하였다. 은자의 나라 조선이 드디어 자본주의 체제로 편입하게 된 것이다.

민씨는 서양 문물을 접하면서 기존의 쇄국 정책으로는 조선이 강대국으로 성장할 수 없다는 사실을 깨닫고 적극적으로 문물을 받아들이려 하였다. 민씨는 청과 일본에 영선사와 신사유람단을 파견했다. 신사유람단으로 일본을 다녀온 김홍집은 황준헌이 지은 《조선책략》이라는 책자를 들고 와 고종에게 바쳤다. 이 책의 주요 내용은 조선, 청나라, 일본 등 3국이 단결하여 러시아를 막아야 한다는 것이었다.

김홍집의 문물 시찰을 보고받은 고종과 민씨는 더욱 적극적으로 문호 개방에 앞장섰다. 그러나 《조선책략》은 위정척사론을 주장해 온 유생들로서는 받아들이기 어려운 내용이었다. 유생들은 연일 개화에 반대하는 상소를 올렸다. 여기에 고무된 흥선대원군은 민씨를 실각시키기 위해 역모를 계획했다.

고종 18년 8월 대원군은 자신의 서자인 이재선의 심복 안기영을 사주하여 군자금을 모은 후 민씨와 고종을 퇴위시키고 이재선을 왕으로 추대하려 했다. 그러나 이 사건은 밀고에 의해 발각되었고 이재선과 안기영은 유배형에 처해졌다. 민씨는 이를 빌미로 척사를 주장하던 유림들을 탄압하는 한편 대원군에 대해서는 더욱 엄중한 감시로 경계 태세를 늦추지 않았다. 고종 19년 민씨는 서양 문물 수용에 대한 중요성을 강조하는 조서를 발표했다.

여러 외국은 강대하고 우리들은 약소하다. 그들의 방식을 배우지 않고 어찌하여 그들에게 대항하여 설 수가 있는가? 안으로 국가의 제반 사항을 개혁하고, 아울러 여러 외국과 친밀한 교제를 이룩한다면 우리나라도 다른 나라들처럼 강대해지고 부유한 나라가 될 것이다.

그러한 민씨에게도 위기의 순간이 찾아왔다. 신식 군인에 비해 차별을 받던 구식 군인들이 봉기를 일으킨 것이다. 고종 18년 민씨는 일본 군사 고문을 초빙하고 양반 자제 100여 명을 뽑아 별기군을 창설하면서 이들에게 신식 군대 훈련을 시켰다. 이 별기군과 구식 군인들에 대한 대우는 천지 차이였다. 이러한 차별 대우에 불만을 품고 있던 구식 군대에게 13개월이나 밀린 급료가 지급되었는데 돌이 반이나 섞인 썩은 쌀이었으며 그마저도 1개월분의 급료였다. 격분한 군인들은 쌀을 지급하던 관리를 구타했다.

당시 선혜청 당상이던 민겸호는 이를 무마하기 위해 군졸 세 명을 체포했다. 이에 화가 난 군졸들은 민겸호의 집으로 몰려가 그 집 하인들과 격투 끝에 삽시간에 집을 아수라장으로 만들어 버렸다. 그들은 자신들을 보호해 줄 자는 운현궁에 은둔해 있던 흥선대원군밖에

없다고 판단하여 그를 찾아갔다.

대원군은 겉으로는 그들을 달래는 척하였으나 내심으로는 그들의 난이 확대되어 민씨 일파가 조정에서 쫓겨나기를 바랐다. 흥선대원군은 주동자 유춘만, 김장손 등과 비밀리에 만나 군졸들의 행동을 지휘하게 했다. 즉 흥선대원군은 배후에서 이 군인들을 지휘했던 것이다.

흥선대원군은 그들에게 우선적으로 해야 될 일들을 차근차근 일러주었다. 이 지휘에 따라 군인들은 두 패로 갈리어 한 패는 민씨를 지지하는 세력들을 습격하여 때려죽였으며 또 다른 한 패는 일본 공

민씨가 피난했던 충주의 집터
시아버지 흥선대원군과 정치적인 대립각을 세웠던 민씨는 대원군이 조종하는 구식 군대의 습격을 받고 충주로 피신해야 했다. 역사에 임오군란이라는 이름으로 기록되어 있는 이 사건은 당시 조선 왕실의 권위가 어느 만큼 떨어져 있었는지를 보여준다.

사관을 습격했다. 그리고 마지막으로 민씨를 죽이기 위해 창덕궁으로 몰려들었다. 하지만 이미 그녀는 창덕궁을 떠난 뒤였다. 민씨는 무예별감 홍재희의 기지로 그의 등에 업혀 창덕궁을 빠져나온 뒤 충주 장호원에 있는 민응식의 집으로 가 거기에서 숨어 지냈다.

홍선대원군은 사태를 수습한다는 명목으로 고종에게서 정권을 위임받았다. 그는 민씨가 언제 보복을 할지 모른다는 생각에 서울 장안을 샅샅이 뒤지게 했으나 끝내 찾지 못했다. 그리하여 전국에 민씨가 죽었음을 발표하고 장례 절차를 밟게 했고 청나라에도 국상을 알렸다. 10여 년 만에 재집권한 홍선대원군은 새로운 인물들을 기용하여 민씨 일파가 만든 제도들을 송두리째 바꾸어 놓았다. 민씨로서는 위험천만한 순간이었다.

당시 일본에 대한 견제의 필요성을 절실히 느끼고 있던 청나라는 즉각적으로 군대를 파병했다. 청군의 파병에 위협을 느낀 일본 또한 즉시 공사관 습격에 대한 책임을 물으면서 인천으로 군대를 몰고 들어왔다. 대원군은 일본군과 만나 협상을 하려 했으나 일본 측은 그의 요구를 무시하고 서울로 들어왔다. 대원군은 그들의 불법적인 만행에 적극적으로 대처하겠다는 의지를 표명했고, 강경하게 나오는 대원군의 태도에 일본군은 인천으로 물러났다.

한편 청군은 대원군과 일본군의 협상을 중재하는 척하다 대원군을 청으로 납치해 버렸다. 그리고 그날 밤 궁궐 안팎과 사대문을 지키던 조선 군인을 몰아내고 서울을 장악하였다. 민씨는 청군의 보호 아래 다시 궁궐로 들어오게 되었다.

298

청나라는 난을 진압해 주었다는 명목으로 조선의 내정 간섭을 강화하였다. 민씨 또한 자신의 권력을 유지하기 위해서는 청나라에 의지해야 한다는 생각을 하게 되었다. 민씨는 친청 정책으로 기울면서 일본의 메이지 유신을 개혁의 모델로 삼고 있던 급진 개화파들을 멀리하였다. 강화도조약 이후에는 이들의 말을 신뢰하면서 이들의 요구대로 친일적인 입장에서 정책을 풀어 나갔으나 임오군란 이후에는 청나라 중심으로 정책을 전개해 나갔다. 이에 급진 개화파들은 점차 정권에서 소외되기 시작했다.

급진 개화파들은 민씨를 비롯한 친청 수구 세력들을 정계에서 몰아낼 계획을 세웠다. 이들은 우정국 개국 축하 만찬회에서 거사를 일으키기로 결정했다.

고종 21년 10월 17일 우정국 만찬회가 거의 끝나 갈 무렵 갑자기 "불이야!" 하는 소리와 함께 만찬장이 아수라장으로 변했다. 민씨 척족의 거두 민영익은 이 혼란 가운데 달아나려다 문 밖에서 기다리던 자객의 칼을 맞고 쓰러졌다. 거사의 주동자 김옥균, 박영효, 서광범 등은 만찬장을 빠져나와 기다리고 있던 일본 1개 중대와 조선 군인 일부를 동원하여 고종이 있던 창덕궁으로 달려갔다. 이들은 고종을 경우궁으로 옮기고 다음 날 아침 고종의 부름을 받고 입궐하던 민영목, 민태호, 조영하, 윤태준, 이조연, 한규직 등 원로대신 6명을 죽였다. 그리고 민씨 척족에 의해 소외당해 왔던 이재선을 궁으로 불러들여 왕실과의 연합 정권을 제안했다. 이로써 정변에 성공한 급진 개화파들은 10월 18일 새 내각의 조직과 구성원을 발표하였다.

 **고종의 초상**

쇠망해 가는 나라의 군주였던 고종은 세계 열강들의 각축 속에서 조선의 살
길을 도모했으나 그의 리더십은 격동의 근대사를 헤쳐 나가기에는 너무나 약
했다. 훗날 정치적인 반려자였던 명성황후마저 일본 측의 공작에 의해 사라지
게 되자 조선의 앞날은 더욱 어두워졌다.

한편 경우궁에 머물던 고종은 일단 이복형 이재선의 집으로 피신했다. 그런데 민씨가 고종에게 즉시 창덕궁으로 거처를 옮겨야 한다고 주장하였다. 민씨는 창덕궁에 머물면서 국왕 문안을 핑계로 전 경기감사 심상훈을 입궐하게 하여 위안스카이와 내통했다. 당시 서울에 머물고 있던 위안스카이는 오후 3시경 개화파에 대한 공격을 감행했고 창덕궁 안에서 왕을 호위하고 있던 일본군은 사태가 불리해지자 철수해 버렸다. 민씨는 이 틈을 타 청군 진영으로 탈출했다.

사태는 개화파에게 불리하게 돌아가고 있었다. 고종도 민씨가 있는 곳으로 가기 위해 실랑이를 벌이는 가운데 홍영식이 그를 따르던 조선 군인들과 함께 청군과 일전을 치렀으나 처참하게 패배했다. 결국 갑신정변의 주역이었던 김옥균, 박영효, 서광범, 서재필 등은 일본으로 망명했고 개화파의 세상은 사흘 만에 끝이 나고 말았다.

급진 개화파가 쫓겨난 후 민씨는 위안스카이와 함께 사태 수습을 위해 긴급 대책을 강구했다. 두 번에 걸쳐 청군의 도움을 받은 민씨는 청나라와의 관계를 더욱 강화했다. 한편 일본은 공사관이 불타고 일본인 희생자가 발생한 것에 대해 배상을 요구했다. 힘없는 약소국이었던 조선은 일본의 요구 조건을 들어 주어 공사관 건축비와 배상금 지불을 약속하는 한성조약을 체결했다. 그리고 청나라와 일본은 조선에서 군대를 철수할 것과 앞으로 조선에 파병할 경우에는 서로 통고한다는 내용을 골자로 한 텐진조약을 체결하였다. 갑신정변 이후 중앙의 요직은 모두 민씨 일족이 장악하여 민씨 일문의 세도정치는 극에 달했다.

　고종이 친정을 하기 시작하면서 민씨는 총명한 머리로 그를 보좌하였다. 그러나 민씨는 임오군란과 갑신정변을 거치면서 자신의 정치적인 위상을 강화해야 한다는 생각이 절실했다. 민씨로서는 당연한 일이었다. 이를 위해 민씨는 대내외 세력을 이용할 계책에 골몰하기 시작했다.

갑신정변의 주역이었던 박영효의 가족 사진
갑신정변을 일으켰으나 청군의 역습으로 3일 만에 패퇴한 급진 개화파는 결국 일본으로 망명을 하게 된다. 이 사건으로 박영효의 아버지 박원양은 자살했고 박영효의 아들도 죽음을 맞았다. 후일 박영효는 죄를 용서받고 조선으로 돌아왔으나 반역 음모 사건으로 재차 일본으로 망명하는 등 파란을 겪었다.

청나라를 견제하기 위해 러시아를 끌어들이다

민씨의 정치적인 역량을 가장 잘 보여 준 사건이 청국과 러시아를 이용한 것이다. 갑신정변 이후 위안스카이는 계속 서울에 머물면서 조선의 내정에 간섭하였다. 일본 또한 갑신정변 때문에 그 세력이 약화되기는 했지만 여전히 조선을 둘러싸고 청과 첨예한 대립을 벌이고 있었다. 이러한 상황에서 또 다른 열강이 출현하였다. 바로 러시아였다.

러시아는 유럽, 중앙아시아, 그리고 극동으로 꾸준히 남하 정책을 추진하였는데 1860년 청나라와 베이징조약을 맺으면서 연해주를 차지하게 되었고, 그때부터 두만강을 사이에 두고 조선과 접경하게 되었다. 러시아는 블라디보스토크에 군항을 개설하여 이를 남하 정책의 추진 기지로 삼아 조선 침투를 꾀하였다. 열강들이 조선을 둘러싸고 서로 쟁탈전을 벌이자 민씨는 이를 이용하기로 했다. 일본에 대해서는 이미 갑신정변 이후 신뢰가 떨어진 상태였기 때문에 적대적으로 대했으며 청나라는 자신이 재집권하는 데 두 번이나 도움을 주었기 때문에 절대적으로 의존했다. 그러나 청나라는 위안스카이를 조선에 심어 두고 민씨와 민씨 척족들의 정책에 대해 사사건건 물고 늘어졌다.

상황이 이렇게 되자 민씨는 이제부터는 러시아를 이용해야겠다는 판단을 내렸다. 그리하여 청국 리훙장의 추천으로 조선 정부의 고문으로 와 있던 묄렌도르프를 통해 러시아 공사와 접촉하여 밀약을 맺으려 했다. 내용은 청과 일본을 조선에서 몰아내고 러시아가 보호국이 되어 주길 바란다는 것이었다. 그러나 이러한 민씨의 행동은 즉각 청나라에 알려졌고 청국은 임오군란 후 납치했던 대원군을 조선으로 귀국시켰다. 청나라는 서로 정적 관계에 있던 흥선대원군을 이용하여 민씨를 견제하려 했던 것이다.

러시아가 적극적으로 조선과의 관계를 증진하려 하자 이를 예의 주시하고 있던 영국이 거문도를 점령하였다. 청국의 중재로 러시아로부터 조선의 영토를 점령하지 않는다는 약속을 받아 내자 영국군은 점령한 지 2년 만에 철수하였다.

한편 러시아와 조선의 관계를 중개해 주던 묄렌도르프가 물러난 이후 러시아 공사 베베르가 조선에 도착하였다. 베베르는 국제 외교 관계의 베테랑이었으며 그의 아내 또한 사교적인 면에서 남편에 뒤지지 않았다. 이들 두 내외는 고종과 민씨의 마음을 사로잡았다. 하지만 민씨의 내심은 다른 곳에 있었다. 그녀의 목적은 이들 러시아 공사 내외를 이용하여 자신의 권력을 더욱 확고하게 굳히는 것이었다.

민씨는 비밀리에 다시 조선과 러시아 간 밀약을 추진하였다. 그러나 이 계획은 조선에 주둔하고 있던 위안스카이에게 알려져 또다시 무산되었고 이로 인해 청나라와 러시아와의 관계는 더욱 악화되었다. 러시아는 청나라가 지나치게 조선의 내정을 간섭한다며 공개적으로 공격을 해 댔다. 이처럼 러시아와 청나라 사이에 팽팽한 긴장 관계가 유지되는 동안 일본은 약화된 세력을 만회하기 위해 절치부

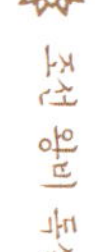

심하고 있었다.

조선 침략의 걸림돌 민씨 제거 작전

세 나라가 서로 견제를 하며 호시탐탐 조선을 노리고 있었지만 민씨는 궁궐 안에서 안정된 생활을 영위하고 있었다. 가장 강력한 정적이었던 시아버지 흥선대원군은 이미 세력을 잃고 거의 유폐에 가까운 삶을 보내고 있었으며 주변에서 척신들이 그녀를 보호해 주고 있었다.

그러나 궁궐 밖 백성들의 생활은 비참해져만 갔다. 1876년 개항 이후 근대 문물을 수용하면서 들어간 비용, 다른 열강들과의 관계 유지를 위해 들어간 비용, 그리고 궁궐 안에서의 예산 낭비 등으로 인해 국가 재정은 더욱 곤궁해졌으며 부족한 재정을 보충하기 위해 백성들에게 많은 세금을 부담시켰다. 또한 지방관들의 횡포가 극에 달했으며 일본의 경제적 침투는 농촌 경제를 파탄시켰다. 태평세월을 보내던 민씨는 이를 개선하기 위한 노력은 기울이지 않고 권력 유지를 위해 열강들을 이용하는 데만 골몰하고 있었다. 열강들은 민씨의 요구를 들어주는 대신 조선에서 여러 가지 이권들을 챙겨 나갔다.

무능한 정부에 대해 백성들의 반감은 날로 커져만 갔다. 계기만 마련되면 언제든 폭발할 수 있는 분위기가 무르익고 있었다. 발화점이 된 것은 1894년에 일어난 갑오농민전쟁이었다. 동학교도들은 자신들의 주장을 정부에서 들어주지 않자 무력 시위를 통해 요구를 관철시키려 하였다. 농민군은 전주에서 1,000여 명의 관군을 격파하고 무장, 영광으로 진격하여 군기를 뺏고 탐관오리를 추방하였다. 승승장구 개가를 올리던 농민군은 5월 31일 전주성을 점령하였다.

농민군의 봉기에 경악한 조정에서는 의견이 분분하였다. 민씨는 몇 번이나 청국에 원병을 요청하려 했으나 대신들이 반대했다. 만일 청국을 부르면 일본, 러시아, 영국 등도 출병하게 되어 조선의 전 국토가 전쟁터가 될 것이라 생각했기 때문이다. 그러나 사태는 더욱 급박해지고 있었고 대신들은 결국 민씨의 의견에 따라 청군을 요청하는 데 동의했다. 조선 조정은 위안스카이를 통해 청나라에 파병을 요청하였다. 청군이 출병하자 일본도 텐진조약에 따라 조선에 군대를 보냈다.

청일 양국에서 군대를 파병했다는 소식을 접한 농민군은 즉시 정부와 전주 화약을 맺고 해산하였다. 그러나 일본군과 청군은 8월 1일 선전포고를 하고 전시 상태에 돌입하였다. 결국 그 해 9월 동학 접주 전봉준은 다시 농민군을 집결시키고 항일 구국 투쟁을 선언했다. 전국 각지에서 모여든 수십만의 농민군은 서울을 향해 진격했다. 농민군은 공주 우금치 마루에서 6~7일간 격전을 벌였으나 우세한 무기를 앞세운 일본군과 관군에 밀려 패배하고 말았다. 일본군에게 붙잡힌 전봉준이 서울로 압송되어 부하들과 함께 처형됨으로써 갑오농민전쟁은 막을 내렸다.

농민군을 진압한 일본은 청나라와의 전쟁에서도 승승장구하였다.

청의 육해 양군이 모두 일본군에게 패배함으로써 일본 측의 요구를 받아들여 시모노세키조약이 체결되었다. 청일전쟁은 일본의 승리로 끝났고 이를 계기로 일본은 조선에 대한 내정 간섭을 더욱 노골화하였다. 일본은 민씨의 발언권을 원천 봉쇄하였으며 흥선대원군에 대해서는 정계에서 물러나게 했다. 그리고 갑신정변 당시 일본으로 망명했던 박영효를 불러들여 김홍집과 연립 내각을 만들도록 했다. 이때 의정부를 내각으로 고치고 일본인 고문관을 두어 내정 간섭을 심화했다.

일본이 고종과 민씨의 운신을 원천 봉쇄하자 두 사람은 더욱 러시아에 마음이 기울었다. 고종과 민씨는 현재의 상황을 타파할 수 있는 방법은 러시아에 의지하는 길밖에 없다고 판단했다. 한편 일본에 패배한 청나라에서도 러시아에게 일본을 견제해 줄 것을 부탁했다. 러시아는 프랑스와 독일을 충동질하여 청나라가 일본에게 넘겨준 요동반도를 다시 청에게 돌려주도록 3국 간섭을 시작했다. 승승장구하던 일본도 이번에는 서구 열강의 기세에 눌려 할 수 없이 요동반도를 도로 내주었다. 이러한 정세를 파악한 민씨는 즉시 박영효 등을 추방하고 이범진, 이완용, 이윤용 등으로 친러 내각을 구성했다. 이전부터 조선 침략의 걸림돌로 민씨를 지목하고 있던 일본에서는 결국 직접 민씨를 제거하기로 결정했다.

일본은 민씨 암살 날짜를 1895년 10월 8일로 정하고 결행에 들어갔다. 참변이 일어난 후 일본인들에 의해 민씨는 폐서인되었으나 고종에 의해 그 해 10월 복위되었다. 당시 사람들은 민씨가 무사히

307

도주하여 숨어 있으리라는 소문을 믿고 있었다. 그러나 한 달이 지난 후 고종이 민씨의 죽음을 공식 발표하면서 민씨가 살아 있을 것이라는 희망은 사라졌다. 장례식은 2년이 지난 후인 1897년 11월 거행되었다. 그 해 고종은 대한제국을 선포하고 칭제건원稱帝建元하면서 민씨를 명성태황후로 추존했다.

민씨가 살해된 건청궁 옥호루
명성황후는 일본 측의 여우 사냥 계획에 의해 잔혹하게 시해되었다. 한 나라의 국모가 타국 사람들에 의해 살해되었음에도 불구하고 조선 조정은 그에 대해 아무런 대응도 하지 못할 만큼 힘이 없었다. 명성황후의 시해 사건은 당시 조선에 있던 외국인들에 의해 전 세계로 알려졌고 시해를 저지른 일본 낭인들은 일본 법정에 섰으나 물증이 없다는 이유로 풀려났다.

민씨의 행적과 죽음에 대한 엇갈린 평가

조선 건국 후 외교는 중국과의 관계를 의미하는 것으로서 매우 단순했다. 그러나 19세기 말 서구 열강들이 몰려들면서 조선은 여러 나라들과 관계를 가질 수밖에 없는 상황이 되었다. 각국의 이권과 맞물려 이 기회를 제대로 활용하면 부강한 나라로 갈 수 있었지만 그렇지 못할 경우에는 나라의 주권까지 빼앗길 수 있는 상황이었다.

흥선대원군은 쇄국 정책으로 난국을 돌파하려 했지만 역사는 그의 편이 아니었다. 이러한 격동기의 중심인물이 고종과 민씨였고 그들은 친정을 하기 시작하면서 문호 개방 정책을 택했다.

고종은 자신이 원하는 정책을 관철시키기 위해 새로운 지지 기반을 만들어야 했다. 그 기반이 민씨 척족 세력으로서 이는 역대 선왕들도 사용했던 방법이었다. 민씨도 자신의 이권을 위해 친정의 친인척 세력을 활용해야 했다. 이러한 의미에서 고종과 민씨의 세력 기반은 같을 수밖에 없었다.

흥선대원군이 이를 막기 위해 여러 가지 방법을 동원했지만 민씨의 정치력에 의해 매번 좌절되었다. 민씨는 대내적으로는 흥선대원군 세력과 경쟁해야 했고 대외적으로는 열강들을 잘 이용해야 했다. 그러나 그녀는 역사의 격랑 속에서 1895년 일본 낭인들에 의해 철저하게 짓밟혀 비참한 최후를 맞이하였다.

이처럼 드라마틱한 삶을 살다 간 민씨에 대해 국내 성리학자, 내한 서양인들, 일본인, 그리고 시해 이후 일본인에 의한 평가, 후세대

한국인들에 의한 평가 등 다양한 의견들이 존재하는데 이것은 그녀가 그만큼 복잡다단한 삶을 살았다는 증거라고도 할 수 있다.

민씨와 동시대를 살았던 당대 성리학자들의 평가 중 가장 대표적인 기록은 매천 황현의 글이다. 그는 민씨가 매우 총명한 여성이었으나 망국을 초래한 인물이었다고 주장했다. 민씨가 얼마나 총명했는지에 대해서는 앞서 소개했던 이야기를 들고 있다.

고종이 법을 바꾼 것을 태묘에 고하기 위해 궁내부에 글을 짓도록 명하였다. 정만조가 지은 글 첫머리에 "하늘이 종사를 보우하사"라는 구절을 두고 윤치호가 천주교를 섬기지 않는 조선에서 '하늘'이라는 용어는 사용할 수 없는 것이라고 하자 민씨가 윤치호를 조롱했다.

"《시경》,《서경》, 그리고《주역》에서 '하늘'이라는 용어는 얼마든지 나온다. 경은 너무 무식하다!"

매천 황현의 초상
구한말의 유학자였던 황현은 그의 기록에서 명성황후를 나라를 망친 부정적인 여성으로 묘사하였는데 이는 그의 유교적 윤리관에 근거한 것이었다. 1910년 일제에 의해 국권을 빼앗기자 절명시 4편을 남기고 음독자살하였다.

이같이 학문이 뛰어난 인물이었지만 그녀는 너무도 큰 과오를 범함으로써 망국의 지름길로 갔다며 개탄했다. 민씨에 대한 부정적인 평가의 근거로는 국고 탕진, 수령 자리 팔기, 민씨의 사치, 고종과 후궁에 대한 민씨의 태도 등을 들었다.

민씨는 국가 경제와 백성들의 살림살이를 어렵게 만든 주요 인물로 평가되고 있는데 그 내용을 보면 다음과 같다. 순종이 태어난 후 명산대천에 기도를 드리고 고종과 함께 연회를 위해 사용하는 돈이 내수사 경비로도 지탱할 수 없어 호조와 선혜청에서 끌어다 사용하다가 이도 부족하여 관직을 파는 데까지 이르렀다고 했다. 민씨는 이를 위해 민규호에게 수령 자리 값을 매기라고 명했다. 그런데 민규호가 관직을 파는 것은 옳지 못하다고 생각하여 응모하는 자가 없게 하려고 녹봉이 1만 꿰미라면 2만 꿰미로 정하였다. 그럼에도 불구하고 응모자가 크게 몰렸으며, 이를 통해 관직을 얻은 자들이 가렴주구를 일삼아 백성이 더욱 빈한해졌다는 것이다.

황현은 또한 민씨를 자신에게 도움을 준 사람에게는 벼슬도 남발했으며 사치가 심했던 여성으로 묘사하고 있다. 예를 들어 담비 가죽 중에 서북 지방에서 나는 것을 돈피라고 하는데 그 겨드랑이 아래의 좋은 털을 자얼이라 부른다. 이 물건은 매우 진귀하여 가격이 몇 배나 비쌌다. 황현은 민씨가 구입한 자얼 모자 열 벌을 구경하다 촛불 심지가 떨어져 순식간에 모두 타 버린 일이 있다고 했다. 그리고 진귀한 토산물이 산처럼 쌓여 있었으며 궁중에서 곡연을 할 때 흥이 나면 고종과 민씨는 접부채와 곡삼(曲蔘 : 굵은 꼬리를 꼬부려서 말린 백삼)을 비 오듯 땅에 떨어뜨리고 깊은 밤에도 자지 않고 음란하고 비속한 노래를 들으며 공연을 즐겼다고 했다.

"오는 길 가는 길에 만난 정 즐거워라. 죽으면 죽었지 헤어지기 어렵더라."

민씨의 흥선대원군에 대한 태도는 다음과 같이 표현했다. 1882년 임오군란이 일어난 후 흥선대원군은 잠시 정권을 잡았지만 청군의 방해로 다시 실권했다. 그러자 민씨는 흥선대원군 세력들의 관직 등용을 막아 거의 폐족이 되게 하였다. 황현은 민씨가 흥선대원군 '헐뜯는 것'을 그치지 않았다고 했다. 그리고 임오군란 이후 대원군이 실세한 지 오래되었음에도 불구하고 운현궁에 출입하기만 하면 민씨에게서 화를 입었으므로 방문객이 점점 끊겨 문 밖에 잡초가 무성했다. 그런데도 민씨는 흥선대원군에 대한 경계를 풀지 않고 몰래 해치려 하였다.

후궁을 대하는 태도도 유교적 여성관에 따라 내명부를 다스리는 왕비의 모습이 아니었다. 의화군 이강의 생모 상궁 장씨에 대한 이야기를 보면 이강이 태어났을 때 분노한 민씨가 장씨가 거처하는 곳으로 가서 창문에 칼을 꽂고 칼을 받으라며 소리쳤다는 것이다. 장씨는 힘이 센 사람이라 한 손으로 칼자루를 잡고 다른 한 손으로 창문을 밀고 나가 엎드려 목숨을 구걸했다고 한다.

황현은 고종에 대한 민씨의 태도가 매우 이중적이었다고 표현했다. 이에 반해 고종은 민씨를 총명함과 학식을 갖춘 정치적인 반려자로 회상했다.

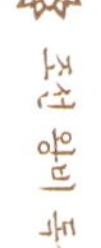

짐의 기분이 언짢은 것이 있으면 반드시 아침까지 기다리고 앉아 있었으며 짐이 근심하고 경계하는 것이 있으면 대책을 세워 풀어 주었다. 심지어 교섭하는 문제가 제기되었을 때는 짐을 권해서 먼 곳을 안정시키도록 하니 각국에서 돌아온 사신들이 아뢰기를 "다른 나라 사람들이 모두 감복한다"고 하였다. 근년에 지내면서 보니 황후가 일찍이 짐을 도와서 말한 것이 있는데 모두 일마다 다 징험(徵驗 : 징조를 경험함)되어 딱딱 들어맞았다. 심원한 생각으로 미래에 대한 일을 잘 요량하는 황후의 통달한 지식은 고금에 따를 사람이 없으며 사람들이 미칠 바가 아니다.

그러나 황현은 고종의 민씨에 대한 이러한 믿음이 순전히 고종의 어리석음과 민씨의 이중적인 태도에서 비롯된 것이라고 주장했다. 고종이 친정을 하게 되면서 초기에는 민씨가 총명하고 책략이 많아 보좌를 했으나 점차 자신의 감정과 이권을 위해 멋대로 정사를 처리하고 도리어 나중에는 고종이 제재를 받게 되었다는 것이다. 그리고 민씨는 고종을 완전히 바보 취급을 했다고 한다.

고종이 하루는 내전에 들다가 뒷 창문으로 허둥지둥 누가 나가는 것을 보고 민씨에게 묻자 그녀는 자신은 아무도 보지 못했다고 대답하였다. 이어서 민씨가 전각 깊숙한 곳에서 귀신이 나오는 수가 있는데 굿을 한번 해야 한다고 요구하여 고종이 이를 받아들였다는 것이다. 황현은 권모술수가 뛰어난 민씨가 20년 동안 정치에 관여하면서 조선이 망국에 이르게 되었고 마침내 일본인의 손에 의해 비참한 최후를 맞았다고 끝을 맺었다.

성리학자인 황현의 평가는 아녀자에 불과한 여성이 날뛰어서 나라를 말아먹었다는 논조다. 이에 비해 서양인들은 민씨를 매우 긍정적으로 묘사하였다. 외국 여성으로서 한국을 방문한 이사벨라 버드 비숍의 평가는 다음과 같다.

"민씨는 매우 우아한 여성이었다. 눈빛은 차갑고 날카로우며 예지로 빛나고 있었고 투명한 피부에 칠흑 같은 흑발을 가지고 있었다. 대화가 시작되면 그 내용으로 눈부신 지성미가 빛났다."

비숍은 민씨가 정치적 영향력과 통치력, 사려 깊은 친절, 지적 능력, 뛰어난 말솜씨를 가졌다고 했다. 이처럼 아름다운 민씨는 하루도 편할 날이 없었는데 그것은 후궁의 자식에게 왕위를 빼앗길 수 있는 병약한 아들에 대한 걱정, 흥선대원군과의 피비린내 나는 반목, 그리고 암살에 대한 두려움 때문이었다고 했다. 릴리어스 호톤도 민씨를 총명한 외교관이자 애국자이고 용기를 갖춘 여성으로 평가했다.

일본인들 중 고종과 민씨가 신뢰했던 이노우에도 민씨를 칭찬했다.

"남녀를 불문하고 한국 사람 가운데는 왕비의 명민함과 빈틈없는 성격을 따를 만한 자가 없었습니다. 특히 적들을 회유하거나 측근들의 신뢰를 획득하는 기술에서 그녀는 보기 드문 재능을 가지고 있습니다."

민씨를 시해한 미우라의 공판 기록에도 "궁중이 보여주는 태도는

조선을 위하는 일에 대한 뚜렷한 반대 표시일 뿐 아니라 내정 개혁 사업에 대한 훼방이고 왕국의 독립을 위태롭게 하는 일"이라고 여기면서 왕실에서 압도적인 영향력을 발휘하고 있는 민씨를 제거하기로 결정했다고 나와 있다.

이러한 당대의 평가에서 알 수 있는 것은 민씨가 매우 총명하고 지적인 여성이었다는 것이다. 황현은 민씨를 듣기도 거북한 노랫말을 좋아하는 음란한 인물로 묘사했지만 이는 그만큼 지적으로 열려 있었다는 것을 반증하는 것이기도 했다. 민씨의 정치적 영향력은 한국인, 서양인, 일본인 누구나 인정하는 바였다. 황현이 민씨를 부정적으로 평가했던 것은 '암탉이 울면 집안이 망한다'는 여성관 때문이다.

당시 민씨가 아무리 정치적인 역량이 뛰어나도 정국 운영을 좌지우지할 수는 없었다. 민씨가 고종과 함께 얼굴을 보일 경우에는 내국인, 외국인들을 모두 사적으로 만날 때였다. 정청에서 고종과 신하들이 의견을 교환할 때 감히 자리에 나설 수 있는 입장은 아니었던 것이다. 당대에 민씨를 부정적으로 평가한 이들는 대체로 내국인들이었고 유교적인 여성관에 기인한 것이었다. 그에 비해 서양인, 일본인 등은 민씨를 정치적인 역량이 뛰어난 여성으로 평가하였다.

외국인들이 민씨에 대해 부정적인 평가를 하기 시작한 것은 1910년 기구치 겐조菊池謙讓의 《조선최근세사 대원군전》에서부터라는 견해가 있다. 그리고 1980년 정비석의 소설 《민비》에 의해 1990년대까지 민씨가 망국으로 가는 중요한 역할을 했던 탐욕스러운 여성의 이미지로 고착화되었다는 주장도 있다. 그러나 이러한 시각에는 문제가 있다.

분명 민씨는 당대 유학자나 일반 백성들에게 그리 긍정적인 인물은 아니었다. 황현의 기록에 의하면 1882년 임오군란 발생 직후 민씨가 난을 피해 도주하는 과정에서 한 노파를 만난 적이 있다. 그 노파는 민씨가 피난 가는 여성인 줄 알고 혀를 차며 이렇게 말했다.

"중전이 음란하여 이런 난리를 빚어 아씨들을 여기까지 달아나게 하였군요."

그만큼 당대 백성들은 민씨에 대한 원성이 높았던 것으로 보인다.

이후 기구치 겐조의 글에서는 이러한 민씨의 부정적인 이미지가 더욱 고착화된다. 일제 강점기, 민씨에 대한 글에서도 흥선대원군과의 반목에 중점을 두어 서술하고 있으며 사적인 평가는 하지 않았다. 정비석은 소설이라는 형식을 빌어 민씨를 희대의 부정한 여성으로 그렸지만 최근에 와서 민씨는 뮤지컬, 사극 등을 통해 화려하게 부활했다.

백성들에게 환영받지 못했던 왕후의 비극

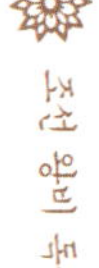

민씨에 대해 다양한 평가가 존재함에도 불구하고 그녀가 정치적인 역량이 뛰어난 인물이었다는 사실은 분명하다. 민씨는 지적인 능력이 뛰어난 여성이었고, 그 능력으로 고종에게 정치적인 영향을 미

쳤다. 민씨는 고종에게 흠결을 전혀 발견할 수 없는 여성의 이미지를 구축하였다.

민씨는 항상 순종에게 이러한 말을 했다.

"나라가 있는 것은 백성이 있기 때문이니 백성이 없다면 나라가 무엇으로써 나라일 수가 있겠느냐? 그런고로 일컬어 백성은 나라의 근본이요, 근본이 견고해야 나라가 강녕하다 하였느니라. 그런데 혹시라도 위에서 백성을 진휼치 아니하고 살리는 일에 무능하다면 백성이 나의 것이 아니니 비록 백성이 없다고 하여도 옳을 것이다. 종묘사직의 부탁이 네게 있으니 너는 이를 염두에 두고 오직 백성의 일에 마음을 쓸지니라."

이처럼 민씨는 자식에게 백성이 나라의 근본임을 훈계한 엄격한 어머니였다. 고종은 아들 순종을 너무 어여삐 여겨 밥을 먹을 때도

명성황후의 글씨

'일편단충'이라고 써 놓은 명성황후의 필적. 그녀는 나라에 대한 애국심과 백성에 대한 사랑을 강조했으나 백성들의 비참한 실상은 헤아리지 못했다. 생존을 위해 외국의 힘에 의탁했던 명성황후는 민중적인 지지 기반을 갖지 못했던 탓에 결국 외국인들에 의해 목숨을 잃고 말았다.

반찬을 골라 주고 옷을 입을 때도 거들어 주었다. 그러나 민씨는 순종이 잘못을 저지르면 매로 꾸짖어 잘못을 깨닫도록 하였다.

이처럼 민씨는 백성이 중요하다고 강조했으나 실제 행동은 그렇지 못했다. 당시 백성들의 어려운 처지를 제대로 헤아릴 줄 몰랐으며 오히려 자신의 생존권을 외국에 의탁했다. 그 결과 민씨는 백성들에게 전혀 도움을 받지 못한 채 일본의 칼에 비참하게 생을 마감할 수밖에 없었다. 민씨는 자신의 기반을 튼튼히 하고 지속시킬 수 있는 세력은 백성들뿐이라는 사실을 알지 못했다.

조선왕비독살사건

초판 1쇄 발행 2009년 6월 30일
초판 4쇄 발행 2012년 6월 15일

지은이 윤정란
펴낸이 김선식

5th Creative Editorial Dept. 정성원 홍다휘 박지아
Creative Design Dept. 최부돈 김태수 손은숙 박효영 이명애 조혜상
Creative Marketing Dept. 이주화 원종필 백미숙 이예림
　　　　　Online Team 김선준 박혜원 전아름
　　　　　Public Relation Team 서선행
　　　　　Contents Rights Team 이정순 김미영
Creative Management Team 김성자 송현주 권송이 김민아 윤이경 한선미

펴낸곳 (주)다산북스
주소 서울시 마포구 서교동 395-27
전화 02-702-1724(기획편집) 02-703-1725(마케팅) 02-704-1724(경영지원)
팩스 02-703-2219
이메일 dasanbooks@hanmail.net
홈페이지 www.dasanbooks.com
출판등록 2005년 12월 23일 제313-2005-00277호

필름 출력 스크린그래픽센타
종이 한서지업
인쇄 · 제본 (주)현문

ISBN 978-89-6370-032-8 (04900)